国家出版基金项目
NATIONAL PUBLICATION FOUNDATION

国家无障碍战略研究与应用丛书（第一辑）

无障碍与社会公共服务

杨宜勇 等 著

辽宁人民出版社

图书在版编目（CIP）数据

无障碍与社会公共服务／杨宜勇等著. —沈阳：
辽宁人民出版社，2019.6
（国家无障碍战略研究与应用丛书. 第一辑）
ISBN 978-7-205-09655-7

Ⅰ. ①无… Ⅱ. ①杨… Ⅲ. ①残疾人—社会服务—中国 Ⅳ. ①D669. 69

中国版本图书馆 CIP 数据核字（2019）第 129983 号

出版发行：辽宁人民出版社
　　　　地址：沈阳市和平区十一纬路 25 号　邮编：110003
　　　　电话：024-23284321（邮　购）　024-23284324（发行部）
　　　　传真：024-23284191（发行部）　024-23284304（办公室）
　　　　http：//www. lnpph. com. cn
印　　刷：辽宁新华印务有限公司
幅面尺寸：170mm×240mm
印　　张：18. 25
字　　数：290 千字
出版时间：2019 年 6 月第 1 版
印刷时间：2019 年 6 月第 1 次印刷
特约编辑：艾　诚
责任编辑：刘国阳　郭　健　赵学良
装帧设计：留白文化
责任校对：王　斌 等
书　　号：ISBN 978-7-205-09655-7

定　　价：60. 00 元

总 序

何毅亭

目前，我国直接的障碍人群有 1.25 亿，包括 8500 多万残疾人和 4000 万失能半失能的老年人。如果把 2.41 亿 60 岁以上的老年人这些潜在的障碍人群都算上，障碍人群是一个涵盖面更宽的广大群体。因此，无障碍建设是一项重大的民生工程，是我国社会建设的重要课题，也是我国社会主义物质文明和精神文明建设一个基本标志。毫无疑义，研究无障碍战略和无障碍建设具有十分重要的意义。

在中国残联的关心支持下，在中央党校、中国科学院、清华大学等各方面机构的学者和无障碍领域众多专家努力下，《国家无障碍战略研究与应用丛书》（第一辑）付梓出版了。这是我国第一部有关无障碍战略与应用研究方面的丛书，是一部有高度、有深度、有温度的无障碍领域的研究指南，具有开创性意义，必将对我国无障碍建设产生深远影响。

这部丛书将无障碍建设的研究提升到国家战略层面，立足新时代，展望新愿景，提出了新战略。党的十九大确认我国社会主要矛盾已经转化为人民日益增长的美好生活需要和不平衡不充分的发展之间的矛盾。我国社会主要矛盾的转化，反映了我国经济社会发展的巨大进步，反映了人民群众的新期待，也反映了发展的阶段性特征。新时代，一定要着力解决好发展不平衡不充分问题，更好满足人民在经济、政治、文化、社会、生态、公共服务等各方面日益增长的需要，更好推动人的全面发展和社会全面进步。无障碍建设是新时代人民群众愿景的重要方面。中央党校高端智库项目将无障碍建设作

何毅亭　第十三届全国人民代表大会社会建设委员会主任委员，中央党校（国家行政学院）分管日常工作的副校（院）长。

为重要战略课题进行研究，系统论述了无障碍建设的国家战略，提出了无障碍建设目标体系以及实施路径和机制，将十九大战略目标在无障碍领域具体化，成为本套丛书的开篇，体现了国家高端智库的应有作用。

这部丛书汇聚各个机构专家学者的知识和智慧，内容涉及无障碍领域的创新、建筑、交通、信息、文化、教育等领域，还涉及法律、市场、政策、社会组织等方面，体现了无障碍建设的广泛性和系统性。它既包括物理环境层面，也包括人文精神层面，还包括制度层面，是一个宏大的社会话题，涵盖国情与民生、经济与社会、科技与人文、创新与发展、国家治理和全球治理等重大问题。丛书为人们打开了一个大视野，从多领域、跨学科、综合性视角全面阐释了无障碍的理念与内涵，论述了相关理论与实践。丛书的内容说明，无障碍建设实际上是一个国家科技化、智能化、信息化水平的体现，是一个国家经济建设和社会建设水平的体现，也是一个国家硬实力和软实力的综合体现。它的推进，也将有助于推进我国的经济建设、社会建设、文化建设和制度建设，对于我国新时期创新转型发展将产生积极影响。

这部丛书立足于人文高度，体现了"以人民为中心"的要求，不仅从全球角度说明了无障碍的人道主义内涵，而且进一步论述了我国无障碍建设所体现的社会主义核心价值观内涵。丛书把无障碍环境作为国家人文精神的具象，从不同领域、不同方面阐述无障碍环境建设的具体措施，体现了对残疾人的关爱，对障碍人群的关爱，对人民的关爱。它提醒我们，残疾人乃至整个障碍人群是一个具有特殊困难的群体，需要格外关心、格外关注，整个社会应当对他们施以人道主义关怀，让他们与其他人一样能够安居乐业、衣食无忧，过上幸福美好的生活。这是我们党全心全意为人民服务宗旨的体现，是把我国建成富强民主文明和谐美丽的社会主义现代化强国，促进物质文明、政治文明、精神文明、社会文明、生态文明全面提升的体现。

这部丛书的出版，深化了对无障碍的认识，对于无障碍建设具有重要的指导意义，对于各级领导干部进一步理解国家战略和现代文明的广泛内涵也具有重要参考作用。丛书启迪人们关爱残疾人、关爱障碍人群，关爱自己和别人，积极参与无障碍事业。丛书启迪人们，无障碍不仅在社会领域为政府和社会组织提供了大有作为的空间，而且在经济领域也为企业提供了更大的发展空间。丛书还启迪人们，无障碍不仅关乎我国障碍人群的解放，而且关乎我们所有人的解放，是人的自由而全面发展的一个标志。

我国无障碍建设自 20 世纪 80 年代开始起步，从无到有，从点到面，逐步推开，取得了明显进展。无障碍环境建设法律法规、政策标准不断完善，城市无障碍建设深入展开，无障碍化基本格局初步形成。但是也要看到，我国无障碍环境建设还面临着许多亟待解决的困难和问题，全社会无障碍自觉意识和融入度有待进一步提高，无障碍设施建设、老旧改造、依法管理有待进一步加强，信息交流无障碍建设、无障碍人才队伍建设等都有待进一步强化。无障碍建设任重道远。

借《国家无障碍战略研究与应用丛书》（第一辑）出版的机会，我们期待有更多的仁人志士关注、参与、支持无障碍建设，期待更多的智库、更多的专家学者推出更多的无障碍研究成果，期待无障碍建设在我国创新发展中不断迈上历史新台阶。

2018 年 12 月 3 日

国家无障碍战略研究与应用丛书（第一辑）

顾　问

吕世明　段培君　庄惟敏

编者的话

《国家无障碍战略研究与应用丛书》(第一辑)历时三载，集国内数十位专家、学者的心血和智慧，终于付梓，与读者见面。

《丛书》以习近平新时代中国特色社会主义思想为指导，体现习近平总书记对残疾人事业格外关心、格外关注。2019年5月16日，习近平总书记在第六次全国自强模范暨助残先进表彰大会上亲切会见了与会代表，勉励他们再接再厉，为推进我国残疾人事业发展再立新功。习近平总书记强调要重视无障碍环境建设，为《丛书》的出版指明了方向，提供了遵循；李克强总理2018年、2019年连续两年在《政府工作报告》中提出"加强无障碍设施建设""支持无障碍环境建设"；韩正、王勇同志在代表党中央、国务院的讲话中指出"加强城乡无障碍环境建设，促进残疾人广泛参与、充分融合和全面发展"。

中国残联名誉主席邓朴方强调：无障碍环境建设是一个涉及社会文明进步和千家万户群众切身利益的大问题，我们的社会正在一步步现代化，要切实增强无障碍设计建设意识，认真推进无障碍标准，不断改善社会环境，把我们的社会建设得更文明、更美好。

中国残联主席张海迪阐释："自有人类，就有残疾人，就会有障碍存在。人类社会正是在不断消除障碍的过程中，才逐步取得文明进步。无障碍不仅仅是一个台阶、一条盲道，消除物理障碍固然重要，消除观念上的障碍更为重要。发展无障碍实际上是消除歧视，是尊重生命权利和尊严的充分体现。"

多年来，在各部门努力推进和社会各界支持参与下，我国无障碍环境建设取得了显著成就。《无障碍环境建设条例》实施力度不断加大，国民经济和社会发展"十三五"纲要及党中央关于加快残疾人小康进程、发展公共服务、文明建设、推进城镇化建设、加强养老业、信息化、旅游业发展等规划都明确提出加强无障碍环境建设和管理维护；住房和城乡建设部、工业和信息化部、教育部、公安部、交通运输部、国家互联网信息办、文化和旅游部、中国民航局、铁路总公司、中国残联、中国银行业协会等部委、单位、高校、科研机构制定实施了一系列加强无障碍环境建设的公共政策和标准，城乡和行业无障碍环境建设全面推进，社区、贫困重度残疾人家庭无障碍改造深入实施，无障碍理论研究与实践应用方兴未艾。大力推进无障碍环境建设，努力改善目前与经济社会发展不相适应，与广大残疾人、老年人等全体社会成员需求不相适应的现状，是新时代赋予的使命担当。

《丛书》是多年来我国无障碍环境建设实践和研究的总结，为进一步加强无障碍环境建设提出了理论思考建议并对推广应用提供了参考和借鉴。

《丛书》入选"十三五"国家重点图书出版规划和国家出版基金资助项目，是对《丛书》全体编创人员出版成果的高度肯定，充分体现了新时代国家对无障碍环境建设的关心、关注和支持，将进一步促进无障碍环境建设发展，助力我国无障碍事业迈向新阶段。

前　言

这是本什么书？

《无障碍与社会公共服务》是中国第一本将无障碍理念导入社会公共服务的研究专著。本书创造性地既关注生理层面的社会公共服务无障碍研究，又特别关注心理层面的社会公共服务无障碍研究。将对未来在社会公共服务领域全面贯彻无障碍思想，促进社会公共服务残疾人与健全人的兼容，产生十分重要的影响。这是一本值得各级政府社会公共服务部门和残联系统专业干部一读的工作指南，也是高校和科研机构有关社会公共服务研究人员和无障碍战略研究人员的重要参考资料。

为什么要写这本书？

一是我与中国残疾人联合会打交道已经二十多年了，对残疾人兄弟姐妹有着比较深的感情。我发现残疾人对正常生活的追求与健全人对美好生活的追求一样强烈。美好生活不能落下残疾人！比如我1988年就认识的贵州省吕昕烛大姐，她不仅把自己可爱的女儿培养成在世界特奥会夺得三枚女子游泳金牌的选手，而且创办了贵州省首个智力残疾人托养康复机构——贵阳市林桧阳光家园。再比如，有一个伟大梦想、要为残疾人创办自强大学的郑声滔。我们同一年出生，他是"全国优秀教师"，好在我也算一个"对国家有突出贡献中青年专家"。他出生4个月时便双腿残疾，后来自强不息连续参加三次高考，尽管成绩优异却因身体残缺被大学拒之门外。没上过正规大学的他，最终不仅成为闽南师范大学外语系教授，而且成为福建所罗门投资有限公司创始人、董事长。二是这样一个研究方向也正好契合我内心的呼唤，可以多为残疾人鼓与呼。一介书生，半条余命。因为我除此之外，别无用处。

中国残疾人联合会主席张海迪认为：建设无障碍环境，方便残疾人出行，使残疾人参与社会生活才能成为可能。而"首先了解残疾人，了解残疾人的真正需求，是做好无障碍建设的关键"。她举例说，一些专为残疾人设计的卫生间，栏杆的长度，扶手的粗细，面盆、浴盆的高度等，都没有考虑到不同残疾人的特殊需求，有时只是差之毫厘，残疾人也只能望之兴叹。不少地方铺设好的无障碍设施，往往被随意挪用，或被杂物堆堵着无法使用。因此，我们每一个公民要通过树立无障碍的发展理念，来造福更多的残疾人。

书中都写了些什么？

"纵使思忖千百度，不如亲手下地锄。"李克强总理说过：要坚持以人为本的理念，进一步把残疾人事业纳入国民经济和社会发展总体规划，完善法律法规，加大政策支持和资金投入，提高公共服务水平，全面推进无障碍建设，健全社会保障制度，对特困者给予特殊扶持，保障残疾人权益，切实为残疾人解决生产、生活、就医、就学等方面的困难和问题。

本书的主要内容包括无障碍概念、理念、战略、社会公共服务体系、无障碍战略与残疾人公共就业服务、无障碍战略与残疾人社会保险、无障碍战略与残疾人扶贫、无障碍战略与残疾人社会福利、无障碍战略与残疾人公共教育、无障碍战略与残疾人医疗卫生（含康复）、无障碍战略与残疾人公共文化、无障碍战略与残疾人全民健身、无障碍战略与科学技术（残疾人装备和器具）、无障碍战略与社会参与（包括社会动员、志愿者），等等。总而言之，我就是想让全社会更多地关心残疾人，让制度建设更多地包容残疾人，让实用技术更多地服务残疾人。融入无障碍战略，应该是中国未来基本公共服务体系发展的一种新常态。

这是怎么写成的书？

2015年12月22—23日，中国残联第六届主席团第三次全体会议指出：要紧紧围绕加快残疾人小康进程、加强残联自身改革建设两条主线，促进全国残疾人基本服务状况和需求专项调查成果转化应用，聚焦残疾人托底补短展开扶贫攻坚，加强残疾人基本公共服务，丰富残疾人精神文化生活，创新残疾人权益保障机制，不断开创残疾人事务国际交流合作的新局面，保持和增强残联工作的政治性、先进性、群众性，为"十三五"残疾人工作开好局、起好步，加快推进残疾人小康进程打下坚实基础。

事后，我根据丛书编委会的要求，先起草了一个书稿大纲，和我培养的博士们讨论了写作的主要内容。中国劳动关系学院副教授池振合博士在哈佛大学做访问学者期间完成了残疾人公共文化部分的初稿，贵州财经大学副教授温鹏莉博士在贵阳花溪完成了残疾人社会福利部分的初稿，郇凯英博士在中国人民银行系统下属人力资源部门工作之余完成了残疾人公共就业服务部分的初稿，湖北经济学院讲师廖晓诚博士完成了残疾人医疗卫生服务部分的初稿，中国人民大学公共管理学院的吴香雪博士完成了残疾人健身与残疾人扶贫部分的初稿，中国人民大学公共管理学院的韩鑫彤博士完成了残疾人教育与服务残疾人科学技术部分的初稿，中国人民大学公共管理学院党思琪博士完成了残疾人社会保险部分的初稿，其余部分由我完成。最后，由我统稿定稿。不当之处，请大家批评指正！

这只是一个新的开端。

2017年11月27日至12月1日，适逢2013—2022年亚太残疾人十年中期审查高级别政府间会议在北京举行。习近平总书记在给本次大会的贺信中特别指出，残疾人是人类大家庭的平等成员。在全球范围内推进可持续发展，实现"一个都不能少"的目标，对残疾人要格外关心、格外关注。随着联合国《残疾人权利公约》和《2030年可持续发展议程》实施，保障残疾人平等权益、促进残疾人融合发展越来越成为国际社会和各国的普遍共识和共同行动。"亚太残疾人十年"由中国首倡，在北京发起，对推动亚太国家和地区在发展残疾人事业上互学互鉴起到了重要作用，成为残疾人事业区域合作的典范。改革开放以来，中国残疾人事业取得了举世瞩目的成就。党的十九大提出，中国坚持以人民为中心，坚持在发展中保障和改善民生。中国将进一步发展残疾人事业，促进残疾人全面发展和共同富裕。中国将一如既往地推动包括亚太地区在内的国际残疾人事业共同发展。

因此，战略与社会公共服务的深度融合不仅仅是中国残联系统的事情，更多的是常规系统如何更好惠及全体残疾人的事情。

杨宜勇

国家发展和改革委员会社会发展研究所

目 录

第一章

从有障碍到少障碍再到无障碍

千万不要小瞧残疾人！"古者富贵而名摩灭，不可胜记，唯倜傥非常之人称焉。盖文王拘而演《周易》；仲尼厄而作《春秋》；屈原放逐，乃赋《离骚》；左丘失明，厥有《国语》；孙子膑脚，《兵法》修列；不韦迁蜀，世传《吕览》；韩非囚秦，《说难》《孤愤》；《诗》三百篇，大底圣贤发愤之所为作也。此人皆意有所郁结，不得通其道，故述往事，思来者。乃如左丘无目，孙子断足，终不可用，退而论书策，以舒其愤，思垂空文以自见。"许多健全人的业绩不如优秀的残疾人。因此，社会不仅要同情残疾人，而且还要尊重残疾人、善待残疾人。

社会公共服务对于残疾人非常重要，不仅让他们可以享受到公共财政和公共政策的阳光雨露，而且可以让他们开始体面、平等地生活。我们一定要急残疾人之所急，想残疾人之所想，通过提供无障碍的社会公共服务，让残疾人真正享受到便利、可及和独到的基本公共服务。

第一节　无障碍概念

早年"无障碍"在英文中对应的词汇是 barrier free 或者 accessibility，泛指人类在生存和发展过程中没有阻碍，各种活动能够顺利开展和进行。现在无障碍特指环境或制度的某种属性，即一切有关人类衣食住行的公共空间环境以及各类建筑设施、设备的使用，都必须充分服务具有不同程度生理伤残缺陷者和正常活动能力衰退者（如残疾人、老年人、病人等），以便营造一个充满爱与关怀，切实保障人类安全、方便、舒适的现代生活环境。其中，既包括现代化问题，也包括现代性问题。现代化是过程，是方法论；现代性是理念，是范畴。前者是一种历史发展的趋势，相对于前工业社会阶段的发展而言专指朝现代方向发展。后者则是一种状态，相对于落后的状态而言，专指具有现代的特征和属性。

时代在前进，文明在发展。由无障碍可以引申出一系列的相关词汇，比如：无障碍设计、无障碍设施、无障碍出行、无障碍交流、无障碍服务和无障碍社会公共服务，等等。其中所谓无障碍设施，一般是指为了保障残疾人、老年人、儿童及其他行动不便者在居住、出行、工作、休闲娱乐和参加其他社会活动时，能够自主、安全、方便地通行和使用所建设的物质环境。它主要包括以下设施：坡道、缘石坡道、盲道；无障碍垂直电梯、升降台等升降装置；警示信号、提示音响、指示装置；低位装置、无障碍停车位、轮椅席位、安全扶手；无障碍厕所、厕位；无障碍标志；其他便于残疾人、老年人、儿童及其他行动不便者使用的设施。

无障碍设施建设不仅仅是面对残疾人的事情，更是整个社会的大事，是一个国家、城市和社区文明进步的充分体现。不一定人人会残疾，但是人人都会老。现在老年人远远要比残疾人多，他们也需要无障碍设施，有了无障碍设施，对所有的人都方便。因此，政府明确规定无障碍设施建设工作由各地住建部门负责，计划、规划、财政、房地、民政、公安、交通、旅游、住宅、绿化等行政管理部门按照各自职责协同实施。《中华人民共和国残疾人保障法》和《中华人民共和国老年人权益保障法》对无障碍建设提出了明确的要求。各地出台的《无障碍设施建设和使用管理办法》也明确规定：市区（县）残联、老龄委以及其他社会组织和个人有权对无障碍设施的建设、养护和使用实施监督。因而残联的主要职责是监督。具体说来，是宣传、调研、检查、监督和协助工作，要维护残疾人的权益，反映残疾人对无障碍设施的需求。北京市现在也建立了一支由360多位残疾人组成的监督员队伍。香港特别行政区的一些残障人社团就是专门做无障碍调研、促进推动工作的，搞得十分出色。

国务院前总理温家宝曾指出：建设无障碍设施，是为残疾人、老年人和其他社会成员提供方便的重要措施，是现代城市建设的一项必不可少的内容，是社会进步的重要标志。各级党委和政府高度重视这项工作，把它作为实践"三个代表"重要思想的"民心工程""文明工程"列入议事日程，这个已经初见成效。

所谓网站信息无障碍，一般是指为了方便残疾人上网，不然互联网与残疾人无缘。当前，信息无障碍工作的内容是：（1）影视节目普及推广手语和字幕工程；（2）推广手机短信息和屏幕可视电话；（3）主要公共场所建立明显的信息标志牌；（4）推广盲人计算机应用；（5）增加盲人有声读物的出版，方便借阅，等等。

在中国《无障碍环境建设条例》（中华人民共和国国务院令第 622 号，已经 2012 年 6 月 13 日国务院第 208 次常务会议通过，现予公布，自 2012 年 8 月 1 日起施行）第三章就明确规定："县级以上人民政府应当将无障碍信息交流建设纳入信息化建设规划，并采取措施推进信息交流无障碍建设。""县级以上人民政府及其有关部门发布重要政府信息和与残疾人相关的信息，应当创造条件为残疾人提供语音和文字提示等信息交流服务。"为此，信息化工作主管部门负责引领社会信息化无障碍发展，推进信息化无障碍技术应用与示范，指导、监督信息服务无障碍平台建设，促进信息无障碍服务。新闻出版广电主管部门负责指导并推动电视台开办聋人手语新闻或者残疾人专题栏目、广播电台开办残疾人专题节目、新闻媒体进行无障碍环境建设的公益宣传，指导、监督供残疾人、老年人以及其他社会成员使用的出版物和音像制品的出版发行。各省残联加快开展残联系统网站无障碍服务工作，发挥示范带动作用，协调推进政府部门和社会公共服务机构网站的无障碍改造。残联系统网站要依据国家发布的网站无障碍技术标准进行逐步改进，省级残联网站在"十二五"期间已经基本实现网站无障碍服务。残联系统网站在积极开展全站无障碍设计改进和无障碍内容建设的同时，还可通过增设语音信息通道、网站辅助浏览工具等无障碍技术手段，方便盲人、低视力、色弱、老年人等其他特殊需求人群的访问。

所谓无障碍设计（barrier-free-design）是基于对人类行为、意识与动作反应的细致研究，致力于优化一切为人所用的物质与环境的设计，在使用操作界面上清除那些让使用者感到困惑、困难的"障碍"（barrier），为使用者提供最大可能的方便。无障碍设计关注、重视残疾人和老年人的特殊需求。无障碍设计的理想目标是"无障碍"。

20 世纪初期，由于人道主义的呼唤，建筑学界产生了一种新的建筑设计方法——无障碍设计。它运用现代技术建设和改造环境，为广大残疾人提供行动方便和安全空间，创造一个"平等参与"的物理环境。国际上对于物质环境无障碍的研究可以追溯到 20 世纪 30 年代初，当时在瑞典、丹麦等国家就建有专供残疾人使用的设施。1961 年，美国制定了世界上第一部《无障碍标准》。此后，英国、加拿大、日本等几十个国家和地区相继制定了法规。1974 年，联合国相关组织开始推广这种设计新主张。中国最早提出无障碍设施建设的时间是 1985 年 3 月，当时中国残疾人福利基金会、北京市残疾人协会、北京市建筑设计院联合在北京召开了"残疾人与社会环境研究会"，发出了"为残疾人创造便利生活环境"的倡议。同年 4 月，全国人大六届三次会议和政协六届三次会议上，部分人大代表、政协委员提出了"为残疾人需求的特殊设置建设"的提案和建议。1986 年 7 月，建设部、民政部、中国残疾人福利基金会共同编制了我国第一部《方便残疾人使用的城市道路和建筑物设计规范（试行）》，1989 年颁布实施。现在无障碍设计正在由现实社会发展到虚拟社会，这是一种升华，更是一种进步。

无障碍设计首先在我国都市的建筑、交通、公共环境设施设备以及指示系统中得以体现，例如步行道上为盲人铺设的盲道、触觉指示地图，为乘坐轮椅者等建设的卫生间、公用电话，兼有视听双重操作向导的银行自助存取款机等，进而扩展到工作、生活、娱乐中使用的各种器具。过去三十多年来，这一设计主张从关爱人类弱势群体的视点出发，以更高层次的理想目标推动着设计的发展与进步，使产品更趋于合理、亲切、人性化。

细节决定成败，实施传递爱心。由于健全人具有诸多的感知"通道"，如视觉、听觉、触觉等，而残疾人所欠缺的只是其中的某个"通道"而已，因此具有"多通道"知觉方式的产品就具有无障碍使用的优越性能。比如，一组匹配使用的洗发香波与护发素，两个相同的容器，只是在其中的一个添加了一排线形凸起的触觉感知记号，就能使人一触即知是香波还是护发素。这个巧妙的设计，不仅消除了盲人使用的障碍，而且对于一般使用者来说，也是一种令人感激的亲切设计——洗发的时候不用睁眼就能辨别。类似的设计还有立体声耳机，比如可以用凸起和凹陷的珠点区分左右，非常方便实用，也不增加任何成本。

所谓无障碍环境，一般是指残疾人走出家门、参与社会生活的基本条件，也指方便老年人、妇女儿童和其他社会人员生活的重要措施。同时它也直接影响着我国的城市建设与国际形象。加强无障碍环境建设，是物质文明和精神文明的集中体现，是社会进步的重要标志，对提高人的素质，培养全民公共道德意识，推动精神文明建设等都具有重要的社会意义。总而言之，实现行动和信息无障碍，不仅仅要有先进的硬件设施，还必须提高全民的无障碍意识。这需要一个长期的宣传、教育过程。比如，上海浦东国际机场与香港国际机场相比，硬件设施差不多，但香港的服务措施做得比内地好，这就是我们要努力之处。这一工作应融入提高全民素质和塑造"城市精神"之中去。随着整个社会文明程度的提高，无障碍软件建设也会得到加强。因此，今后我们不仅要认真贯彻执行相关规范和办法，而且还要反复宣传无障碍环境建设的重要意义，开展教育工作，在无障碍硬实力不断完善的同时，切实把无障碍的软实力也搞上去！

第二节　无障碍理念

历史是关于现实最好的记录和写照。在人类历史上，无论是发达国家还是发展中国家，在关注残疾人和老年人方面，都经历过或者正在经历着从有障碍到少障碍再到无障碍的发展过程。抛去意识形态的纷争，从人道主义出发，道德伦理呼唤我们关注残疾人群体，让他们能够体面地生活。残疾人不仅需要基本公共服务，而且需要无障碍的基本公共服务。

党的十八大以来，中央高度重视培育和践行社会主义核心价值观。习近平总书记多次做出重要论述，提出明确要求。中央政治局围绕培育和弘扬社会主义核心价值观、弘扬中华传统美德进行集体学习。中共中央办公厅下发《关于培育和践行社会主义核心价值观的意见》。党中央的高度重视和有力部署，为加强社会主义核心价值观教育实践指明了努力方向，提供了重要遵循。《关于培育和践行社会主义核心价值观的意见》将24字核心价值观分成3个层面：一是国家层面：富强、民主、文明、和谐；二是社会层面：自由、平等、公正、法治；三是公民层面：爱国、敬业、诚信、友善。毫无疑问，无障碍的基本公共服务与社会主义核心价值观也有着密不可分的关系。

首先，无障碍的基本公共服务是一种文明，是社会文明发展到一定高度的产物。没有文明的理念，就不可能有无障碍的基本公共服务；没有好的文明理念，就不可能有高水平的无障碍基本公共服务。推广无障碍的基本公共服务有利于促进社会和谐。

其次，无障碍的基本公共服务是一种社会平等的体现，主要体现在残疾人和普通人能够一样享受平等的基本公共服务。没有平等的理念，也不可能有无障碍的基本公共服务；没有高度平等的理念，也不可能有高水平的无障碍基本公共服务。推广无障碍的基本公共服务有利于促进社会平等。

第三，无障碍的基本公共服务是一种社会友善的体现，主要体现在普通人对残疾人的关怀和友善。没有友善的理念，也不可能有无障碍的基本公共服务；没有十分友善的理念，也不可能有高水平的无障碍基本公共服务。推广无障碍的基本公共服务有利于促进社会融洽。

党的十八届五中全会通过了《中共中央关于制定国民经济和社会发展第十三个五年规划的建议》，首次提出创新、协调、绿色、开放、共享五大发展理念，为全面建成小康社会提出新的发展目标。全会提出，坚持共享发展，必须坚持发展为了人民、发展依靠人民、发展成果由人民共享，做出更有效的制度安排，使全体人民在共建共享发展中有更多获得感，增强发展动力，增进人民团结，朝着共同富裕方向稳步前进。坚持共享式发展，是党和政府在发展实践中的自觉自醒，有利于破解社会发展的各类难题，消除人民参与经济发展、分享经济发展成果的障碍，顺应人民过上美好生活的期待，实现社会的公平与正义。

马克思指出："社会也是由人生产的。活动和享受，无论就其内容或就其存在方式来说，都是社会的活动和社会的享受。"恩格斯指出："从人就他们是人而言的这种平等中引申出这样的要求：一切人，或至少是一个国家的一切公民，或一个社会的一切成员，都应当有平等的政治地位和社会地位。"马克思和恩格斯从人的社会性本质角度，揭示了社会活动应该由全体社会成员平等参与，社会活动的结果应该由全体社会成员平等共享。人们在共同的发展中互为发展，共同享有社会发展的成果，是社会平等的必然要求。残疾人和普通人一样也是平等的社会主体，不仅需要参与经济建设和社会建设，而且要共享基本公共服务体系。

习近平总书记提出的"五大发展理念"，把共享作为发展的出发点和落脚点，指明发展价值取向，把握科学发展规律，顺应时代发展潮流，是充分体现社会主义本质和共产党宗旨、科学谋划人民福祉和国家长治久安的重要发展理念。基本公共服务作为党和政府为满足人民群众共同需求而提供的、使社会成员共同受益的各种服务，必须坚持普惠性、保基本、均等化、可持续的发展方向。习近平总书记高度重视基本公共服务均等化问题，把加强和优化公共服务作为促进社会公平正义、促进共同富裕的重要抓手。当前，受发展水平制约，我国东中西部之间、城市与农村之间基本公共服务水平差距较大，尤其是革命老区、民族地区、边疆地区、贫困地区财力相对有限，基本公共服务水平较低，影响了人民群众共享改革发展成果。促进共享发展，就要着眼全体人民，从解决人民群众最关心最直接最现实的利益问题入手，增加财政转移支付，紧盯薄弱地区和困难群体补短板，完善基本公共服务体系，努力实现基本公共服务全覆盖，让全国各地基本均等、全体人民普遍受惠。

关于如何落实共享发展的理念，党的十八届五中全会提出：按照人人参与、人人尽力、人人享有的要求，坚守底线、突出重点、完善制度、引导预期，重用机会公平，保障基本民生，实现全体人民共同迈入全面小康社会。关于共享发展的具体举措，全会提出：增加公共服务供给，从解决人民最关心最直接最现实的利益问题入手，提高公共服务共建能力和共享水平。实施脱贫攻坚工程，实施精准扶贫、精准脱贫，分类扶持贫困家庭，探索对贫困人口实行资产收益扶持制度，建立健全农村留守儿童和妇女、老人关爱服务体系。提高教育质量，推动义务教育均衡发展，实现家庭经济困难学生资助全覆盖。促进就业创业，坚持就业优先战略，实施更加积极的就业政策，完善创业扶持政策。缩小收入差距，坚持居民收入增长和经济增长同步、劳动报酬提高和劳动生产率提高同步，建立更加公平更可持续的社会保障制度，建立覆盖城乡的基本医疗卫生制度和现代医院管理制度，推进健康中国建设。实施食品安全战略，完善人口发展战略。其中毫无疑问，也包括残疾人如何共享改革和发展的成果问题，还包括社会公共服务的无障碍发展问题。

《中华人民共和国国民经济和社会发展第十三个五年规划纲要》特别强调："提升残疾人服务保障水平：支持残疾人事业发展，建立健全残疾人基本福利制度，实现残疾人基本民生兜底保障。完善重度残疾人医疗报销制度。优先保障残疾人基本住房。完善残疾人就业创业扶持政策，健全公共机构为残疾人提供就业岗位制度。加强残疾人康复和托养设施建设，鼓励社会力量提供服务。加强残疾人无障碍设施建设和维护。实施0—6岁残疾儿童康复、贫困残疾人基本型辅助器具适配等重点康复工程。建设康复大学，培养康复专业技术人才。"

第三节　无障碍战略

战略和战术是一个相对的概念。战略是目的、核心和理论，泛指对全局性、高层次的重大问题的筹划与指导，比如经济社会发展战略、国防战略、无障碍战略，等等。战术是方法、手段和技术，是实现战略的具体步骤和措施。无障碍研究如果总是停留在战术层面，很难形成大气候、高层次。无障碍实践如果总是在战术领域摸索前进，不抬头看路，很可能成为井底之蛙，以致事倍功半。

纵观历史，尽管中国的残疾人事业在不断发展，并且在无障碍领域取得了一定的成绩，但是现实中还存在不尽如人意的地方。邓朴方说："我们也应该清醒地看到，我国的信息无障碍还处于较低的水平，还存在许多亟待解决的问题。一是我国残疾人数量比较大，目前能够享受到信息无障碍成果和参与信息无障碍建设的残疾人毕竟是少数，还有更多的残疾人参与不了。二是残疾人需要培训经费，开展信息无障碍建设的资金严重不足。三是适合我国残疾人信息无障碍的技术产品开发刚刚起步，产品单一，还要开发更多的实用技术和产品。"

"如何解决这一问题呢？一方面我们要弘扬人道主义精神，把信息无障碍建设作为残疾人事业中重要的组成部分来布局和开展，希望社会力量来关爱残疾人、扶助残疾人、帮助残疾人。另一方面，我们应该同时运用市场经济的力量，从国际上看，信息无障碍技术本身有着广阔的市场前景，我们应该为国内外从事信息无障碍技术、产品研发的众多企业搭建一个交流的平台，以此加强了解，增进互相的合作，开发出更多的满足残疾人需要的产品和技术，发展这个信息的市场。"

张海迪主席说："建设无障碍环境，方便残疾人出行，使残疾人参与社会生活才能成为可能。而首先了解残疾人，了解残疾人的真正需求，是做好无障碍建设的关键。"她举例说，一些为残疾人设计的卫生间，栏杆的长度，扶手的粗细，面盆、浴盆的高度上，都没有考虑到不同残疾人的特殊需求，有时只是差之毫厘，残疾人也只能望之兴叹。不少地方铺设好的无障碍设施，往往被随意挪用，或被杂物堆堵着无法使用。

张海迪还说："推进无障碍建设，实现融合发展，是我们的奋斗目标。建设无障碍环境是为一切需要它的社会成员提供方便的重要措施，是现代城乡建设必不可少的内容，我们的理想是让所有的老人、残疾人和一切身体不便的人，在生活中能够放下沉重的思想负担，获得充分的出行自由，并且感到方便。建设无障碍环境也是维护保障残疾人权益、体现现代社会人文关怀的高尚行动。我们的努力就是要让每一个残疾人兄弟姐妹在参与社会中，不再因为台阶、厕所等而感到自卑和尴尬，通过无障碍环境，生活变得轻松愉快，真正实现走出家门，接受教育，充分就业，融入广阔的社会生活。"

既然无障碍概念已经从无到有、从少到多，既然无障碍理念已经明确提出、开始实践，为了全面系统地提升无障碍设施、无障碍网络和无障碍设计、无障碍环境建设的水平，我们必须向全社会公开提出实施无障碍战略。无障碍战略是残疾人参与社会、实现融合发展的重要条件，是全面建成小康社会、实现社会主义现代化和中华民族伟大复兴的重要内容和标志。任何零敲碎打的无障碍行为和措施都必须进一步整合，上升成国家战略，由全社会一起推动、一起实施。

李克强总理所说的"让广大残疾人共享改革发展成果"，永远是我们孜孜以求的目标。改革开放以来，我国的残疾人事业取得了长足的进步，残疾人的康复、教育、就业状况不断改善，相关法律法规制度的建设也逐步推进。然而，我国残疾人事业基础还比较薄弱，残疾人社会保障政策措施还不够完善，残疾人在基本生活、医疗卫生、康复、教育、就业、社会参与等方面还存在一些困难，总体生活状况与社会平均水平还有差距。促进残疾人事业发展，改善残疾人状况，已成为全面建设小康社会和构建社会主义和谐社会一项重要而紧迫的任务。

2011 年 6 月 9 日，由世界卫生组织和世界银行联合撰写的全球第一份《世界残疾报告》建议各有关部门——包括政府、社会团体、残疾人组织——分步建立无障碍环境、发展康复和支持服务、赋予适当的社会保障、制定包容性政策与项目、使新制定与现有的标准与条例生效、使残疾人乃至社区得益。残疾人应该是这些活动的核心。我们动人的愿景是建立一个包容性的世界，在其中我们所有人都生活得健康、舒适、有尊严。

"世界上没有残疾的人，只有残疾的环境。"要营造残疾人与健全人平等协调发展的环境，必须深入贯彻落实科学发展观，紧紧围绕全面建设小康社会奋斗目标，着眼于解决残疾人最关心、最直接、最现实的利益问题，实施残疾人全方位无障碍发展战略，完善促进残疾人事业发展的政策和法律，健全残疾人社会保障制度，加强残疾人服务体系建设，营造残疾人平等参与的社会环境，缩小残疾人生活状况与社会平均水平的差距，努力使残疾人同全国人民一道向着更高水平的小康社会迈进。毫无疑问，无障碍战略不仅将进一步消除物理无障碍（设施和软件），而且将进一步消除心灵无障碍，使普通人和残疾人更加融洽。

小结

根据《联合国残疾人权利公约》第一条，"宗旨：残疾人包括肢体、精神、智力或感官有长期损伤的人，这些损伤与各种障碍相互作用，可能阻碍残疾人在与他人平等的基础上充分和切实地参与社会"。

残疾人福利是国家和社会在保障残疾人基本物质生活需要的基础上，为残疾人在生活、工作、教育、医疗和康复等方面提供的设施、条件和服务。中国政府承诺大力发展包括无障碍和社会公共服务在内的残疾人福利，其中主要包括以下内容：（1）多渠道、多层次、多形式开拓残疾人就业门路，扩大就业范围，提供就业机会，保障残疾人的工作权利和自我实现的权利。（2）大力发展残疾人特殊教育，提高残疾人的文化素质和自立能力。（3）开展立法、宣传和教育，保障残疾人的合法权益和提供特殊保护，呼吁社会尊重、关心和帮助残疾人。（4）兴办残疾人生活、工作、教育、文化娱乐活动的设施及器材的生产。（5）在社会事业的各个领域尽可能地为残疾人提供方便条件，等等。

第二章

社会公共服务体系及其建设

联合国机构根据公共服务的内容和形式将其分为基础公共服务、经济公共服务、公共安全服务、社会公共服务四种形式。其中，基础公共服务是指那些通过国家权力介入或公共资源投入，为公民及其组织提供从事生产、生活、发展和娱乐等活动都需要的基础性服务，如提供水、电、气、交通与通信基础设施、邮电与气象服务等。所谓经济公共服务是指通过国家权力介入或公共资源投入，为公民及其组织即企业从事经济发展活动所提供的各种服务，如科技推广、咨询服务以及政策性信贷等。所谓公共安全服务是指通过国家权力介入或公共资源投入，为公民提供的安全服务，如军队、警察和消防等方面的服务。所谓社会公共服务则是指通过国家权力介入或公共资源投入，为满足公民的社会发展活动的直接需要所提供的服务。社会发展领域包括教育、科学普及、医疗卫生、社会保障以及环境保护等领域。社会公共服务是为满足公民的生存、生活、发展等社会性直接需求，如公办教育、公办医疗、公办社会福利等。

第一节　社会公共服务体系

一般说来，社会公共服务体系主要是指以政府为主导、以社会团体和私人机构等为补充的供给主体，为公民及其组织提供基本而有保障的公共服务为主要目的而研究建立的一系列有关服务内容、服务形式、服务机制、服务政策等的制度安排，最主要表现为政府主导、社会参与与体制创新。社会公共服务体系排除一般公共服务领域的基础设施和环境保护等内容，更多关心与每一个人直接发生关系的社会领域，集中体现在基本公共服务方面。因此，建立并完善社会公共服务体系对于社会公平、正义与和谐、稳定，对于普通人和残疾人，对于企业的健康发展、国际竞争力的增强，对于节约社会资源、提高服务效率等都具有非常重要的意义。

中国政府认为，基本公共服务是指建立在一定社会共识基础上，根据一国经济社会发展阶段和总体水平，为维持本国经济社会的稳定、基本的社会正义和凝聚力，保护个人最基本的生存权和发展权，为实现人的自由全面发展所需要的基本社会条件。基本公共服务包括三个基本点，循序渐进，缺一不可。第一个基本点是保障人类的基本生存权（或生存的基本需要），为了实现这个目标，需要政府及社会为每个人都提供基本就业保障、基本养老保障、基本生活保障等。第二个基本点是满足基本尊严（或体面）和基本能力的需要，需要政府及社会为每个人都提供基本的教育和文化服务。第三个基本点是满足基本健康的需要，需要政府及社会为每个人提供基本的健康保障。随着经济的发展和人民生活水平的提高，一个社会基本公共服务的范围会逐步扩展，水平也会逐步提高。

尽管中国政府提出了基本公共服务均等化的目标，但是在操作层面必须明确界定基本公共服务的内容。从中国目前的发展现实来看，可以运用基础性、广泛性、迫切性和可行性四个标准来界定。所谓基础性，是指那些对人类发展有着重要影响的公共服务，它们的缺失将严重影响人类发展。所谓广泛性，是指那些影响到全社会每一个家庭和个人的公共服务供给。所谓迫切性，是指事关广大社会最直接、最现实、最迫切利益的公共服务。所谓可行性，是指公共服务的提供要与一定的经济发展水平和公共财政能力相适应。从上述标准判断，义务教育、公共卫生和基本医疗、基本社会保障、公共就业服务，是广大城乡居民最关心、最迫切需要的公共服务，是建立社会安全网、保障全体社会成员基本生存权和发展权必须提供的公共服务，成为现阶段我国基本公共服务的主要内容。

众所周知，《"十三五"基本公共服务均等化规划》为"十三五"时期推进基本公共服务体系建设的综合性、基础性、指导性文件。《规划》明确了制度建设框架，提出了系列政策措施：

一是明确国家基本公共服务制度框架。国家基本公共服务制度以基本公共服务清单为核心，以促进城乡、区域、人群基本公共服务均等化为主线，以各领域重点任务、保障措施为依托，以统筹协调、财力保障、人才建设、多元供给、监督评估等五大实施机制为支撑，是政府保障全民基本生存发展需求的制度性安排。

二是明确指导思想。高举中国特色社会主义伟大旗帜，全面贯彻党的十八大和十八届三中、四中、五中、六中全会精神，深入贯彻习近平总书记系列重要讲话精神和治国理政新理念新思想新战略，认真落实党中央、国务院决策部署，统筹推进"五位一体"总体布局和协调推进"四个全面"战略布局，牢固树立和贯彻落实新发展理念，坚持以人民为中心的发展思想，坚持以社会主义核心价值观为引领，从解决人民群众最关心最直接最现实的利益问题入手，以普惠性、保基本、均等化、可持续为方向，健全国家基本公共服务制度，完善服务项目和基本标准，强化公共资源投入保障，提高共建能力和共享水平，努力提升人民群众的获得感、公平感、安全感和幸福感，实现全体人民共同迈入全面小康社会。

三是制定发展原则。（1）兜住底线，引导预期。立足基本国情，充分发挥基本公共服务兜底作用，牢牢把握服务项目，严格落实服务指导标准。坚持尽力而为、量力而行，合理引导社会预期，通过人人参与、人人尽力，实现人人共享。（2）统筹资源，促进均等。统筹运用各领域各层级公共资源，推进科学布局、均衡配置和优化整合。加大基本公共服务投入力度，向贫困地区、薄弱环节、重点人群倾斜，推动城乡区域人群均等享有和协调发展。（3）政府主责，共享发展。深化简政放权、放管结合、优化服务改革，划清政府与市场界限，增强政府基本公共服务职责，合理划分政府财政事权和支出责任，强化公共财政保障和监督问责。充分发挥市场机制作用，支持各类主体平等参与并提供服务，形成扩大供给合力。（4）完善制度，改革创新。推进基本公共服务均等化、标准化、法制化，促进制度更加规范。加快转变政府职能，创新服务提供方式，消除体制机制障碍，全面提升基本公共服务质量、效益和群众满意度。

四是建立基本公共服务清单制。依据现行法律法规和相关政策，确定了公共教育、劳动就业创业、社会保险、医疗卫生、社会服务、住房保障、公共文化体育、残疾人服务八个领域的81个服务项目，以及每个项目的具体服务对象、服务指导标准、支出责任、牵头负责单位等，要求在规划期内落实到位，并结合经济社会发展状况，按程序进行动态调整，以此作为政府履行职责和公民享有相应权利的依据。

五是提出一系列保障措施。首先，在促进均等共享方面，要求开展贫困地区脱贫攻坚、重点帮扶特殊困难人群、促进城镇常住人口全覆盖、缩小城乡服务差距、提高区域服务均等化水平、夯实基层服务基础等。其次，在创新服务供给方面，要求加快事业单位分类改革、积极引导社会力量参与、鼓励发展志愿和慈善服务、发展"互联网+"益民服务等。第三，在强化资源保障方面，要求提升财政保障能力、加强人才队伍建设等。最后，在推进规划实施和监督评估方面，明确了国务院各有关部门和省以下各级人民政府的职责，要求加强绩效评价和监督问责。

第二节　公共就业服务

就业是民生之本。公共就业服务（PES）是指以促进就业为目的，由政府出资向劳动者提供的公益性就业服务。实现公共就业服务标准化，将有利于规范公共就业服务机构服务行为、提高公共就业服务质量和效率；有利于推动解决公共就业服务针对性和专业性不强的问题，为各类服务对象提供个性化、精细化服务；有利于提高整体公共就业服务的能力和水平，确保各类服务对象在不同地区都能享受到基本均等的公共就业服务。我国《劳动力市场管理规定》中对公共就业服务的界定：本规定所称公共就业服务，是指由各级劳动保障部门提供的公益性就业服务，包括职业介绍、职业指导、就业训练、社区就业岗位开发服务和其他服务内容。

盖洛普全球调查公司发布的实时调查结果显示：2012 年中东北非地区失业率达到 19%，居全球首位；其次是撒哈拉以南非洲（15%）和巴尔干地区（14%）。据悉，中东北非地区失业率高居不下的主要原因在于该地区有 56%的人口不参与就业，尤以妇女为主。结果现在中东北非成为世界上最动荡的地区之一。因此，公共就业服务的职能无外乎两个：一是以最佳的方式把就业市场组织起来，使之成为确保并保持充分就业、开发利用生产力资源的全国性计划的组成部分，促进经济持续稳定增长。二是招聘和安置工人、方便职业和地理流动、收集和分析劳动力市场信息、与失业保险部门合作、支持经济和社会计划，防止劳动力市场的过度排他性。

一般说来，公共就业服务的作用有六个：一是国家调节和干预劳动力市场的主要手段；二是有利于促进个人就业；三是促进公正地进入劳动力市场和保护可能处于弱势群体的一种有效的措施；四是可以提高劳动力市场运作的效率，提高劳动力市场信息的透明度；五是有助于抵消结构调整对劳动力市场带来的负面作用；六是能够促进社会稳定和社会和谐。综上所述，政府通过一种公共就业服务参与劳动力市场的合理性，在于人力资源在国民经济发展中的重要性，在于改善社会福利的需要。

从世界范围内来看，公共就业服务的一般原则主要包括：（1）免费提供，不许收费。（2）对待劳动力供求双方公平公正，不偏不倚。（3）信息传达客观真实，避免提供垃圾信息。（4）专业指导，人员与岗位匹配科学合理。（5）环境优良，尊重劳动力供求双方的选择决定权。（6）以自愿为基础并惠及所有工人和雇主，绝不强迫。

中国国家质量监督检验检疫总局和国家标准化管理委员会发布了 2017 年第 4 号和第 5 号《中国国家标准公告》，批准《公共就业服务总则》《公共就业服务术语》《公共就业服务中心设施设备要求》《就业登记管理服务规范》《失业登记管理服务规范》《就业援助服务规范》《职业介绍服务规范》《职业指导服务规范》8 项公共就业服务国家标准。

（1）《公共就业服务总则》：该标准主要对公共就业服务的服务主体、服务行为和服务质量等提出了规范性要求。《公共就业服务总则》是整个公共就业服务标准体系的统领和概括，是设立公共就业服务机构、开展各项公共就业服务应当遵循的基本规则，有利于保障各地提供的公共就业服务达到基本的服务质量和水平。

（2）《公共就业服务术语》：该标准对公共就业服务基本概念、服务内容、服务保障、服务质量等几个方面涉及的最基本、最通用的术语及定义进行归纳、解释和描述。《公共就业服务术语》作为公共就业服务国家标准体系顶层的基础标准，统一明确了公共就业服务相关基础概念的内涵和外延，有利于全国范围内在开展公共就业服务时规范化使用，其他标准也可以直接引用，无须另作解释。（部分特殊的公共就业服务术语在具体的分则标准中专作说明）

（3）《就业援助服务规范》：就业援助服务是公共就业服务具体服务项目之一，是政府通过制订专门的就业帮扶计划，落实就业扶持政策和就业服务措施，对通过市场渠道确实难以实现就业的劳动者实行优先扶持和重点帮助，是公共就业服务的一项重要内容。《就业援助服务规范》有利于各级公共就业服务机构开展统一标准的就业援助服务，有利于准确掌握就业援助对象的就业失业状况信息，规范相应信息的收集、录入、管理等环节，有利于推动就业援助服务规范化，为就业援助对象提供有针对性的个性化服务。

（4）《就业登记管理服务规范》：就业登记管理服务是公共就业服务具体服务项目之一，是政府通过对劳动者的就业信息进行登记备案，从而了解掌握劳动者就业状况并进行相应管理和提供服务的基础工作。该标准主要对各级公共就业服务机构开展就业登记管理服务活动做出了规范。《就业登记管理服务规范》有利于各级公共就业服务机构开展统一标准的就业登记管理服务，有利于准确掌握就业状况信息，规范相应信息的收集、录入、管理等环节，有利于推动就业登记管理服务规范化，为进行了就业登记的人员享受相关就业服务和政策提供便利。

（5）《失业登记管理服务规范》：失业登记管理服务是公共就业服务具体服务项目之一，是政府通过对劳动者的失业信息进行登记备案并对失业人员信息进行相应管理，并为登记失业人员落实就业扶持政策和提供公共就业服务的基础工作。该标准明确了"登记失业人员"概念，对各级公共就业服务机构开展失业登记管理服务活动做出了规范。《失业登记管理服务规范》有利于各级公共就业服务机构开展统一标准的失业登记管理服务，有利于准确掌握失业状况信息，规范相应信息的收集、录入、管理等环节，有利于推动失业登记管理服务规范化，为登记失业人员享受相关就业服务和政策提供便利。

（6）《职业介绍服务规范》：职业介绍服务是公共就业服务具体服务项目之一，是为劳动者求职就业和用人单位招聘用人提供供需对接方面的相关服务，是公共就业服务促进劳动者实现就业的重要途径。该标准明确了"求职登记""岗位推荐""招聘登记""用人推荐"的概念，对开展职业介绍服务必要的场所、人员等提出了基本要求，规范了日常服务、招聘会服务、信息服务等服务内容和流程，提出了公平公正、系统服务、技术应用、保护隐私等方面的具体要求。《职业介绍服务规范》有利于各级公共就业服务机构开展统一标准的职业介绍服务，有利于提高求职招聘的针对性和有效性，有利于为求职者和用人单位提供更加便捷、高效的精准对接服务。

（7）《公共就业服务中心设施设备要求》：该标准主要对公共就业服务中心的场所、基础设施、功能区设施设备、优化升级等方面提出了基本要求，是公共就业服务提供主体的基础建设标准。《公共就业服务中心设施设备要求》有利于提高公共就业服务机构基础建设水平，更好地为社会提供均等化公共就业服务奠定硬件基础，为开展公共就业服务提供有力支撑和保障，促进公共就业服务效能提升。

（8）《职业指导服务规范》：职业指导服务是公共就业服务具体服务项目之一，是指导劳动者选择职业、准备就业、安置就业并帮助其设计个人职业生涯规划提供的服务，为帮助劳动者发掘就业潜力、确立职业方向发挥着重要作用。该标准对开展职业指导服务必要的场所、人员等提出了基本要求，规范了针对不同服务对象提供的咨询、指导、测评等服务内容和流程，提出了服务形式、效果评估、资质条件等方面的具体要求。《职业指导服务规范》有利于各级公共就业服务机构开展统一标准的职业指导服务，有利于根据服务对象的自身条件和不同需求，提供更加个性化的定制式服务，有利于推动职业指导服务规范化，提高职业指导服务实效。

第三节　社会保险

社会保险是专门为丧失劳动能力、暂时失去劳动岗位或因健康原因造成损失的人口提供收入或补偿的一种社会和经济制度。一切国家的社会保险制度，不论其是否完善，都具有强制性、社会性和福利性这三个特点。按照我国劳动法的规定，社会保险项目分为养老保险、失业保险、医疗保险、工伤保险和生育保险。社会保险的保障对象是全体劳动者，资金主要来源是用人单位和劳动者个人的缴费，政府给予资助。依法享受社会保险是劳动者的基本权利。

社会保险计划一般由政府举办，强制某一群体将其收入的一部分作为社会保险税（费）形成社会保险基金，在满足一定条件的情况下，被保险人可从基金获得固定的收入或损失的补偿，它是一种再分配制度，它的目标是保证物质及劳动力的再生产和社会的稳定。

在中国，社会保险（social insurance）是社会保障体系的重要组成部分，其在整个社会保障体系中居于核心地位。另外，社会保险是一种缴费性的社会保障，资金主要是用人单位和劳动者本人缴纳，政府财政给予补贴并承担最终的责任。但是劳动者只有履行了法定的缴费义务，并在符合法定条件的情况下，才能享受相应的社会保险待遇。

一、养老保险

城镇职工养老保险是劳动者在达到法定退休年龄退休后，从政府和社会得到一定的经济补偿、物质帮助和服务的一项社会保险制度。国有企业、集体企业、外商投资企业、私营企业和其他城镇企业及其职工，实行企业化管理的事业单位及其职工必须参加基本养老保险。新的参统单位（指各类企业）单位缴费费率确定为20%，个人缴费费率确定为8%，个体工商户及其雇工、灵活就业人员及以个人形式参保的其他各类人员，根据缴费年限实行的是差别费率。参加基本养老保险的个人劳动者，缴费基数在规定范围内可高可低，多交多受益。职工按月领取养老金必须是达到法定退休年龄，并且已经办理退休手续；所在单位和个人依法参加了养老保险并履行了养老保险的缴费义务；个人缴费至少满15年。中国的企业职工法定退休年龄为：男职工60岁；从事管理和科研工作的女干部55岁，女职工50岁。基本养老金由基础养老金和个人账户养老金组成，职工达到法定退休年龄且个人缴费满15年的，基础养老金月标准为省（自治区、直辖市）或市（地）上年度职工月平均工资的20%。个人账户养老金由个人账户基金支付，月发放标准根据本人账户储存额除以120。个人账户基金用完后，由社会统筹基金支付。

城镇居民社会养老保险（城居保）是覆盖城镇户籍非从业人员的养老保险制度，这项制度和城镇职工养老保险体系、新型农村社会养老保险制度共同构成我国社会养老保险体系。城居保的法律依据是《国务院关于开展城镇居民社会养老保险试点的指导意见》（国发〔2011〕18号），它有两个突出特点：一是城居保的资金来源除个人缴费外，还有政府对参保人缴费给予的补贴，个人缴费越多，政府补贴也越多，而且个人缴费和政府补贴全部计入参保人的个人账户。二是城居保的养老金由个人账户养老金和基础养老金两部分构成，个人账户养老金水平由账户储存额，也就是个人缴费和政府补贴总额来决定；基础养老金则由政府全额支付。2014年2月24日，人社部、财政部印发《城乡养老保险制度衔接暂行办法》，于2014年7月1日起实施。首次明确城乡居民养老保险和城镇职工养老保险之间可以转移衔接，但要在参保人达到法定退休年龄后进行。

新型农村社会养老保险（简称新农保）是以保障农村居民年老时的基本生活为目的，由政府组织实施的一项社会养老保险制度，是国家社会保险体系的重要组成部分。其法律依据是《国务院关于开展新型农村社会养老保险试点的指导意见（国发〔2009〕32号）》。新农保试点的基本原则是"保基本、广覆盖、有弹性、可持续"。一是从农村实际出发，低水平起步，筹资标准和待遇标准要与经济发展及各方面承受能力相适应；二是个人（家庭）、集体、政府合理分担责任，权利与义务相对应；三是政府主导和农民自愿相结合，引导农村居民普遍参保；四是中央确定基本原则和主要政策，地方制定具体办法，对参保居民实行属地管理。养老待遇由社会统筹与个人账户相结合，与家庭养老、土地保障、社会救助等其他社会保障政策措施相配套，建立个人缴费、集体补助、政府补贴相结合的筹资模式。

二、医疗保险

城镇职工基本医疗保险制度，是根据财政、企业和个人的承受能力所建立的保障职工基本医疗需求的社会保险制度。其法律依据是《中华人民共和国城镇职工基本医疗保险条例》。所有用人单位，包括企业（国有企业、集体企业、外商投资企业和私营企业等）、机关、事业单位、社会团体、民办非企业单位及其职工，都要参加基本医疗保险，城镇职工基本医疗保险基金由基本医疗保险社会统筹基金和个人账户构成。基本医疗保险费由用人单位和职工个人账户构成。基本医疗保险费由用人单位和职工个人共同缴纳，其中，单位按8%比例缴纳，个人缴纳2%。用人单位所缴纳的医疗保险费一部分用于建立基本医疗保险社会统筹基金，这部分基金主要用于支付参保职工住院和特殊慢性病门诊及抢救、急救。发生的基本医疗保险起付标准以上、最高支付限额以下符合规定的医疗费，其中个人也要按规定负担一定比例的费用。个人账户资金主要用于支付参保人员在定点医疗机构和定点零售药店就医购药符合规定的费用，个人账户资金用完或不足部分，由参保人员个人用现金支付，个人账户可以结转使用和依法继承。参保职工因病住院先自付住院起付额，再进入统筹基金和职工个人共付段。参加基本医疗保险的单位及个人，必须同时参加大额医疗保险，并按规定按时足额缴纳基本医疗保险费和大额医疗保险费，才能享受医疗保险的相关待遇。

城镇居民基本医疗保险是社会医疗保险的组成部分，采取以政府为主导，以居民个人（家庭）缴费为主，政府适度补助为辅的筹资方式，按照缴费标准和待遇水平相一致的原则，为城镇居民提供医疗需求的医疗保险制度。其法律依据是《国务院关于开展城镇居民基本医疗保险试点的指导意见》（国发〔2007〕20 号）。（1）参保范围：不属于城镇职工基本医疗保险制度覆盖范围的中小学阶段的学生（包括职业高中、中专、技校学生）、少年儿童和其他非从业城镇居民都可自愿参加城镇居民基本医疗保险。（2）筹资水平。试点城市应根据当地的经济发展水平以及成年人和未成年人等不同人群的基本医疗消费需求，并考虑当地居民家庭和财政的负担能力，恰当确定筹资水平；探索建立筹资水平、缴费年限和待遇水平相挂钩的机制。（3）缴费和补助。城镇居民基本医疗保险以家庭缴费为主，政府给予适当补助。参保居民按规定缴纳基本医疗保险费，享受相应的医疗保险待遇，有条件的用人单位可以对职工家属参保缴费给予补助。国家对个人缴费和单位补助资金制定税收鼓励政策。

新型农村合作医疗（简称"新农合"）是指由政府组织、引导、支持，农民自愿参加，个人、集体和政府多方筹资，以大病统筹为主的农民医疗互助共济制度，采取个人缴费、集体扶持和政府资助的方式筹集资金。其法律依据是原卫生部、国家发展改革委、民政部、财政部、农业部、国家食品药品监管局、国家中医药局联合颁布的文件《关于加快推进新型农村合作医疗试点工作的通知》（卫农卫发〔2006〕13 号）。2009 年，中国做出深化医药卫生体制改革的重要战略部署，确立新农合作为农村基本医疗保障制度的地位。2017 年，各级财政对新农合的人均补助标准在 2016 年的基础上提高 30 元，达到 450 元，其中：中央财政对新增部分按照西部地区 80%、中部地区 60% 的比例进行补助，对东部地区各省份分别按一定比例补助。农民个人缴费标准在 2016 年的基础上提高 30 元，原则上全国平均达到 180 元左右。探索建立与经济社会发展水平、各方承受能力相适应的稳定可持续筹资机制。各地要认真总结试点单位的好做法，积极进行农民个人缴费方式的探索，充分发挥基层组织的作用，建立稳定的筹资机制。如果农民个人自愿，经村民代表大会讨论同意，可以由村民自治组织代为收缴农民的个人缴费。要加强基金管理，做到专户储存，专款专用，严格实行基金封闭运行，确保合作医疗基金和利息全部用于参合农民的医疗补助。要建立健全既方便农民又便于监管的合作医疗审核和报销办法，实行基金使用管理的县、乡、村公示制度，把合作医疗报销情况作为村务公开的重要内容，探索农民参与监督和民主管理的长效机制，保证农民的知情权和监督权。要加强对合作医疗基金管理和使用的专项审计，发现问题及时纠正。

2016 年 1 月《国务院关于整合城乡居民基本医疗保险制度的意见》发布。《意见》指出，整合城镇居民基本医疗保险（以下简称城镇居民医保）和新型农村合作医疗（以下简称新农合）两项制度，建立统一的城乡居民基本医疗保险（以下简称城乡居民医保）制度。

三、工伤保险

工伤保险也称职业伤害保险。劳动者由于工作原因并在工作过程中受意外伤害，或因接触粉尘、放射线、有毒害物质等职业危害因素引起职业病后，由国家和社会给负伤、致残者以及死亡者生前供养亲属提供必要物质帮助。工伤保险费由用人单位缴纳，对于工伤事故发生率较高的行业工伤保险费的征收费率高于一般标准，一方面是为了保障这些行业的职工发生工伤时，工伤保险基金可以足额支付工伤职工的工伤保险待遇；另一方面，是通过高费率征收，使企业有风险意识，加强工伤预防工作，使伤亡事故率降低。

职工上了工伤保险后，住院治疗工伤的，由所在单位按照本单位因公出差伙食补助标准的 70% 发给住院伙食补助费；经医疗机构出具证明，报经办机构同意，工伤职工到统筹地区以外就医的，所需交通、食宿费用由所在单位按照本单位职工因公出差标准报销。另外，工伤职工因日常生活或者就业需要，经劳动能力鉴定委员会确认可以安装假肢、矫形器、假眼、假牙和配置轮椅等辅助器具，所需费用按照国家规定的标准从工伤保险基金中支付。工伤参保职工的工伤医疗费一至四级工伤人员伤残津贴、一次性伤残补助金、生活护理费、丧葬补助金、供养亲属抚恤金、辅助器具、工伤康复费、劳动能力鉴定费都应从工伤保险基金中支付。

四、失业保险

失业保险是国家通过立法强制实行的，由社会集中建立基金，对因失业而暂时中断生活来源的劳动者提供物质帮助的制度。各类企业及其职工、事业单位及其职工、社会团体及其职工、民办非企业单位及其职工，国家机关与之建立劳动合同关系的职工都应办理失业保险。失业保险基金主要是用于保障失业人员的基本生活。城镇企业、事业单位、社会团体和民办非企业单位按照本单位工资总额的2%缴纳失业保险费，其职工按照本人工资的1%缴纳失业保险费。无固定工资额的单位以统筹地区上年度社会平均工资为基数缴纳失业保险费。单位招用农牧民合同制工人本人不缴纳失业保险费。

当前中国失业保险参保职工的范围包括：在岗职工；停薪留职、请长假、外借外聘、内退等在册不在岗职工；进入再就业服务中心的下岗职工；其他与本单位建立劳动关系的职工（包括建立劳动关系的临时工和农村用工）。城镇企业事业单位失业人员按照有关规定具备以下条件的失业职工可享受失业保险待遇：按照规定参加失业保险，所在单位和本人已按照规定履行缴费义务满1年的，其次不是因本人意愿中断就业的，还有已经办理失业登记，并有求职要求的。

五、生育保险

生育保险是针对生育行为的生理特点，根据法律规定，在职女性因生育子女而导致劳动者暂时中断工作、失去正常收入来源时，由国家或社会提供的物质帮助。生育保险待遇包括生育津贴和生育医疗服务两项内容。生育保险基金由用人单位缴纳的生育保险费及其利息以及滞纳金组成。女职工产假期间的生育津贴、生育发生的医疗费用、职工计划生育手术费用及国家规定的与生育保险有关的其他费用都应该从生育保险基金中支出。

所有用人单位（包括各类机关、社会团体、企业、事业、民办非企业单位）及其职工都要参加生育保险。生育保险由用人单位统一缴纳，职工个人不缴纳生育保险费。生育保险费由用人单位按照本单位上年度职工工资总额的0.7%缴纳。享受生育保险待遇的职工，必须符合以下三个条件：用人单位参加生育保险在6个月以上，并按时足额缴纳了生育保险费；计划生育政策有关规定生育或流产的；在本市城镇生育保险定点医疗服务机构，或经批准转入有产科医疗服务机构生产或流产的（包括自然流产和人工流产）。

社会保险与商业保险的区别：一是实施目的不同。社会保障是为社会成员提供必要时的基本保障，不以营利为目的；商业保险则是保险公司的商业化运作，以利润为目的。二是实施方式不同。社会保险是根据国家立法强制实施，商业保险是遵循"契约自由"原则，由企业和个人自愿投保。三是实施主体和对象不同。社会保险由国家成立的专门性机构进行基金的筹集、管理及发放，其对象是法定范围内的社会成员；商业保险是保险公司来经营管理的，被保险人可以是符合承保条件的任何人。四是保障水平不同。社会保险为被保险人提供的保障是最基本的，其水平高于社会贫困线，低于社会平均工资的50%，保障程度较低；商业保险提供的保障水平完全取决于保险双方当事人的约定和投保人所缴保费的多少，只要符合投保条件并有一定的缴费能力，被保险人可以获得高水平的保障。

第四节　救助和扶贫

一、社会救济

社会救济，是指国家和社会对生活在贫困线以下的低收入者或者遭受灾害的生活困难者提供无偿物质帮助的一种社会保障制度。从历史发展看，社会救济先于社会保险。早在 1536 年，法国就通过立法要求在教区进行贫民登记，以维持贫民的基本生活需求。1601 年，英国制定了济贫法，规定对贫民进行救济。中国古代的"义仓"也是一种救济制度。这些都是初级形式的社会救济制度。维持最低水平的基本生活是社会救济制度的基本特征。社会救济经费的主要来源是政府财政支出和社会捐赠。

二、社会互助

社会互助是指在政府鼓励和支持下，社会团体和社会成员自愿组织和参与的扶弱济困活动。社会互助具有自愿和非营利的特征，其资金主要来源于社会捐赠和成员自愿交费，政府往往从税收等方面给予支持。社会互助主要形式包括：工会、妇联等群众团体组织的群众性互助互济；民间公益事业团体组织的慈善救助；城乡居民自发组成的各种形式的互助组织等。

三、优抚安置

优抚安置，是指国家对从事特殊工作者及其家属，如军人及其亲属予以优待、抚恤、安置的一项社会保障制度。在我国，优抚安置的对象主要是烈军属、复员退伍军人、残疾军人及其家属；优抚安置的内容主要包括提供抚恤金、优待金、补助金，举办军人疗养院、光荣院，安置复员退伍军人等。

四、精准扶贫

精准扶贫是指针对不同贫困区域环境、不同贫困农户状况，运用科学有效程序对扶贫对象实施精确识别、精确帮扶、精确管理的治贫方式。一般来说，精准扶贫是对过去粗放扶贫的扬弃和超越。

中国"精准扶贫"的重要思想最早出现在 2013 年 11 月，习近平总书记到湖南湘西考察时首次做出了"实事求是、因地制宜、分类指导、精准扶贫"的重要指示。2014 年 1 月，中办详细规制了精准扶贫工作模式的顶层设计，推动了"精准扶贫"思想落地。2014 年 3 月，习近平总书记参加两会代表团审议时强调，要实施精准扶贫，瞄准扶贫对象，进行重点施策，进一步阐释了精准扶贫理念。2015 年 1 月，习近平总书记新年首个调研地点选择了云南，总书记强调，坚决打好扶贫开发攻坚战，加快民族地区经济社会发展。5 个月后，总书记来到与云南毗邻的贵州省，强调要科学谋划好"十三五"时期扶贫开发工作，确保贫困人口到 2020 年如期脱贫，并提出扶贫开发"贵在精准，重在精准，成败之举在于精准"，"精准扶贫"成为各界热议的关键词。

2015 年 10 月 16 日，习近平总书记在 2015 减贫与发展高层论坛上强调，中国扶贫攻坚工作实施精准扶贫方略，增加扶贫投入，出台优惠政策措施，坚持中国制度优势，注重六个精准，坚持分类施策，因人因地施策，因贫困原因施策，因贫困类型施策，通过扶持生产和就业发展一批，通过易地搬迁安置一批，通过生态保护脱贫一批，通过教育扶贫脱贫一批，通过低保政策兜底一批，广泛动员全社会力量参与扶贫。

第五节　社会福利

广义的社会福利，是指国家为改善和提高全体社会成员的物质生活和精神生活所提供的福利津贴、福利设施和社会服务的总称。狭义的社会福利，是指国家向老人、儿童、残疾人等社会中需要给予特殊关心的人群提供的必要的生活保障。

福利首先是同人的生活幸福相联系的概念。在英语里，"福利"是 welfare，它是由 well 和 fare 两个词合成的，意思是"好的生活"。但是，什么是"好的生活"却是一个仁者见仁、智者见智的事情。它既可以指物质生活的安全、富裕和快乐，也可以是精神上、道德上的一种状态。社会福利还与社会政治相关联，既被看作是一种国家治理的状态，又被看作是调整社会关系的手段。所以，"福利不单单表现为心情等主观因素，而是作为一个人主动追求人间幸福生活权利的基础、机会和条件，以及在日常生活中所做的各种必要的努力"。

从一般抽象的意义来说，福利就是能使人们生活幸福的各种条件。它既包括人的身体应得到的保护和照顾，也包括影响人的智力和精神自由发展的各种因素。而作为"社会福利"就更超出了个人的范畴，要求人们在"社会"的层面上来考虑和解决如何使人能够过一种"好的生活"。它涉及社会根据什么来帮助人们生活的幸福，需要通过什么样的制度和政策安排来保证他们生活的幸福。

按享受对象类别来划分，社会福利可分为以下几种类型：1. 为全体社会成员提供的公共福利；2. 为本单位、本行业从业人员及其家属提供的职业福利；3. 专为老年人提供的老年福利；4. 为婴幼儿、少年儿童提供的儿童福利；5. 为妇女提供的妇女福利；6. 为残疾人提供的残疾人福利。

社会福利一般包括现金援助和直接服务。现金援助通过社会保险、社会救助和收入补贴等形式实现；直接服务通过兴办各类社会福利机构和设施实现。主要内容有：医疗卫生服务、文化教育服务、劳动就业服务、住宅服务、孤老残幼服务、残疾康复服务、犯罪矫治（见矫治社会工作）及感化服务（见感化教育）、心理卫生服务、公共福利服务等。服务对象包括老年人、残疾人、妇女、儿童、青少年、军人及其家属、贫困者，以及其他需要帮助的社会成员和家庭等。服务的形式有人力、物力、财力的帮助，包括国家、集体、个人兴办的社会福利事业的收养、社区服务、家庭服务、个案服务、群体服务等。

第六节　公共教育

公共教育是指在现代社会，国家或社区组织作为社会及全体公民或社区居民的代表，通过以有关税款或社区居民筹集的款项举办学校，对全体公民或社区全体居民所实施的一种教育。公共教育的实施，使教育逐步成为社会或社区大多数民众共同关心的事务，促进了社会的发展和人类的进步，并使政府由于对公共教育的管理而拓宽了职能范围。

基本公共教育服务是指在教育领域提供的基础性公共服务，具有公共性、普惠性、基础性、发展性四个主要特征，是主要由政府提供，与全体人民群众最关心、最直接、最现实的切身利益密切相关的公共教育服务，是实现人的终身发展的基本前提和基础。

《教育规划纲要》明确提出，到 2020 年要形成惠及全民的公平教育，建成覆盖城乡的基本公共教育服务体系，逐步实现基本公共教育服务均等化，缩小区域差距。《"十三五"基本公共服务均等化规划》进一步指出，国家完善基本公共教育制度，加快义务教育均衡发展，保障所有适龄儿童、青少年平等接受教育，不断提高国民基本文化素质。本领域服务项目共 8 项，具体包括：免费义务教育、农村义务教育学生营养改善、寄宿生生活补助、普惠性学前教育资助、中等职业教育国家助学金、中等职业教育免除学杂费、普通高中国家助学金、免除普通高中建档立卡等家庭经济困难学生学杂费。

第七节　医疗卫生

一个国家的医疗卫生服务体系包括该国家所有保障和提高人民的健康、治疗疾病和受伤的人员、组织、系统、过程。

多年来，中国坚持"以农村为重点，预防为主，中西医并重，依靠科技与教育，动员全社会参与，为人民健康服务，为社会主义现代化建设服务"的卫生工作方针，努力发展具有中国特色的医疗卫生事业。经过不懈努力，覆盖城乡的医疗卫生服务体系基本形成，疾病防治能力不断增强，医疗保障覆盖人口逐步扩大，卫生科技水平日益提高，居民健康水平明显改善。为建立起覆盖城乡居民的基本医疗卫生制度，保障每个居民都能享有安全、有效、方便、价廉的基本医疗卫生服务，中国深入推进医药卫生体制改革，取得了重要阶段性成效。

但是，随着中国工业化、城市化进程和人口老龄化趋势的加快，居民健康面临着传染病和慢性病的双重威胁，公众对医疗卫生服务的需求日益提高。

与此同时，中国卫生资源特别是优质资源短缺、分布不均衡的矛盾依然存在，医疗卫生事业改革与发展的任务十分艰巨。

健康是促进人的全面发展的必然要求。提高人民健康水平，实现病有所医的理想，是人类社会的共同追求。在中国这个有着 13 亿多人口的发展中大国，医疗卫生关系亿万人民健康，是一个重大民生问题。中国政府提出，到2020 年建立健全覆盖城乡居民的基本医疗卫生制度，实现人人享有基本医疗卫生服务。为此，中国将继续深入推进改革，全面发展医疗卫生事业，更好地维护、保障和增进全体居民的健康。中国也将继续积极参与全球卫生事务，与各方共同携手，为改善全球健康做出更大努力。

《"十三五"基本公共服务均等化规划》进一步指出，国家建立健全覆盖城乡居民的基本医疗卫生制度，推进健康中国建设，坚持计划生育基本国策，以基层为重点，以改革创新为动力，预防为主、中西医并重，提高人民健康水平。本领域服务项目共 20 项，具体包括：居民健康档案、健康教育、预防接种、传染病及突发公共卫生事件报告和处理、儿童健康管理、孕产妇健康管理、老年人健康管理、慢性病患者管理、严重精神障碍患者管理、卫生计生监督协管、结核病患者健康管理、中医药健康管理、艾滋病病毒感染者和病人随访管理、社区艾滋病高危行为人群干预、免费孕前优生健康检查、基本药物制度、计划生育技术指导咨询、农村部分计划生育家庭奖励扶助、计划生育家庭特别扶助、食品药品安全保障。

第八节　公共文化

所谓公共文化服务是指以政府部门为主的公共部门提供的、以保障公民的基本文化生活权利为目的、向公民提供公共文化产品与服务的制度和系统的总称，包括公共文化服务设施、资源和服务内容，以及人才、资金、技术和政策保障机制等方面内容。一般说来，公共文化是相对经营文化而言，是为满足社会的共同需要而形成的文化形态，强调的是以社会全体公众为服务对象的公共行政职能，目标是人人参与文化，人人享受文化，人人创造文化。

加强公共文化服务体系建设，是繁荣发展社会主义先进文化、构建社会主义和谐社会的必然要求，是实现好、维护好、发展好人民群众基本文化权益的主要途径，对于促进人的全面发展、提高全民族的思想道德和科学文化素质、建设富强民主文明和谐的社会主义现代化国家，具有重大意义。

加强公共文化服务体系建设，必须坚持以马克思列宁主义、毛泽东思想、邓小平理论、"三个代表"重要思想和科学发展观为指导，深入贯彻落实习近平总书记系列讲话精神，坚持社会主义先进文化的前进方向，坚持以政府为主导、鼓励社会力量积极参与，坚持城乡、区域文化协调发展，坚持把建设的重心放在基层和农村，统筹规划、加大投入、因地制宜、分步实施，着力改善农村和中西部地区公共文化服务网络，着力提高公共文化产品供给能力，着力解决人民群众最关心、最直接、最现实的基本文化权益问题，推动文化建设与经济建设、政治建设、社会建设协调发展。

加强公共文化服务体系建设的目标任务是，按照结构合理、发展平衡、网络健全、运行有效、惠及全民的原则，以政府为主导、以公益性文化单位为骨干、鼓励全社会积极参与，努力建设公共文化产品生产供给、设施网络、资金人才技术保障、组织支撑和运行评估为基本框架的覆盖全社会的公共文化服务体系，切实保障人民群众看电视、听广播、读书看报、进行公共文化鉴赏、参加大众文化活动等基本文化权益。

当前，要大力加强重大公益性文化工程建设，认真组织实施广播电视村村通、全国文化信息资源共享、乡镇综合文化站和基层文化阵地建设、农村电影放映、农家书屋建设等公共文化服务工程。要建立健全公共文化设施网络，充分发挥现有文化设施作用，积极开展公益性文化活动，加大产业支撑和市场供给，增强公共文化产品的生产供给能力。要推进文化事业单位改革，创新文化服务方式，创新公共文化服务技术，创新公共文化服务运行机制。

各级党委和政府要深刻认识公共文化服务体系建设的重要意义，把公共文化服务体系建设放在全局工作的重要位置，切实加强领导，建立健全工作机制，加大投入力度，完善投入机制，加强队伍建设，立足当前，着眼长远，有重点分阶段地把公共文化服务体系建设抓紧抓好。

第九节　公共体育

公共体育服务是为实现和维护社会公众或社会共同体的公共体育利益，保障其体育权益的目标实现，以政府为核心的公共部门，依据法定职责，运用公共权力，通过多种方式与途径，以不同形态的公共体育物品为载体所实施的公共行为的总称。公共体育服务具有公益性、普遍性、基本性和文化性四个方面的基本特征，往往又被称为体育公共服务。

公共体育服务的客体决定了公共体育服务的政策、内容与方式。在我国，任何公民均应享受体育活动的权利和义务，依法享有平等的体育运动权利，我国宪法规定："国家发展体育运动，开展群众性的体育活动，增强人民体质。"《中华人民共和国体育法》也规定："国家发展体育事业，开展群众性的体育活动，提高全民族素质。"因此，现代社会将体育视为每一个社会成员的基本权利。体育是社会发展与人类文明进步的一个标志，体育事业发展水平是一个国家综合国力和社会文明程度的重要体现。满足于公共体育服务客体的需要，建立和逐步完善公共体育服务体系是构建和谐社会的重要环节，是保障人们的体育权利，维护人与人之间和谐关系的重要纽带。残疾人也不例外！

公共体育需要是公共体育服务供给的源头，直接影响到公共体育服务体系中的其他环节。公共体育需要一般都是社会生活中关系到公共利益与诉求的体育需要，这种体育需要具有外溢性，关系到国家与社会的直接或间接利益。如公民对健身的需要、对代表国家或地区的体育竞赛取得胜利与荣誉的需求等，这些需求对于不断提高国家体育运动的整体水平、振奋民族精神、增强国家与民族的凝聚力、塑造良好的国家形象、提高国家声誉、扩大国际影响，从而促进国家政治、外交、科技、经济及其他各方面事业的全面协调发展，均具有重大作用与价值。随着我国社会的进步和经济的发展以及人们生活水平的提高，大众体育需求的动机、形式和内容等方面均发生了重大变化，体育越来越成为人们日常生活中不可缺少的部分。公共体育需求的内容、层次、结构、方式等都会发生相应改变。

公共体育设施的规划和建设是实行全民健身计划，进一步改善国民体质与健康状况，提高中华民族整体素质，促进社会主义物质文明和社会主义精神文明建设所必不可少的保障条件。中共中央《关于进一步加强发展体育运动的通知》中指出："各地要认真落实国家对体育场地建设的要求和城市规划关于运动场地面积的定额指标。"国务院印发的《全民健身计划（2016—2020）》也明确提出："体育场地设施要纳入城乡建设规划，落实国家关于城市公共体育设施用地定额和学校体育场地设施的规定。"原城建部和国家体委联合发布的《城市公共体育设施用地定额指标暂行规定》中，根据不同规模城市的人口密集程度，对各种体育场、体育馆、游泳池、训练房等设施的规划标准、观众规模、用地面积、人均面积等指标做出了具体规定，对国家要求设置的最基本的体育设施及其用地定额提出了具体的指标要求。公共体育设施是城乡社区综合功能的重要载体，必须不断满足居民在开展体育活动、进行运动休闲等方面的生活需求。

全民健身是指全国人民，不分男女老少，全体人民增强力量、柔韧性，增加耐力，提高协调、控制身体各部分的能力，从而使人民身体强健。全民健身旨在全面提高国民体质和健康水平，以青少年和儿童为重点，倡导全民做到每天参加一次以上的体育健身活动，学会两种以上健身方法，每年进行一次体质测定。为纪念北京奥运会成功举办，中国国务院批准，从 2009 年起，将每年 8 月 8 日设为"全民健身日"。

第十节　科学技术

"科学"一词是英文 science 翻译过来的外来名词。清末我国曾把 science

译为"格致"。日本明治维新时期，有学者把 science 译为"科学"。康有为首先把日文汉字"科学"直接引入中文。严复翻译《天演论》和《原富》两本书时，也把 science 译为"科学"，以后 20 世纪初便开始在中国流行起来。"技术"一词的希腊文词根是 tech，原意是指个人的技能或技艺。早期指个人的手艺、技巧，家庭世代相传的制作方法和配方，后随着科学的不断发展，技术的涵盖力大大增强。

邓小平有一句名言："科学技术是第一生产力。"科学是人类在长期认识和改造世界的历史过程中所积累起来的认识世界事物的知识体系。技术是指人类根据生产实践经验和应用科学原理而发展成的各种工艺操作方法和技能以及物化的各种生产手段和物质装备。科学要解决的问题，是发现自然界中确凿的事实与现象之间的关系，并建立理论把事实与现象联系起来；技术的任务则是把科学的成果应用到实际问题中去。科学技术可以为改善人们的生活质量，特别是为改善残疾人的生活质量提供决定性的突破。

众所周知，科学技术是在一定的社会环境中产生和发展的，同时也会对社会的发展产生影响和作用。科学技术是经济发展的原动力。目前，我国的劳动生产率只有发达国家的 1/20。科学技术一旦转化为生产力将极大地提高生产效率，从而推动经济快速发展，其作用大大超过了资金、劳动力对经济的变革作用。科学技术是社会进步的推动力。科学技术所开拓的生产力创造了高度发达的物质文明，但对科学技术的使用不当，又引发了世界范围内的环境问题，需要社会伦理和法律加以规范。

值得一提的是，现代生命科学技术在 20 世纪得到了空前的发展，特别是 DNA 双螺旋结构的发现和人类基因组计划的实施，更使得生命科学技术成为 21 世纪高新科技的主流。由于生命科学技术能够揭示生物构造和遗传的秘密，对于促进人口与健康、农业高新技术、生态环境、食品和化学工业等领域的发展具有重大作用，因而具有广阔的发展前景。特别是肢体再造，为残疾人获得更好的治疗和康复效果带来了福音。

第十一节　志愿者行动

所谓社会动员，是指人们在社会持久的、主要的因素影响下，使其态度、期望与价值取向等不断发生变化的过程。就其一般意义来说，社会动员也可以称之为社会影响，但社会动员比社会影响更集中，更有力。社会动员的内容与方式、强度与效果，是随着社会的发展而不断变化的。在现代化条件下，社会动员出现了一系列新情况，呈现出许多新特点，研究、探讨现代社会条件下社会动员的内容与方式、作用与特点，对于驾驭全局，进行思想和行为的正确引导，具有重要的理论意义和实践意义。

志愿者行动其实就是规范的社会动员形式之一。中国青年志愿者行动是伴随着我国建立社会主义市场经济体制的进程而诞生的，在党中央的亲切关怀下，这项活动发展十分迅速，在服务社会、教育青年、促进发展等方面发挥了积极作用，成为动员广大青年参与群众性精神文明建设的载体。

青年志愿者行动实施以来，产生了良好的社会影响。志愿服务正在成为新的社会风尚，越来越多的青年及社会各界群众加入志愿者的行列。实践充分说明，青年志愿者行动符合时代发展的潮流，符合人民群众的需要，符合当代青年的特点，蕴藏着巨大的发展潜力，呈现出旺盛的生命力和广阔的发展前景，是发展社会主义市场经济中一项生机勃勃的事业。它使一些需要帮助的社会成员从志愿服务中感受到社会的温暖，在全社会弘扬"奉献、友爱、互助、进步"的志愿精神，倡导时代新风正气，对社会主义道德建设有积极的推动作用，已经成为新时代群众性精神文明创建活动的有效途径；它以扶贫济困为主题，以社会困难群体为主要扶助对象，通过志愿服务方式为困难群众提供实实在在的帮助，为我国多层次社会保障体系的建立做出了积极的贡献；它适应当代青年自主意识、参与意识日益增强的特点，组织和引导青年以志愿服务方式积极参加经济建设和社会发展，调动了青年的内在积极性，已经成为共青团在社会主义市场经济条件下动员和组织青年的有效手段；它为当代青年在实践中锻炼成长提供了广阔的舞台，开辟了现实的途径，体现了共青团在实践中育人的宗旨，成为新时代青年工作的重要内容；它与国际志愿服务接轨，在国际上树立了当代中国青年的良好形象，成为加强与各国青年之间交流与合作的重要渠道。

　　未来要以社会需求特别是困难群众的需求为导向，全面推进志愿服务项目建设。普遍推广青年志愿者城乡社区发展计划，逐步健全覆盖社区的青年志愿服务网络，努力使青年志愿者成为参与社区服务和社区建设的一支重要力量。突出抓好青年志愿者助老、助残工作，在所有敬老院、残疾人福利院等场所建立志愿服务基地，组织动员青年志愿者为有特殊困难的老年人和残疾人开展专项注册和服务活动。普遍开展大学生志愿者教育科技文化"三进巷"、成人预备期志愿服务、青年志愿者健康救助计划等各具特色的社区志愿服务活动。进一步扩大"一助一"长期结对服务的规模，到 2020 年要力争涵盖主要城乡社区中 80% 的孤老病残等重点困难群众。

小结

　　基本公共服务是由政府主导、保障全体公民生存和发展基本需要、与经济社会发展水平相适应的公共服务。基本公共服务均等化是指全体公民都能公平可及地获得大致均等的基本公共服务，其核心是促进机会均等，重点是保障人民群众得到基本公共服务的机会，而不是简单地平均化。享有基本公共服务是公民的基本权利，保障人人享有基本公共服务是政府的重要职责。推进基本公共服务均等化，是全面建成小康社会的应有之义，对于促进社会公平正义、增进人民福祉、增强全体人民在共建共享发展中的获得感、实现中华民族伟大复兴的中国梦，都具有十分重要的意义。

第三章

无障碍战略与公共就业服务

第一节　无障碍战略与公共就业服务现状

一、无障碍与残疾人公共就业服务

残疾人"无障碍"运动的兴起与演进，将"残疾"与"障碍"的观念区别开来，过去错误观念严重地歪曲和损害了残疾人的社会形象，使残疾人自身也对自己产生了消极评价，残疾人在内外共同作用下成为社会排斥的对象。因此摒弃社会观念、制度、服务等对残疾人的偏见与歧视才是残疾人政策的重点。物质环境的"无障碍"主要是为了方便残疾人不受排斥地出入所有建筑场所，制度环境的"无障碍"是要消除在政策层面和制度层面的社会排斥，积极推进残疾人参与社会生活并实现"共建、共融、共享"。"无障碍"理念及其行动就是要突破"无障碍"的物质化桎梏而将其内涵扩展到制度与结构以及公众意识层面，保障残疾人从生存到发展权利的实现，营造平等的"无障碍"社会氛围，从而推动"无障碍"社会的构建。残疾人与健全人一样，享有法律赋予的平等就业和选择职业、取得劳动报酬或收入，获得劳动安全卫生保护、接受职业技能培训、享受社会保险等基本劳动就业服务的权利。国际社会也存在残疾人经过适当的评估、培训在适合的岗位就能正常从事劳动、工作。就业则是残疾人改善生活、融入社会、实现个人人生价值的重要途径。

公共就业服务有广义与狭义之分，广义的公共就业服务是指公共部门为满足公民基本生活与社会发展需求所提供的所有公共就业产品的总称，包括制度形态、物质形态和劳务形态等各种公共就业服务类型。狭义的公共就业服务是政府为促进社会充分就业，以帮扶就业困难群体为重点，面向全体劳动者提供的公益性就业服务，其重要标志是非营利性与非竞争性。根据《中华人民共和国就业促进法》的规定，公共就业服务包括为劳动者免费提供就业政策法规咨询，职业供求信息、市场工资指导价位信息和职业培训信息发布，职业指导和职业介绍，办理就业登记、失业登记等服务。残疾人公共就业服务是公共就业服务的一个重要组成部分。它是指公共部门运用公共权力，根据残疾人的需求，通过多种机制和方式的灵活运用，为残疾人所提供的多种内容与形式的公共就业服务，以及为实现公共就业服务供给所形成的组织架构和运行机制的总和。残疾人公共就业服务体系是由服务主体、服务对象、服务内容、服务资源、服务模式和服务制度等多元因素构成的综合服务网络。随着经济社会的迅速发展和人民生活水平的不断提高，残疾人公共就业服务的范围将不断拓展，服务水平将不断提高。

二、残疾人公共就业服务实践演进

（一）政策不断完善

我国历史上以政策形式规范残疾人就业服务的记载最早见于《礼记》《周礼》。《礼记·王制》中所述的"瘖、聋、跛、躃、断者、侏儒，百工各以其器食之"，就说明根据不同残疾人的身体特点与特长，使其自食其力。但由于生产力水平及意识的局限性，总体呈现自我及家庭承担与抚养。直到清末民初，随着对西方生产技术及文化的学习参考，我国残疾人就业服务逐渐形成政府与家庭、个人相结合的趋势。

中华人民共和国成立后，残疾人公共就业服务政策正式走向逐渐完善化、规范化的趋势。1951 年《劳动保险条例》中对各类伤残的保障待遇做出了规定，并提出政府办盲、聋、哑学校，兴办或参与社会福利机构与社会福利企业，一方面培养残疾人的就业能力，另一方面为有能力的残疾人提供更多的工作机会。1952 年我国最早成型的福利企业就开始吸纳残障人士就业，逐渐成为集中安置残障人士的福利企业。直到 1958 年国家将此种形式解决残疾人就业统称为残疾人集中就业，此类形式的福利企业在解决残疾人就业的同时也发展残疾人教育、康复等其他残疾人服务。

1990 年 12 月 28 日第七届全国人民代表大会常务委员会颁布《中华人民共和国残疾人保障法》，2008 年 4 月 24 日第十一届全国人民代表大会常务委员会第二次会议修订。其中第四章劳动就业，明确了政府对残疾人就业的统筹规划的职责，基本形成了集中就业、按比例分散就业及扶持个体就业创业三大形式并存的体系。2008 年 1 月正式实施的《中华人民共和国就业促进法》，2015 年又经第十二届全国人民代表大会常务委员会第十四次会议修订，以及在《中华人民共和国残疾人保障法》基础上颁布的《残疾人就业条例》，以及更加聚焦在各个方面的《财政部国家税务总局关于促进残疾人就业税收优惠政策的通知》《残疾人就业保障金管理暂行规定》等政策。目前已形成了以《中华人民共和国宪法》为基础，《中华人民共和国劳动法》《中华人民共和国就业促进法》为依托，《中华人民共和国残疾人保障法》为主要内容，各类操作性的《条例》《规定》为指南的较为完善的残疾人就业服务政策框架体系。

（二）就业规模及就业方式稳定发展

2016 年，全国持证残疾人新增就业 31.2 万人，其中城镇新增 9.3 万人，农村新增 21.9 万人。城乡持证残疾人就业人数为 896.1 万人，其中按比例就业 66.9 万人，集中就业 29.3 万人，个体就业 63.9 万人，公益性岗位就业 7.9 万人，辅助性就业 13.9 万人，灵活就业 262.9 万人，451.3 万人从事农业种养殖业。

从表 3-1-1 可以看出，从 2011 至 2015 年全国城镇、农村残疾人就业人数五年来基本持平，城镇历年新增就业人数均在 25 万人至 35 万人左右浮动，2015 年集中就业残疾人 1053203 人，占城镇残疾人总就业人数的24.5%，分散按比例就业 1163738 人，占城镇残疾人总就业人数的27.1%，公益性岗位就业 102542 人，占城镇残疾人总就业人数的 2.4%，其余近 5年比例大体相近。可见目前城镇残疾人就业方式以分散按比例就业为主，集中就业也紧随其后，公益性岗位就业形式作为补充，而农村残疾人就业的主要途径仍然是从事农业种养殖业。分散按比例就业、集中就业、公益性岗位、自主创业与灵活就业等多种就业形式，主辅相存，相互补充，农村与城镇残疾人事业同时发展的就业服务基本体系已初步形成。

表 3-1-1　2011—2015 年残疾人就业状况一览表　单位：万人

就业类别	年份	2011	2012	2013	2014	2015
全国城镇残疾人就业人数		440.5	444.8	445.6	435.9	430.2
城镇新增就业人数	集中就业	9.7	10.2	10.7	7.6	6.8
	按比例就业	7.5	8	8.7	7	6.6
	个体就业及其他形式灵活就业	12.5	12.3	14.6	10.7	10.4
	公益性岗位就业	2.1	1.8	1.5	1.2	1.2
	辅助性就业		0.7	1.3	1.3	1.3
	小计	31.8	32.9	36.9	27.8	26.3
城镇就业人数	小计	440.5	444.8	445.6	436	430.2
农村就业人数	农业种养加	1748.8	1389.9	1385.4	1360.4	1323.2
	小计	1748.8	1770.3	1757.2	1723.6	1678

数据来源：中国残疾人联合会 2011 年、2012 年、2013 年、2014 年及 2015 年中国残疾人事业发展统计公报

《残疾人就业促进"十三五"实施方案》为了进一步完善残疾人公共就业服务，计划"十三五"期间，实现城镇新增残疾人就业 50 万人，面向中西部地区 50 万名农村贫困残疾人开展免费实用技术培训。到 2020 年，所有省级党政机关、地市残工委主要成员单位至少安排 1 名残疾人，所有县（市、旗）应至少建有一所残疾人辅助性就业机构，基本满足具有一定劳动能力的智力、精神和重度肢体残疾人就业需求。

（三）公共就业服务不断改进

阻碍残疾人就业的不仅是其自身不适合一些工作岗位的要求，更多时候是就业岗位与残疾人本人信息不对称，以及残疾人整体就业环境不完善。我国一直以来在不断完善残疾人就业整体环境，提升残疾人就业公共服务。

1. 职业培训方面

20 世纪 80 年代随着各级残联组织的建立，我国残疾人就业培训及教育机构开始萌芽，90 年代中后期此方面残疾人事业得到了一定发展，不但建立了残疾人职业培训机构，在公共就业培训中也出现了针对各类身体特征残疾人的培训课程、培训资源，助力一些想要就业、能够就业的残疾人实现就业。

人力资源和社会保障部、中国残疾人联合会于 2015 年 5 月印发了《关于实施残疾人职业技能提升计划（2016—2020 年）的通知》，通知提出，要大力开展残疾人职业培训，帮助残疾人就业创业。到 2020 年，力争使新进入人力资源

市场的残疾人都有机会接受至少一次相应的就业技能培训；使企业技能岗位的残疾人都有机会得到一次以上岗位技能提升培训或高技能人才培训等。

从 2012 年中国残联所能统计到的城镇参加职业培训的残疾人为 29.9 万人，到 2015 年的 39.3 万人，再到 2016 年的城乡共计 60.5 万人，其中城镇 13.7 万人，农村 46.8 万人。可见越来越多的残疾人接受了职业培训，且培训逐渐惠及农村残疾人。2014 年中国残疾人事业发展统计公报显示，全国残疾人职业培训基地为 6154 个，其中残联兴办 2211 个，依托社会机构兴办 3943 个。

目前残疾人职业培训更是精细化、类别化发展，针对各类残疾人身体特征及市场需求，开展了诸如针对盲人听觉触觉更灵敏的心理咨询师、按摩师、钢琴调律师等，针对肢体障碍残疾人不方便行动的特征，开展了计算机培训，以方便从事电脑记录员、IT 动漫师、网络客服以及一些网络创业项目，针对听力障碍的残疾人，开展义齿加工、网络编辑、"云客服"等培训。各个省市也是积极开展残疾人职业培训，如吉林省的"千家万户巧手工程"、西藏和青海的唐卡绘画培训、甘肃的高原特色蔬菜培训、陕西"千家万户巧手工程"的兵马俑仿制培训等。始于 2010 年的"千家万户巧手工程"是吉林省根据地域开发惠及城乡残障人士的惠民工程，多年来不断与企业、社会福利机构合作，多方面、多样化地开展各类培训，帮助成千上万的残疾人掌握重要的工作技能，走向自己喜爱的工作岗位。

时至今日，残疾人职业培训在网络化、信息化的大环境下呈现出了新的特点，出现了远程残疾人就业培训服务平台，如由北京师范大学继续教育与教师培训学院与中国残疾人就业服务指导中心整合双方优质资源共同成立的北京师范大学继续教育与教师培训学院中国残疾人就业培训技术资源中心，该中心提供培训、示范、鉴定、指导为一体的全国残疾人就业服务资源服务，为残疾人、残疾人就业服务人员及残疾人就业相关人员提供理论指导及高端优质服务。此服务平台并非免费为残疾人提供的公共就业服务，但也为职业培训网络化、远程化、信息化提供了一下选择和参考。在新时期的劳动力就业市场中成为促进残疾人就业的又一有益的、更为快捷的尝试。

2. 职业介绍与职业指导

残疾人就业问题与普通就业人员就业都存在一个共同的矛盾，就是因就业信息的不对称而产生的结构性失业、摩擦性失业。就业信息以及劳动市场对劳动力技能需求的转变信号对于残疾人来说更是存在获取渠道狭窄、困难的问题。因此职业介绍与职业指导在残疾人公共就业服务中显得尤为重要。

2010—2013 年，全国残疾人就业主要途径是熟人介绍与残疾人就业服务机构，其中残疾人就业服务机构在就业中的重要性逐年凸显，这一趋势在城镇表现尤其突出。2013 年城镇残疾人就业服务机构所占比重已达到了 61.19%。这意味着超过六成的城镇在业残疾人通过就业服务机构获得了职业帮助，也意味着我国残疾人就业服务基本走上正轨，向规模化、系统化、规范化方向发展。

经过《残疾人就业工作"十二五"实施方案》的有力推进，目前全国大部分省市均已建立残疾人就业服务机构和残疾人就业服务网络平台，免费为残疾人提供职业介绍与职业指导，如 2015 年 7 月 11 日正式开通上线的"全国残疾人就业创业网络服务平台"，作为目前最大的残疾人就业服务网，是依托中国残疾人联合会所属的中国残疾人服务网搭建的专业服务平台。通过挖掘整合残联就业创业服务资源，汇集融合政府和社会各方力量，以"互联网+残疾人就业服务"线上线下协同服务模式，帮助残疾人生产经营企业展示推介企业和产品信息，促进销售；帮助残疾人用人单位发布招聘岗位信息，找到适合的残疾人；帮助残疾人查询政策文件、投递简历找工作、参与客服及录入等网络众包服务、参加远程职业技能培训；帮助各级残疾人就业服务机构为残疾人和企业提供更精细化和个性化服务。网站设置无障碍浏览功能，分地区为残疾人与用人企业提供相互选择的机会，在如今信息化、现代化时期取得了显著的促进残疾人就业效果。各地政府主办的省级、市级甚至县级的独立的残疾人就业网，以及残疾人就业服务机构在当地发挥着重要作用。

同时，政府广泛与社会机构合作，以政府购买服务的方式为残疾人购买职业指导与就业信息介绍，在政府、社会的共同参与下，残疾人就业服务介绍与指导已基本在全国初具网络框架。同时，各省市级政府、残联依托各类人力资源市场，有针对性地组织开展残疾人就业招聘专场，为企业和残疾人双方提供互相了解、选择的机会与平台。

3. 残疾人职业能力评估服务

残疾人职业能力评估是指以科学方法，对残疾求职人员的知识水平、自身能力与技能、兴趣倾向、人格特征和发展潜力等进行综合分析、实施测量和判断评鉴的过程，以评估其实际能力和发展途径，分析其职业适合方向，为其提供职业选择的手段与方法。《残疾人就业促进"十三五"实施方案》首次提出加强残疾人职业能力建设相关政策的制定，过去我国对残疾人职业能力的评估基本处于空白，对于政府、用人单位以及残疾人自身正确认识残疾人自身能力与潜质，究竟适合从事什么职业什么岗位产生不利的影响。而通过残疾人职业评估，可以减少残疾人从事不适合自身的就业岗位，并促进用人单位根据其评估结论，因人定岗，合理配置残疾劳动力资源。《残疾人就业促进"十三五"实施方案》开始关注残疾人职业评估，并将其纳入政府为残疾人就业应提供的公共服务的题中应有之义，要求省级、地市级和有条件的县级残疾人就业服务机构要建立职业能力评估室。省级和有条件的地市级要在实习实训和就业创业基地开展示范性职业能力跟踪评估。因此，我国此项残疾公共就业服务仍处于起步阶段。

第二节　残疾人公共就业服务面临的问题及原因剖析

自中华人民共和国成立以来，我国政府与社会对于残疾人就业问题日益关注，随着经济、社会的发展残疾人就业事业也取得了质的飞跃。但就残疾人目前的就业状况而言，由于种种原因，其就业水平与生活水平与我国整体社会的经济、精神文明发展成果之间仍存在较大的差距。残疾人整体就业状况呈现出就业歧视、社会排斥、信息不对称、沟通成本高以及整体就业质量不高的诸多问题。残疾人就业的特殊弱势性使得政府必须作为促进残疾人就业事业的主体，协同各方努力完善残疾人公共就业服务来促进残疾人就业状况的改善。我国目前残疾人公共就业服务存在的问题，主要表现在以下几方面：

一、政府、社会、残疾人本身的意识亟待改善

残疾人就业问题的本质并非仅仅是让残疾人独立地生存，更是不将残

疾人作为国家、社会、家庭的负担给予经济补贴等消极政策来减轻负担。我们应该认识到残疾人只是有部分身体障碍的普通人、正常人，如同我们一些学习人文类专业和学习自然科学类专业毕业的人无法胜任彼此的工作岗位一样，他们只是需要从事适合自己身体条件的工作岗位，同样具有融入社会的需求，有被尊重的需求，有社交的需求，有实现自身发展价值的需求。我们应该认识到，残疾人面临的困境，虽然有很大原因来自于自身功能的障碍，但更多的是社会环境的限制。

对于政府而言，在制定促进残疾人就业的公共服务政策中更应该关注残疾人如何更好地融入社会，正常地工作生活，更积极地适应劳动力市场的需求，挖掘自身潜力，更好地适应社会、工作、生活。政府衡量残疾人就业状况的指标仍然停留在以数量为主上，尚未形成既具有价值理性又具有工具理性的衡量指标体系，重数量轻质量的指标指导，将会使各级政府在落实相关政策时不重视残疾人就业质量、就业水平，仍然停留在"从无到有"的过程。

对于用人单位而言，不应仅仅限于完成政府规定的"用人单位安排残疾人就业的比例不得低于本单位在职职工总数的1.5%"，有相当数量的用人单位为了敷衍此项规定而形成残疾人挂职工作的假象，即招录残疾人，为其发放基础工资但并未实际安排工作岗位、工作内容，更有一些企业甘愿缴纳残疾人就业保障金，而不愿意招录残疾人员工。用人单位此般行为表面是企业缺少勇于承担社会责任的表现，缺乏履行扶助残疾人就业义务的主观自觉性，但根源仍然是将残疾人当作负担，没有正确认识各类不同情况的残疾人的职业技能水平，将所有残疾人统一视为没有工作能力的群体。事实上挖掘企业各类岗位的特性，再有针对性地寻找身体条件适合的残疾人，也同样会为企业的运营发展提供一份力量，甚至一些优秀的残疾人在合适的岗位上更能发光发热。

对于残疾人本身而言，相关调查显示，先天的残疾人相比于后天因种种原因导致残疾的人而言，更乐观积极，心理也更健康。后天形成残疾的人与自身过往经历相比较总是会产生消极、自卑甚至厌世的情绪。部分残疾人将自己视为家庭、社会、国家的负累，没有自食其力的能力而终日消沉度日。更有一小部分残疾人认为自己有残缺，怨恨家人、社会，理所应当地认为家庭和国家应该承担其所有生活所需，形成"等、靠、要"的不良习惯。任何事物的发展都离不开内因与外因，内因又起决定性作用，因此如果残疾人自身的观念意识不转变，任何国家、社会、用人单位做出的努力都将无法落地。值得欣喜的是，由于医疗水平的提升，目前年轻一代的残疾人有很多克服了身体上的残缺，他们更愿意积极融入社会，平等享受就业权。

二、各类残疾人公共就业服务实施效果堪忧

随着残疾人公共服务多年来的发展，我国已初步形成了"政府主导、社会组织、用人单位参与、家庭支持"的公共服务体系架构。但在具体运行过程中，各个参与主体并未形成协同配合的运行机制，落地效果多有折扣。主要原因在于：

（一）残疾人就业服务机构功能不完善、从业人员专业性不够

各级残疾人就业服务机构隶属于中国残疾人联合会，其承担了残疾人职业介绍、职业指导、职业能力评估、失业登记及职业培训等职能，组织实施残疾人按比例就业，管理残疾人就业保障金；举办残疾人福利企业；帮助残疾人个体就业；为农村残疾人参加生产劳动提供服务。但事实上，各地因具体条件及实施人员的不同导致其所提供的服务项目多少不一，服务质量参差不齐。

因缺乏激励机制和晋升通道，残疾人就业服务机构从业人员整体呈现流动性大、技能性专业性不足的特点。人才队伍整体质量不高直接导致服务质量达不到预期效果，职业介绍、职业培训等效果部分地区不尽如人意。

（二）职业培训服务模式固化、针对性、市场化较弱

目前对于残疾人的职业培训多聚焦于使其获得一技之长，经常呈现出短暂、紧急的快餐式培训，称不上一种人力资本投入，更忽略了残疾人职业生活的多元发展需求，培训目标忽视残疾人潜能发展需求。残疾人职业技能培训主要依据残疾人现有能力而设置多种培训项目，帮助他们在已有能力基础上掌握技能，然而，残疾人虽然存在各种残缺，但也具有各种潜在的能力，需要不断发掘，因此，在残疾人开展职业技能培训时，培训目标不应只是帮助残疾人在已有能力上获得一技之长，更应帮助他们发掘潜在的能力，获得更多、更大的发展，最终更好地适应社会生活。

另一方面，一些职业培训课程固化，想当然地设立一些培训课程，而没

有进行市场调研，密切关注市场需求，先让残疾人具备一些技能再让企业因人设岗，对于残疾人就业产生不利影响，也使得部分企业安置残疾人如同完成任务的感觉更甚。课程的设置一定是跟随市场的需求、残疾人知识文化结构及身体状况而不断变化的，职业培训的固化必然导致残疾人就业整体趋同性、就业水平质量无法提高，多是集中于一些较低要求、较低水平的就业。

（三）就业公共服务的相关配套服务严重缺失

职业能力评估服务，可以用科学的方法，对残疾求职人员自身的知识水平、能力与技能、兴趣倾向、人格特征和发展潜力等进行综合评估，帮助其鉴定职业技能水平，进行职业选择。作为残疾人进入就业领域之前的职业指导类服务，目前主要由各地残联部门来承担，而我国幅员辽阔、残疾人众多，各地残联工作人员专业知识缺乏，职业评估能力参差不齐，很难提供专业的职业能力评估服务。残疾人职业能力评估在减低盲目就业、勉强就业等方面意义非凡。然而我们目前此项残疾人就业公共服务处于刚刚起步、严重缺失的阶段，从而导致部分残疾人无法认清自己的职业能力与技能，过高或过低地评估自己的能力，造成了不必要的后果。用人单位没有正确认识不同的残疾人具有不同的工作能力，从而将其统一认为缺乏工作能力而不愿响应国家政策，逃避社会责任。评估工具缺乏、评估内容不全面、专业的评估机构和评估人员严重不足，这些问题都使得我国难以像国外那样建立完善的残疾人职业评估服务体系，所以我国急需建立大量的残疾人职业评估机构。

无障碍设施建设滞后，我国无障碍环境建设开展比较晚，在很长一段时间内得不到应有的重视，公众对这一概念的接受程度不高。残疾人走出家门，融入社会工作，生活先决条件是社会环境准备好了让残疾人无障碍生活、工作的基础设施，而这些基础设施不仅仅是街道旁的一小段盲道、卫生间里的一个扶手。社会是多元的，每一个人都应该分享到社会经济、精神文明的发展成果，做到爱护无障碍公共设施、不随意占用无障碍设施，支持拥护完善无障碍设施的修建与改造。无障碍设施化不高也是阻碍残疾人就业的重要原因之一，无论是用人单位还是残疾人自身，都会考虑残疾人工作环境是否可以无障碍行走、吃饭、去卫生间等，否则便谈不上无障碍工作了。

三、残疾人各类就业形式仍需完善

目前，我国残疾人分散按比例就业、集中就业、公益性岗位、自主创业与灵活就业等多种就业形式主辅相存，相互补充，农村与城镇残疾人事业同时发展的就业服务基本体系已初步形成。

（一）福利企业保障功能下降

福利企业是残疾人集中就业的主要形式，尤其在计划经济时代福利企业是安置残疾人就业的主要渠道。进入 20 世纪 80 年代，随着市场经济取代计划经济，计划特征显著的社会福利企业受到了市场经济大潮的剧烈冲击，导致福利企业利润空间不断挤压，效益不断下滑，加之社会福利企业本身经营模式陈旧落后，破产、倒闭的现象频频发生，近年来安置残疾人吸纳残疾人就业的数量逐渐减少，可提供的工作岗位薪酬也逐渐下降，甚至导致原先在厂的残疾人工作福利下降，或下岗失业，因此几种安置残疾人至福利企业就业的方式在逐渐萎缩，在新增就业方式中也低于个体就业及其他形式灵活就业方式。造成这一困境的主要原因有以下几点：

第一，福利企业自身的缺陷。福利企业是在计划经济体制下成长起来的，普遍存在着诸多问题，例如粗放式经营、体制不活、设备简陋、缺乏科学管理等。而且福利企业大多是从事传统的工艺生产工作，技术和资金有限，劳动者素质不高，大多为劳动密集型企业。

第二，国家关于福利企业税收优惠政策弱化。实施的税收优惠政策主体限制过于严格，导致一部分福利企业享受不到税收优惠政策，而且国家相关政策关于企业退税政策的粗放型规定，一些企业为了享受免税、退税只是让残疾职工在企业挂名，实际上未提供真正的工作机会，每月只领到很少的名义工资。

第三，外部大环境的冲击。目前，我国实行的是社会主义市场经济，市场经济体制必然要求价值规律、经济效益，以及优胜劣汰。在此背景下，行业之间、企业之间的竞争日益加剧，福利企业不仅受到内部企业的冲击，还要面对外部市场的竞争，加之福利企业本身的不足，导致其在市场竞争中不断受到冲击。

（二）分散按比例就业执行力度差

我国《残疾人就业条例》第八条、第九条规定，用人单位应当按照一定比例安排残疾人就业，并为其提供适当的工种、岗位。用人单位安排残疾人就业的比例不得低于本单位在职职工总数的 1.5%，具体比例由省、自治区、直辖市人民政府根据本地区的实际情况规定。用人单位安排残疾人就业达不到其所在地省、自治区、直辖市人民政府规定比例的，应当缴纳残疾人就业保障金。但在实际执行过程中，按比例就业方式问题颇多。目前残疾人按比例就业形式中，残疾人就业密集的地方为私企或外企，且多出现"空挂"现象，更多的企业并未执行该条例，也未按规定缴纳残疾人就业保障金，每年城镇新增残疾人员就业形式按比例从 2011 年的 7.5 万人减少到了 2015 年的 6.6 万人，同样出现萎缩现象，且还不包括"空挂"现象。按比例就业形式的设置初衷既有利于残疾人融入社会又有利于企业增加一定的劳动力，但政策落地尴尬，其原因主要体现为以下几点：

（1）按比例就业相关法律、法规不够完善，尤其是监督检查机制不完善，用人单位是否真实雇用残疾人，在雇用残疾人之后是否安排至合适的工作岗位，是否签订正规劳动合同、依法缴纳社会保险，都没有相应的监督检查依据与机制，造成《残疾人就业条例》相关规定落地困难。各级残联承担了推动落实按比例就业的工作，按比例就业政策落实的程度，一定程度上取决于当地残联的协调、推进工作力度。但是，从组织功能看，残联作为由残疾人及其亲友和残疾人工作者组成的团体，现行法规、规章没有赋予其执法主体资格，但是也没有确定其他的执法主体，因此有关残疾人就业的政策在执行时一遇到阻力就会停滞下来。即便残联想进行就业管理，但是他们缺少行政权威，职业指导和就业服务专业手段也是严重不足。同时，现行法律法规对残疾人就业的属地管辖不明确，导致各地残联常因为跨地区管辖问题发生分歧，这也给按比例安排残疾人就业工作的开展带来了一定影响。

（2）我国城乡发展不均衡，按比例就业形式在农村、乡镇地区很难实现。从残疾人事业统计公报中可以看出，农村残疾人就业形式主要是农产品的养殖、加工等方式。农村、乡镇本身的经济发展滞后，企业数量不足直接导致此类残疾人就业方式无法在农村、乡镇落地。而我国在农村的残疾人数量庞大，且近四成处于贫困线以下，探索适合农村残疾人就业的方式亟待解决。

（3）残疾人就业保障金收缴不到位。残疾人就业保障金的计收依据规定为本单位上年度的平均工资，在执行过程中，一些单位以本单位职工工资收入低于上年度社会平均工资为由拒缴就业保障金，而一些用人单位因为效益不错，又用缴纳保障金的方式"理直气壮"地拒绝接收残疾人；在管理方面，许多地方对就业保障金的使用上存在"有钱不敢花"的现象，所有地市都有大量的资金结余。在资金使用方面，"残保金"未能充分发挥应有的作用。据我们在调研中听到和看到的情况，目前这笔资金最大和最放心的开支是用于对残疾人的技能培训。但是，所有智力正常的残疾人几乎都被培训两三遍，可以接收培训过的残疾人就业的单位却少之又少。与此同时，一些地方的残保金使用也不合规定，表现在某些地方残联经常将残保金挪作本单位的工作经费，或全部转入事业结余；有的地方直接在残保金中列支本单位购买和建筑办公场地，甚至变成单位的会议费、招待费、外出考察费等。

四、公益性岗位开发不足

所谓公益岗位，指的是政府出资扶持或社会筹集资金开发的，符合公共利益的管理和服务类岗位。目前，各地公益性岗位主要有三类：社会管理与公共服务类，如计算机录入员、公路收费员、爱心超市分拣员、环境卫生与园林绿化协管员、市场导购协调员、养老助残服务员；残疾人事业类，如残联系统政府聘用的专职理事成员、街道或社区残联专职干事、负责残疾人事务的专职委员、残疾人就业扶贫服务员等；机关事业单位定编以外的工勤服务类岗位，如后勤保障员、保洁员、设施设备维护员，学校公寓管理员等。但残联相关数据显示，新增城镇残疾人就业安置至公益性岗位的数量也在逐年减少，2011年2.1万人，2012年1.8万人，2013年1.5万人，2014年1.2万，2015年1.2万人。可见公益性岗位的新增开发不足，加之面对当地困难群众的公益性岗位，剩余岗位吸纳的残疾人数在逐渐减少。

五、残疾人创新就业形式处于探索中

目前，我国残疾人个体就业、灵活就业及自主创业的就业形式正在逐渐兴起，在新增残疾人就业比重中呈现上升趋势。但此种形式在我国目前还处于初级阶段，且实施起来对多方面均有客观要求，如对残疾人自身的知识要求以及沟通要求、原始资金要求等，对就业指导服务机构的针对性培训课程、职业辅导等，对政府为其在政策上如何保障，如何优惠，如何畅通残疾人自主就业、创业渠道等，我们都仍处于探索阶段，相关公共服务的供给、政策的制定都不完善。

第三节　残疾人公共就业服务国际经验借鉴

残疾人公共就业服务是各国都需要考虑且不断完善的难题。在人权运动的影响下，大多数国家对残疾人就业服务的理念从保障残疾人生存、收入转向了残疾人通过就业进行社会融合的趋势。

一、美国残疾人公共就业服务

（一）美国较为完善的促进残疾人就业的法律法规

美国残疾人数量约 5700 万，占全国人口总数的 19%。自 20 世纪初期以来，美国不断完善促进残疾人就业的法律法规，目前已形成了一系列较为完善的残疾人就业促进与就业保护的法律。美国对残疾人的就业促进和保护颁布了一系列法律，形成了较为完备的残疾人保障法律体系。

1917 年美国国会颁布了《职业教育法案》（Smith-Hughes Act of 1917），该法案规定，残疾劳工和退伍军人的康复与培训计划的资金由私人部门承担，管理和监督费用由联邦政府承担。这次法案仅仅是为了帮助进入工业社会产生的大量机器致残劳工和一战中产生的大量伤残士兵恢复独立生活的能力。1920 年 6 月 20 日美国颁布了世界上第一部残疾人就业方面的《职业康复法案》（Civilian Vocational Rehabilitation Act of 1920），规定为伤残军人提供职业指导、培训和技能开发服务，此时联邦政府承担 50% 的资金，但该法案从此成为联邦政府向残疾人提供社会服务的主要法律依据。后经过 1965 年及 1968 年两次修订，联邦政府和州政府的出资比例调整为 80%，并建立了判断严重残疾者是否从康复法案中受益的评估制度（评估期为 18 个月），1986 年的修正案设立了一系列由政府提供资金支持残疾人就业的服务项目，残疾人获得了一些与就业相关的服务，范围也较以前得到扩大。1935 年颁布的《社会保障法》开始为残疾人提供福利；1943 年的《巴登-拉佛列特法案》进一步将职业重建服务涵盖范围扩大到精神障碍者及智障者，并成为第一个联邦与州政府为盲人职业重建服务的法案。1975 年通过的《救助发展中的残疾人法及人权法》要求接受政府援助的受益人承担雇用和扶持残疾人的义务。1990 年 6 月通过的《1990 年美国残疾人法》（American with Disabilities Act of 1990，简称 ADA），为残疾人提供了一系列保护措施，实现了由提供福利和现金为主的政策导向转向促进残疾人在各个方面与健全人拥有平等的权利，促进残疾人融入社会的方向转变。1994 年通过的《从学校到工作机会法》（School to Work Opportunities Act of 1994），旨在提供资金与服务，使残疾学生顺利从学校过渡到工作岗位。1998 年的《辅助科技法》（Assistive Technology Act of 1998）显然是在科技化现代化时期，为了使残疾人更好地融入社会而为其提供与科技相关的服务支持。此后在不断的修订中，美国国会努力使残疾人分享社会经济发展成果，更好地获得平等的就业权、人权。

（二）美国的支持性残疾人就业

支持性就业，旨在倡导残疾人的社会融合，肯定残疾人的能力与潜能，主张为残疾人提供融合的工作环境以及更多样化的就业机会，根据残疾人自身和工作岗位特点，持续帮助残疾人自立。美国发展支持性就业已然 30 年，目前成为残疾人较为主流的就业方式。1984 年，美国联邦政府特殊教育和康复服务办公室提出了三种从学校到工作的转接服务方式，后在持续支持的转接服务基础上发展成为支持性就业模式。特殊教育和康复服务办公室鼓励州立机构从对残疾人的日间照护和庇护工场的就业方式上转向支持性就业，实行先安置，再在岗位中训练，然后持续不断地支持。支持性就业具有提供竞争性工作、融合性工作环境以及持续的支持与指导为特征，以零拒绝、职业康复、精神疾病治疗同时进行、竞争性就业、持续支持服务及尊重残疾人意愿等为原则。此类就业模式适合各个类别的残疾人士，但实践中占比最大的还是精神类疾病残疾人，随后是智力方面存在不同级别障碍的人士。

1986—1995 年美国以支持性就业模式就业的残疾人从不足 1 万人上升到了 14 万人，由于是竞争性就业机会，一旦残疾人可以稳定且基本胜任此岗位上的工作，那么不但能提升残疾人自身的收入水平，同时也减少了政府对残疾人的持续支出。美国康复服务局相关数据显示，尽管在支持性就业初期政府投入资金较多，但支持性就业服务实施一段时间后，经济收入独立的残疾人依赖联邦补助的比例在逐渐减少。对于企业而言，经过培训的残疾人士具备忠诚度、勤恳度以及稳定度，并且明显高于普通员工，超出企业的预期，在承担社会责任的同时也获得了一名合格的员工，达到双赢。对于残疾人自身而言，更愿意通过支持性就业真正融入社会，实现自我价值甚至为家庭提供一定的经济来源。

虽然支持性就业模式为美国残疾人就业提供了一种更好的选择，但在具体实施中仍然存在就业岗位不足、就业质量不高的困境，因此我国应总结其优势与存在的问题，辩证地对此经验学习借鉴。

（三）美国的残疾人自主就业

1973 年的美国《康复法案》第一次提出残疾人自主就业的概念，但并没有相应的政策支持。直到 20 世纪 90 年代，美国政府开始资助残疾人自主就业试验项目，随着大量自主就业成功案例的出现，社会各界才开始认识到自主就业也是残疾人就业的一种形式。《1998 年职业康复法案修正案》明确了职业康复机构必须积极主动地参与残疾人自主就业的全过程。美国 2011 年残疾人选择自主就业方式的比例达到历年最高，为 11.8%，此后多年均在 10% 左右浮动，2016 年残疾人自主创业人数占所有残疾人总数的 10.6%，其中男性占 12.2%，女性占 8.6%，同年非残疾人自主就业的比例为 6.2%。目前信息化网络化的发展为残疾人自主就业创业提供了便利，尤其在偏远、经济不发达的地区，由于就业机会相比于经济发达的城镇更少，所以选择自主性就业的残疾人更多。

自主就业模式同样也不完美，启动资金的来源就是最大的问题之一，银行更愿意贷款给一个身体健全的创业者，而担心残疾人自主创业失败。其次就是合适的项目，政府和残疾人服务机构有责任为有自主就业意愿的残疾人提供适合他的项目选择，然而在此方面，却并非十分容易。

二、瑞典残疾人公共就业服务

瑞典是典型的"福利国家"，高福利政策是其社会福利的主要特征，当然也包括残疾人相关福利政策。瑞典的残疾人劳动力市场的"职业残疾（occupational disability）"特指具有智力、身体、精神等方面残疾人求职者。瑞典对于残疾人的认识更多的是集中于人与环境的关系而不是个人的特征。瑞典并没有单独为残疾人设立综合残疾人各个方面的法律，对于残疾人就业的相关保障与规定均内化于其他相关法律中。对于残疾人就业，瑞典的政策目标是使残疾人公平平等地参加社会活动，和所有普通人一样享受平等的待遇，在劳动力市场上像普通人一样获得一份工作，积极地融入社会，经济独立。具体体现在以下几方面：

（一）残疾人职业教育

瑞典中央政府拨给市政当局开展成人教育的经费，规定其中10%用于残疾人职业教育，有就业意愿的残疾人免费接受职业培训，并可获得活动补助。此政策目的在于让残疾人具有符合劳动力市场需求的工作技能与水平，促进残疾人劳动力充分就业。对失业的残疾人，政府采取提供职业技能培训等的积极措施，改善残疾人的工作能力，以适应新的市场需要。

（二）保护性就业

为了促进残疾人就业，瑞典建立了一家名叫Samhall的国有福利企业，它隶属于政府，在24个县区设有基金会，在瑞典300多个地方为残疾人集中提供工作岗位。该企业大部分员工均为职业残疾，且按照政府规定有40%的职业残疾为就业特别困难群体。该企业执行政府实施保护性的残疾人集中就业政策，残疾员工必须达到一定数量标准且不可在企业困难时随意解雇。Samhall首先的职能是向残疾人提供一个学习和发展的机会，使得一部分员工在Samhall工作一段时间后，可以在普通的劳动力市场实现就业。事实上在Samhall工作的残疾人每年都有超过5%的熟练工种离职，进入普通就业市场工作。与我国福利企业集中安置残疾人就业不同的是瑞典国家政府并未对Samhall的产品提供特别的保护与优惠，而是在市场中平等竞争，在Samhall中工作的残疾人也拿着市场水平的收入，而非政府或企业的补贴。Samhall自身良好的经营管理与产品，使其运营良好，且正常盈利。

（三）支持性残疾人就业

同美国等西方国家一样，瑞典也实行了支持性残疾人就业，安排残疾人进入主流工厂等市场性企业。政府或非营利性机构根据其自身特征和工作岗位特点为其介绍工作和提供教育，持续性提供培训与支持，直至其可以稳定地胜任此项工作。这在瑞典也逐渐成为解决残疾人就业形式的一种选择。

第四节　发展残疾人公共就业服务的趋势与路径

一、完善"一主多元"的残疾人公共就业服务体系

解决残疾人公共就业服务问题，应遵循"政府主导、社会参与、统筹兼顾、突出重点、整体推进"原则，构建政府主导，社会组织、社区、家庭、企业和个人参与的"一主多元"残疾人就业服务体系。

残疾人就业群体在就业市场仍然处于弱势地位，所以政府对残疾人公共就业服务的根本扶持与帮助是不可或缺的，但残疾人有数量庞大、分布较广且情况多种多样的特点，使得仅仅依靠政府的力量是远远不够的。非营利性社会组织、社区、用工企业、家庭以及残疾人个人都是残疾人就业政策、效果落地的重要参与主体，哪一个主体的缺失都会影响残疾人就业的水平与质量。

（一）政府占据残疾人公共就业服务体系的主导地位，主要职能体现在相关政策的制定与执行

政策制定方面，源头制度设计意味着政府负责制定就业政策与就业发展规划，包括国家残疾人就业的法律法规、政府的残疾人就业政策与就业行政调整和管理的规章制度、残疾人就业保障金的征用规则等。目前我国已基本实现残疾人就业有法可依，政策方面的主要缺失是监督检查机制与政策，所有政策制定范围内提出的给残疾人提供的公共就业服务，如何制定监督检查机制与政策，持续跟进政策的实施情况与效果，根据实际实施情况不断地进行修订。进入信息化大背景下，信息无障碍是残疾人信息化时代实现就业的重要条件。尽管我国在2012年颁布了《无障碍环境建设条例》，但我国包括信息无障碍在内的无障碍设施建设与国外发达国家相比还有很大差距，包括信息无障碍标准体系的提升，如残疾人移动终端、应用软件的标准建设等。

残疾人支持性就业服务体系的制度化，使支持性公共就业服务成为残疾

人就业的重要形式之一，政府应积极研究落实残疾人支持性就业，包括残疾人自主创业的诸多难题，出台相关法规或条例，让在社会经济发展的今天，残疾人能共享经济发展成果，且在科技化信息化知识上提升自我，不掉队。

政策执行落地方面，好的政策需要好的落地执行，但由于具体实施主体水平参差不齐，对政策的理解与执行力度也不尽相同，因此笔者在此提出政策执行时需提升完善的几大问题：

第一，残疾人公共就业服务机构的运营体制机制的改变，探索可持续的人才发展机制，找来人才，留住人才，形成一支专业化、稳定性高的残疾人公共就业服务群体。提升各地残疾人公共就业服务机构的服务质量与水平，形成在标准化、规范化基础上的因地制宜方式。

第二，根据社会经济及劳动力市场变化，做好残疾人职业培训服务。认真做好残疾人培训宣传工作，政府应当通过各种宣传手段树立积极舆论导向，营造扶残助残的良好社会氛围，充分动员全体社会成员共同履行扶残助残的社会责任与义务。改变残疾人的观念，积极就业，主动接受职业培训。各级残疾人就业指导服务机构积极探索新的职业培训方式与内容，与时俱进，打破老化的、不合时宜的培训方式与培训课程。

（二）社会组织积极参与残疾人公共就业服务，辅助政府更好地促进残疾人就业

多渠道就业是残疾人实现就业的必然选择，仅靠政府部门的职业介绍与指导，以及职业培训，远远满足不了广大残疾同胞们的需求。社会组织作为残疾人集中就业的安置单位，同时担负着提供职业培训与指导的职能。

（三）社区发挥平台服务作用

社区在优化残疾人就业服务中起到平台支持作用。社区是残疾人融入社会的第一环，社区需要营造残疾人就业的良好氛围，积极开展残疾人就业宣传与咨询服务，淡化残疾人与健全人之间的差别，从而弱化直至消除社会排斥，建立和谐互助的人际关系，提升残疾人就业的信心。社区服务中心应开展职业技能培训与岗前实习，提供公益性就业岗位，建立多功能残疾人就业网络资源共享系统等，不断优化与拓宽残疾人就业的思路与渠道。

（四）用人单位履行社会责任

企事业单位在优化残疾人就业服务中需要承担起相应的社会责任，按照相关规定，积极吸纳残疾人分散按比例就业。国企、机关及事业单位，积极开发公益性岗位，安置残疾人公益岗位就业。如因种种原因未按比例吸纳残疾人就业，应主动缴纳残疾人保障金。正式进入工作岗位的残疾员工，用人单位有义务完善公司的无障碍工作环境，如办公环境、进出坡道、厕所等，与其签订正式的劳动合同并依法缴纳社会保险。鼓励企业对在职的残疾员工开展岗前或转岗培训，争取做到人岗匹配，使残疾人、用人单位和政府多方共赢。

（五）残疾人个人及家庭转变观念

广大残疾人个人及家庭摒弃"等、靠、要"的依赖意识，树立自信心和竞争意识，转变择业观，积极努力地提升自身各方面综合素质，以适应劳动力市场企业对残疾劳动力的需求。树立正确的人生观、价值观、就业观，积极融入社会，享受与健全人一样的平等的就业权。残疾人家庭要为残疾人提供温馨的家庭环境，促进其身体和心理的健康发展，为残疾人就业提供最大程度的支持和帮助。此外，已经就业的残疾人可以利用业余时间为暂时尚未就业的残疾人传授就业经验，在为其树立就业信心的同时帮助其提升就业能力，实现助人自助。

二、完善传统残疾人就业方式，发展创新方式

（一）推进福利企业的改革，稳定残疾人集中就业方式

福利企业的衰落一方面是政府对其在诸多领域的限制，另一方面是扶持以补贴为主，造成其缺乏市场竞争力。建议放宽对福利企业投资主体的限制，由过去的国家办转变为国办民助、民办国助或是有资质的私企独自承办，政府的优惠政策从税收及补贴方向向产品输出端倾斜，使福利企业努力提高自我竞争力，在管理创新、技术引进、金融支持等方面采取有力措施，抓住经济发展方式转变、产业结构调整的机遇，寻求在市场环境中竞争运行，完善利润获取方式，在市场条件下更好地体现出竞争中的"保护"政策。帮助福利企业实现产能提升改造，逐步摆脱福利企业的依赖惯性，为残疾人集中就业提供可持续的保障。

（二）加强宣传、监督，提高按比例就业质量

按比例就业政策的初衷是调动一切社会资源，使残疾人真正融入社会，

从可持续发展上来看，只要每个企业积极响应政策，开发相应岗位吸纳残疾人就业，未来将会成为最有效的残疾人就业方式。然而目前政策落地困难，建议通过政府、社会的不断宣传，转变企业吸纳残疾人就业就一定会为企业带来负担的观点，通过有效的宣传循序渐进地改变部分企业的企业文化，增强其对于承担社会责任的使命感。同时增强强制性监督手段，对不愿为残疾人提供就业岗位、不公正对待残疾职工的用人单位给以行政处罚。另外，政府劳动服务部门特别是残疾人就业服务机构要免费为残疾人提供准确、及时的信息，搭建残疾人与用人单位之间的沟通桥梁；残疾人就业服务机构及时进行就业和失业统计以及职业技能鉴定。杜绝部分企业"空挂"残疾人在职工作名额，以及逃避缴纳残疾人就业保障金等现象的出现。

（三）信息化背景下支持性就业与自主灵活性就业创业模式兴起

我国已开始探索支持性就业，但还未规范化、制度化、流程化。对于前面介绍的美国与瑞典的支持性就业，都在其国家取得了一定的成效，不但使残疾人收入水平得到提高，而且为企业带来了经济效益，为政府减少了开支。建议我国借鉴美国、瑞典相关经验，尽快建立起一套规范化的支持性公共就业服务体系，为一些残疾人，尤其是智力与精神方面存在障碍的残疾人提供更加专业化的就业方式。可以依托各级残疾人就业指导服务机构，根据不同类别的残疾人设立专门的辅导老师，在残疾人进入工作岗位的初期为其提供职业培训与指导，直至其胜任此项工作为止。持续性的支持对于残疾人胜任此项工作，并完成社会融合效果显著。

自主灵活就业、创业是互联网时代下的又一新变革，通信、沟通的便捷使越来越多的残疾人选择自主就业、创业，尤其是偏远地区、经济不发达、企业较少的乡镇。但我国在公共就业扶持服务上并未对自主就业、创业的残疾人形成规范化的措施。建议依托政府及残联等机构的研发团队，总结研究适合各类不同身体状况残疾人开展试验项目，为有意愿自主就业、创业的残疾人提供开展项目指导与建议，避免残疾人盲目地投资创业而造成损失。用好残疾人就业保障金，制定统一的残疾人保障金保管与使用管理办法，确保专款专用，实行公开监督，让残疾人保障金成为想自主创业的残疾人的初始启动资金。

三、完善配套措施

残疾人就业服务配套政策涉及相关制度建设、完善残疾人职业评估鉴定、无障碍设施改造指导等多方面。虚拟网络资源共享通过建立统一的多功能残疾人就业信息交流与共享平台，利用平台优势将残疾人力资源与用人单位劳动力需求相匹配，在解决残疾人就业问题的同时，也为用人单位提供快捷、方便的服务，实现双赢。无障碍设施改造为残疾人就业提供便利的物质条件和就业环境，最大限度地减弱与避免环境、设施障碍对残疾人就业造成的排斥。

（一）完善残疾人社会保障制度

目前社会保障制度已实现制度层面的全覆盖，然而部分残疾人仍未进入社会保障体系，政府需要进一步完善城镇残疾人参加社会养老、医疗等保险的优惠措施，推动农村残疾人参加社会养老保险；进一步完善低保分类救助制度，确保重度残疾、老残一体和一户都能得到救助。

（二）完善残疾人职业评估鉴定

残疾人职业评估工具作为一种辅助性工具，不可作为鉴定残疾人在没有接受残疾人职业培训前是否适合某项工作的依据。发展残疾人职业评估鉴定，但应合理使用鉴定结果。2010 年，中国残联残疾人就业服务指导中心开发的《残疾人职业能力评估系统》正式上线，该系统在全国得到了较好的信效度，认为该评估系统在实施职业测评以帮助残疾人更好地实现就业方面有重要作用且被广泛认可，但仍然存在不适合每一类残疾人身心特点、基于 ICF 的功能评估不明显，提供的职业分类与我国现有的行业与职业种类有所差异等问题，建议不断完善修订此评估系统，并形成一套规范的评估鉴定使用的政策，使职业评估鉴定结果得到准确运用。

（三）推进无障碍设施建设，强化公民构建无障碍环境的意识

继续推进无障碍环境的改进，为残疾人就业提供系统的环境支持。通过加强宣传，使公众和残疾人更加重视公共领域的无障碍设施，更好地使用、爱护，做到不占用不损毁，为残疾人提供无障碍就业环境。同时，大力推进信息无障碍建设，建立完善的适合残疾人浏览的网络环境，通过培训让残疾人掌握信息化技术，拓宽就业信息获取渠道与就业方式，共享现代化、信息

化发展成果。

小结

推进残疾人公共就业服务，让有能力的残疾人进入劳动力市场，既有观念的障碍，也有行为的障碍。

他们主要表现在以下两个方面：一是用人单位不愿意接受残疾人就业，认为残疾人工作效率低，残疾人难以和普通人正常相处。其实，残疾人没有那么难以相处，只不过是普通人与他们越有距离，这种隔膜便越来越深罢了。二是用人单位即使愿意缴纳残疾人就业保障金，也不愿意接纳残疾人进本单位就业，认为交钱比较简单。其实，这也不是最好的办法，最好的办法是残疾人与普通人一起正常就业。

第四章

无障碍战略与残疾人社会保险

改革开放以来，我国残疾人社会保险事业从无到有，从低到高，在取得瞩目成就的同时，也存在着一些问题，本章内容将主要介绍我国残疾人社会保险制度的发展、内容、现存问题及完善建议。在探究残疾人社会保险之前，我们需要声明的是，我国现阶段的社会保险政策是统一的，并没有专门为残疾人设立符合残疾人发展的社会保险制度，因此，我国形成了残疾人社会保险缴费代缴补贴的政策。基于此，本章节首先简单梳理残疾人社会保险的建立、目前发展状况，包括残疾人是如何参与残疾人社会保险以及社会保险是如何保障残疾人各项相关事宜；然后分析当前的残疾人社会保险存在的问题和其他国家该保险制度的运行；本章最后将为如何进一步提高和完善我国残疾人社会保险提出发展建议。

第一节　残疾人社会保险的建设及发展现状

中华人民共和国成立之后，我国各项制度不断建立和完善，残疾人保障事业也受到了党和国家领导人的重视，残疾人保障制度也相应得到了建立和发展。在中华人民共和国成立初期，残疾人社会保障制度一方面主要体现在社会救助层面，通过"慈善团体"对孤老残幼提供生活救济，同时也构建了社会保障制度，对战时伤残人员提供必要的社会保障，另外还出台了农村社会保障制度，规定了农村合作社对于缺乏和丧失劳动力、没有社会依靠的老弱幼残在生产和生活上给予适当安排的照顾，这一规定为农村残疾人提供了一定的保障。在"文化大革命"时期，我国残疾人保障制度经历了10年的重创和停滞期。但是在改革开放之后，中共十一届三中全会作为中国经济和社会发展的历史转折点，为残疾人社会保障事业的恢复和发展提供了良好契机。残疾人福利基金会和残疾人联合会的相继成立更好地推动了我国残疾人事业发展，并推动了残疾人社会保障制度建设与体系的不断完善，形成了具有中国特色的残疾人保障体系。

一、残疾人社会保险的建立

残疾人社会保险作为残疾人社会保障的重要组成部分，在改革开放时期也得到了制度性和合法性的发展。《中华人民共和国宪法》明确指出："中华人民共和国公民在年老、疾病或者丧失劳动能力的情况下，有从国家和社会获得物质帮助的权利。国家发展为公民享受这些权利所需要的社会保险、社会救助和医疗卫生事业。"我国宪法作为国家的根本大法，从最高层次上确认了残疾人享受社会保险的权利。1991 年施行的《中华人民共和国残疾人保障法》提出，"残疾人所在单位、城乡基层组织、残疾人家庭，应当鼓励、帮助残疾人参加社会保险……"该法的颁布实施为残疾人社会保险又提供了法律依据，确保了残疾人在特殊情况下可根据社会保险为基本生活得到保障。其次，作为我国社会事业发展的纲领性文件，从"八五"到"十三五"发展纲要都涉及了残疾人社会保险制度。纲要都提出要不断完善我国残疾人社会保障制度，促进城镇残疾人职工按规定参加社会保险，扩大自谋职业残疾人社会保险覆盖面等。残疾人事业"十一五"发展纲要（2006—2010 年）中提出，一方面要加强监督、检查，"确保城镇残疾职工参加基本养老、基本医疗和失业、工伤、生育保险"，另一面要落实和完善城镇贫困残疾人个体工商户参加基本养老保险补贴制度，鼓励并组织个体就业残疾人参加社会保险，帮助农村贫困残疾人参加农村社会养老保险。国务院印发的《"十三五"加快残疾人小康进程规划纲要》提出，要确保城乡残疾人普遍享有基本养老保险和基本医疗保险，具体指出：

落实符合条件的贫困和重度残疾人参加城乡居民社会保险个人缴费资助政策，有条件的地方可扩大资助范围、提高资助标准，帮助残疾人按规定参加各项社会保险。完善重度残疾人医疗报销制度，逐步扩大基本医疗保险支付的医疗康复项目范围。支持商业保险机构对残疾人实施优惠保险费率，鼓励开发适合残疾人的补充养老、补充医疗等商业保险产品。鼓励残疾人个人参加相关商业保险。

——《"十三五"加快残疾人小康进程规划纲要》

中国残疾人联合会作为我国残疾人事业发展的主要社会组织，也提出要研究制定和完善残疾人参加各类社会保险优惠政策并督促执行。由此可看出，我国残疾人社会保险制度在不断受到重视，法律依据和体系建设也在日益完善，保障水平和覆盖范围也有了显著提高。

在制度和法律推行下的残疾人社会保险为我国残疾人在患病、年老、失业、工伤、生育等一系列特殊情况下的基本生活需要提供保障，是残疾人事业发展的一项核心内容。对于残疾人享有哪些社会保险，社会保险又如何提供保障的问题，本章将会做进一步解释。

我国的社会保险项目主要包括养老、医疗、工伤、失业和生育，残疾人也同样享有相同的社会保险。但是残疾人作为特殊社会群体，在享有相同社会保险的同时，也享有部分优惠政策。在介绍五个残疾人险种之前，本章将先总结残疾人在现行社会保险制度中享有的优惠政策，以更好地理解不同险种的作用。

二、残疾人在现行社会保险制度中享有的优惠政策

首先，也是最为特惠的政策是社会保险费用补贴政策。各地政府对于残疾人缴纳养老保险和医疗保险以及其他险种都有对保费的补贴。例如，对享有最低生活保障待遇的重度残疾个人缴费给予全额补贴；对未享受最低生活保障待遇的重度残疾人（残疾等级为一、二级）和享受最低生活保障待遇的非重度残疾个人缴费给予50%补贴。南京市对于领取再就业优惠证的灵活就业残疾人和重度残疾人，可以享受政府社会保险费用补贴三年。在这三年中，残疾人的参保费政府补贴三分之二，个人仅需缴纳三分之一。这在很大程度上减轻了残疾人参保缴费的负担。

二是针对农村残疾人的优惠政策。例如在基本医疗保险中，政府将9类残疾人康复项目纳入新农合支付的诊疗项目范围，扩大了农民在医疗保险中的报销范围，同时也减轻了他们的医疗负担。此外，二级以上残疾人员参加新农合医保时，其个人缴纳的医疗保险费部分予以免除。同时，也有部分地区出台政策，农村籍户口的残疾人在缴纳社会保险的时候，可以享受到少缴纳7%的参保费。

三是低保享受政策。在大多数地区，享受低保的残疾人的享受标准要高于正常低保，残疾人可以将这笔超出正常低保的补助用作社会保险费用，参与社会保险。

在相同社会保险体系下残疾人享受到了不同的优惠政策，这体现了国家对弱势群体的特殊关怀，实现了"普惠+特惠"的特殊政策。接下来的内容会从不同社会险种的角度具体阐述残疾人享有哪些社会保险，这些社会保险又如何体现"普惠+特惠"的特殊保障。

三、残疾人养老保险

我国养老保险建立于 20 世纪 50 年代，当时只是针对城镇职工，主要是城镇企业事业单位和国家机关职工的。随着社会的转型和社会保障制度的完善，养老保险覆盖范围不断扩大。截至 2015 年，全国参加基本养老保险人数高达 8.71 亿，同比增长 1.4%，占全国总人口比重的 62.44%。其中近 2370.6 万残疾人参加城乡居民社会养老保险，参保率为 79%，60 岁以下的参保残疾人中有 482.1 万重度残疾人，其中 445.7 万得到了政府的参保扶助，代缴养老保险费比例达到 92.5%，有 269.4 万非重度残疾人也享受到了全额或者部分代缴养老保险费的优惠政策。图 4-1-1 和图 4-1-2 根据中国残疾人事业发展统计公报数据显示，我国残疾人参加社会养老保险的人数不断增加，这得益于我国不断完善的残疾人社会保险制度。

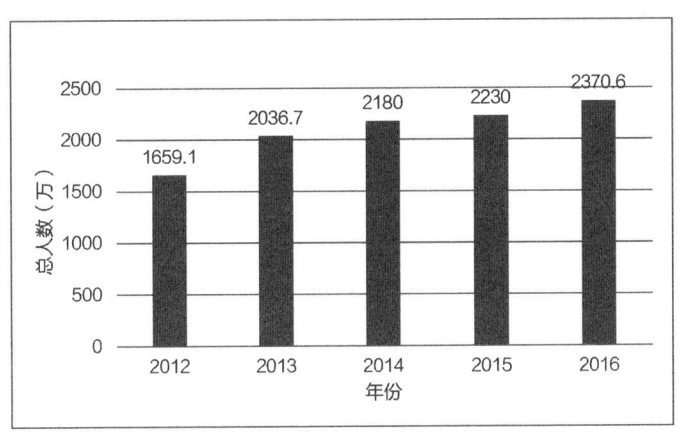

图 4-1-1　2012—2016 年残疾人参加城乡养老保险总人数情况

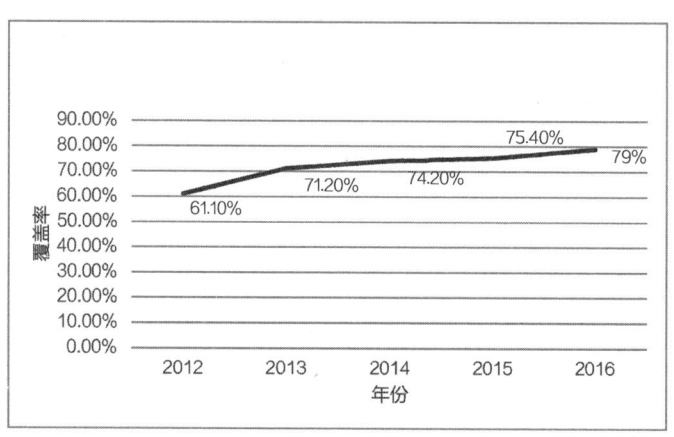

图 4-1-2 2012—2016 年残疾人参加城乡养老保险参保率

　　我国并没有设立专门的残疾人养老保险制度体系，残疾人职工的养老制度与普通人没有区别。但是，考虑到残疾人群体的实际情况，目前，社会养老保险制度针对残疾人收入低、缴费较为困难的情况，部分地区建立了残疾人缴费扶助制度，即由政府为残疾人需要个人缴费的部分进行资助，以减轻残疾人的缴费负担。因此我国现有的残疾人社会养老保险是以低保为基础，辅之以养老保险补贴。我国大部分地区残疾人养老保险补贴标准按照参保当年城乡居民基本养老保险最低缴费比例，对享有最低生活保障待遇的重度残疾个人缴费给予全额补贴；对未享受最低生活保障待遇的重度残疾人（残疾等级为一、二级）和享受最低生活保障待遇的非重度残疾个人缴费给予 50% 补贴。补贴资金全部计入个人账户政府补贴部分，补贴年限不超过 15 年。并且，我国部分城市实行了残疾人养老保险提前领取政策。例如，在山东青岛市，重度残疾人员可提前五年领取养老保险金。

　　国家和地方出台残疾人社会养老保险的补贴体现了国家对残疾人的特别扶助，在基本公共服务均等化和残疾人"普惠+特惠"保障制度的建设过程中有着重要的地位。这说明国家已经认识到通过养老保险来解决残疾人老年生活问题的重要性。

四、残疾人医疗保险

　　完善的医疗保障制度有利于残疾人的康复和救治，减少残疾的发生，而且也能减轻残疾人及其家庭的负担。相反，如果没有参加社会医疗保险，由于医疗费用昂贵，部分困难的残疾人群体将面临放弃正规治疗的问题，导致残疾发生率高、加重残疾程度等情况。2017 年国务院发布的《残疾预防和残疾人康复条例》中明确规定，各级政府应将残疾人纳入基本医疗保险的保障范围支付医疗费用，不能通过基本医疗保险支付费用的残疾人需按照规定给予医疗救助。因此，在我国全民医保的基础之上，各地在探索残疾人医疗保险制度时，大部分都采取了资助残疾人参保的做法，从而提高残疾人参保率。

残疾人医疗保险主要对象为参加城乡医疗保险的低保家庭中的残疾人、低收入残疾人、困难残疾人等，根据伤残等级确定补贴份额。持有《中华人民共和国残疾人证》（第二代）且残疾等级为一、二级的残疾人和享受低保的贫困残疾人，参加居民基本医疗保险，享受个人缴费最低档政府补助。二级以上残疾人员以个人身份参加城镇职工基本医疗保险、城镇居民医疗保险或者新型农村合作医疗的，其个人缴纳的医疗保险费部分予以免除。城镇职工医疗保险对残疾人住院的政策内报销比例不得低于 90%，城市居民医疗保险对残疾人住院的政策内报销比例不得低于 80%。

此外，我国对残疾人社会医疗保险报销范围扩大，报销额度提高，以减轻残疾人及其家庭负担。特殊疾病病种报销范围由原来的 6 个病种扩大到 18 个病种，住院报销比例提高 10 个百分点，城镇居民基本医疗保险支付限额由 6 万元调整为 12 万元。残疾人住院起付标准降低 20%，住院医疗费统筹报销比例提高 20%。残疾人在医疗机构就医挂号免交普通挂号费。我国还将重度精神疾病患者经常服药费用纳入门诊统筹或门诊特殊病种费用支付范围，同时将 9 类残疾人康复项目纳入新农合支付的诊疗项目范围。

五、其他残疾人社会保险

残疾人养老保险和医疗保险是残疾人社会保险中尤为重要，和生活密切相关的两项。除此之外，残疾人失业保险和工伤保险也为保障残疾人基本生活提供了重要支柱。

工伤保险制度是残疾人社会保险中的一项重要险种，它主要是指劳动者在工作中或者规定的某些特殊情况下因遭受意外伤害和患职业病，暂时或永久丧失劳动能力以及死亡时，劳动者或其遗属从国家和社会获取物质帮助的一种社会保险制度。我国工伤保险制度的一个重要特点就是不缴费，缴费义务全部由雇主承担。劳动者强制参与到工伤保险中，在遇到工伤情况后，工伤保险会提供医疗、工资补助等待遇。工伤医疗待遇包括工伤医疗费用、康复性治疗费用、辅助器具安装费用、住院伙食补助费和转外地治疗的交通费、食宿费等。此外，职工在工作中造成的残疾或者职业病需要暂停工作的，在停工留薪期内，原工资福利待遇不变，由所在单位按月支付。造成伤残的情况下，工伤保险需要一次性补贴伤残补助金、伤残津贴和生活护理费。如果职工因工死亡，工伤保险则要提供包括丧葬补助金、供养亲属抚恤金和一次性工亡补助金。据统计，截至 2015 年，全国工伤保险参保人数突破 2 亿人，其中 7220 万参保人为农民工，约占已参保人数的 36%。

同其他残疾人社会保险相同的是，失业保险和生育保险并没有设立专门的残疾人保险体制，而是与社会保险相统一的。残疾人只要缴纳了失业保险满一年，非因本人意愿中断就业，并且已经进行失业登记的，可以从失业保险中领取失业保险金，且失业保险金不得低于城镇居民最低生活保障标准。残疾人也享有生育保险，同样，生育保险也是由用人单位缴纳，所需资金从生育基金中支付，其中包括生育医疗费用和生育津贴。

六、小结

随着我国社会保障制度的完善，残疾人社会保险参保率逐步提升。在我国社会保障体系中，强调权利和义务对等性的社会保险居于主体地位，这是实现效率与公平相统一的重要途径。因此，残疾人作为特殊群体，其社会保险的作用日益突出，只有越来越多的残疾人参与到社会保险中，才是尊重残疾人、保障残疾人平等参与到社会发展的真正体现。为应对残疾人群体收入较低、缴费难的问题，各级政府采取相应扶持措施帮助残疾人群体参加社会保险，不断提高残疾人的参保率。由于我国现阶段的社会保险政策是统一的，并没有专门为残疾人设立符合残疾人发展的社会保险制度，因此，我国形成了残疾人社会保险缴费代缴补贴的政策，养老保险和医疗保险尤为突出。

第二节　我国现有的残疾人
社会保险存在问题分析

在肯定我国残疾人社会保险事业取得瞩目成就的同时，我们也应该认识到，当前我国残疾人社会保险事业的发展仍处于初级阶段，出现了较低的发展水平与残疾人弱势群体对社会保险需求之间的矛盾。因此本章节主要从残疾人社会保险状况分析基础上揭示我国在该方面现存的主要问题。

一、残疾人社会保险覆盖率低

由于我国没有设立专门的残疾人社会保险制度体系，残疾人包括在我国社会保险中，与其相统一。虽然残疾人参加社会保险的比例在不断增加，但是总体覆盖人数仍比较低，因此本章节主要分析残疾人在社会保险中的参保数和覆盖率。根据我国第二次残疾人抽样调查统计，社会保险体系在中国16岁及以上残疾人中的总体覆盖率较低，全国平均有65.8%的残疾人未参加任何形式的社会保险，在农村地区这一比例更是高达70%，即使是在城市地区，被排除在社会保险体系之外的残疾人比例部分也超过了半数。经过近十年的社会保障制度和残疾人事业的发展和完善，我们需要肯定的是，相比2006年，我国目前残疾人社会保险覆盖率增加明显。从《2013年度中国残疾人状况及小康进程监测报告》（已为最新）中可以看出，残疾人社会保险覆盖率已提升至84.1%，仅有5.4%的城镇残疾人没有参加任何一项社会保险，比2006年调查数据减少了近60%。这是社会保障制度，尤其是社会保险的重大进步。表4-2-1表示了16岁及以上城镇残疾人参加社会保险情况，主要统计了基本养老保险和医疗保险。表4-2-2列举了16岁及以上城镇居民残疾人社会保险情况；表4-2-3列举了16岁及以上城镇职工残疾人社会保险情况；表4-2-4统计了农村残疾人参加新型农村合作医疗保险的比例。可以看出，无论是城镇残疾人还是城镇职工和农村参加养老保险的覆盖率都在逐年增加，这是值得我们肯定的。

表 4-2-1　16 岁及以上城镇残疾人参加社会保险情况　　单位：%

	2007	2008	2009	2010	2011	2012	2013
至少参加了一项社会保险	42.1	62.6	64.3	76.1	80.9	94.7	94.6
参加基本养老保险	33.3	41.6	42.1	47.4	58.4	72.3	74.4
参加基本医疗保险	36.0	58.6	62.1	74.4	78.5	93.3	93.7

表 4-2-2　16 岁及以上城镇居民残疾人参加社会保险情况　　单位：%

	2008	2009	2010	2011	2012	2013
至少参加了一项社会保险	46.4	63.7	75.8	87.4	90.7	91.4
参加基本养老保险	12.4	13.3	19.4	35.2	47.9	49.1
参加基本医疗保险	43.6	61.4	74.5	83.6	88.9	90.5

表 4-2-3　16 岁及以上城镇职工残疾人参加社会保险情况　　单位：%

	2008	2009	2010	2011	2012	2013
至少参加了一项社会保险	70.9	92.6	95.6	97.2	98.1	97.0
参加基本养老保险	64.9	83.8	83.2	91.4	93.4	94.5
参加基本医疗保险	70.6	89.6	93.5	95.2	97.2	96.2
参加失业保险	7.9	8.9	10.0	11.8	10.8	13.3
参加工伤保险	3.9	6.1	6.5	9.1	9.0	12.1
参加生育保险	2.9	3.5	4.6	7.3	6.3	10.4

表 4-2-4　农村残疾人参加新型农村合作医疗保险的比例　　单位：%

	2007	2008	2009	2010	2011	2012	2013
全国	84.4	93.5	94.4	96.0	97.4	97.0	97.1

但在另一方面，残疾人作为社会弱势群体，我国的社会保障目标应该覆盖绝大多数甚至所有残疾人弱势群体，很明显，我国目前的状况仍需提高和完善。例如图 4-1-2 表示的残疾人养老保险覆盖率在 2016 年高达 79%，但是仍然低于全国平均水平（85%）。其中，城镇居民养老残疾人覆盖率为49.1%，而全国平均为 80%；基本医疗残疾人覆盖率与全国平均水平相比为90.5% 比 95%。表 4-2-5 统计对比了 2013 年我国城镇职工和城镇残疾职工的基本保险覆盖率。将城镇职工残疾人社会保险的覆盖率与全国水平进行比较，可以发现，除了基本养老保险和基本医疗保险之外，其他三大险种在残疾人

群体中的覆盖水平均明显低于全国平均水平。城镇残疾职工基本养老保险覆盖率比全国平均水平高出接近 10%，基本医疗保险覆盖率高出近 25%，这与残疾人群体生理障碍的特质有决定性关系。城镇残疾职工的养老保险虽比全国平均水平高出 10 个百分点，但是当前养老保险在中国 16 岁及以上残疾人口的覆盖率仍然较低，仅为 74.4%。残疾人群体在医疗上的普遍性与基础性需求，以及医疗保险在残疾人群体中的发展，导致了明显高于全国水平的医疗保险覆盖率。然而，失业保险、工伤保险和生育保险与全国平均水平相差悬殊，覆盖率明显且大幅度低于全国平均水平，仍不能满足残疾人群体的特殊需求。（见表 4-2-5）

表 4-2-5　2013 年我国城镇职工和城镇残疾职工的基本保险覆盖率　单位：%

	全国平均	残疾人
参加基本养老保险	84.7	94.5
参加基本医疗保险	71.8	96.2
参加失业保险	57.5	13.3
参加工伤保险	69.8	12.1
参加生育保险	57.4	10.4

二、社会保险体系内部发展不均衡

从表 4-2-5 可以看出，五大险种的覆盖率差距悬殊，各险种覆盖率差距显著，社会保险体系内部发展不均衡。其中，失业保险、工伤保险和生育保险明显滞后，覆盖水平极低，没有做到体系内部的协调全面发展。

养老保险和医疗保险作为我国社会保险最基本最核心的两项，同时也是残疾人这一特殊群体最密切相关的保障，受到了高度重视，也在不断发展和完善，覆盖率都有明显的增加。但是，失业保险、工伤保险和生育保险同样需要协调发展，才能满足残疾人的特殊需求。目前，从已有数据来看，城镇残疾职工是相对于城镇残疾居民和城乡残疾居民保障较好的群体，然而他们的三项保险覆盖率仍然很低，大约仅覆盖了十分之一的城镇职工残疾人群体。这就造成了五项社会保险发展不协调不平衡的问题。基本医疗保险领先于其他险种，覆盖率接近完全，相比之下，其他险种，特别是后三项发展水平极低，大多数残疾人并没有受惠于这三项社会保险。因此，我国目前残疾人社会保险总体覆盖情况呈现出"低覆盖和不平衡"的问题。

三、农村社会保险制度建设水平较低

当前我国农村社会保险制度建设水平依然较低，存在"城乡分割"的明显特征，农村残疾人社会保险发展严重滞后，与贫困残疾人的迫切需求还存在较大差距。

农村残疾人口约占全国残疾人总人口的75%，但是社会保险在农村的未覆盖率却比城市高出了近5%，各险种在城市的覆盖率均明显高于在农村的覆盖率。根据第二次全国残疾人抽样调查的数据显示，失业保险的覆盖率城市是农村的18倍，养老保险的覆盖率城市是农村的14.4倍，工伤保险在城市的覆盖率是农村的12倍，医疗保险的覆盖率城市相当于农村的1.3倍。经过数十年的社会保障体系的发展，城市和农村的参保率差异会相应地减少，但是，完全去除残疾人社会保险"城乡分割"的总格局仍需要制度的不断进步和完善。

在农村残疾人口中，近一半为贫困户，其中重度残疾人参加城乡居民基本养老保险制度个人缴费按最低档给予全部或部分代缴，低层次参保，保障水平低，还有其他大多数非重度贫困残疾人缴费困难，没有享受到政策优惠，社会保险参保率低。部分地区城乡居民基本医疗保险制度报销范围窄、门槛高、报销比例低等原因进一步加重了贫困残疾人医疗支出负担。贫困残疾人及其家庭减收增支，考虑到其障碍情况，使城镇和农村保障水平共同发展，因此我国残疾人社会保险水平在农村地区亟待提高。

四、残疾人社会保险制度不足以满足其社会需求

残疾人社会保障体系的建立一般是依托一般性社保制度，这些社保制度是为健全人设计的，自然不可能将残疾人全部容纳进来，对残疾人有力的保障制度只能在此基础上建立。目前残疾人参加社会保险的条件与其他健全人无异，也没有专门的社会保险制度和体系，因此就会形成社会保险制度的不完善、不针对与他们对社会保险和生活保障的强烈、特殊需求形成了巨大矛盾。

目前，我国社会保险制度规定了城镇职工社会保险大部分项目都与就业

挂钩。现阶段，我国的基本养老保险和医疗保险除了设置城镇职工保险，还针对城镇居民和农村群体提供了参保机会。因此，我们可以从上小节的图表中看出，基本养老保险和医疗保险在残疾人中的覆盖水平最高。但是，失业保险、工伤保险和生育保险只有就业的残疾人才有资格参加，强调的是权利与义务的对等，只有在工作单位缴纳了保费才有享受社会保险待遇的权利。但是，有很大部分的残疾人并没有具备参与到劳动力市场的能力，他们享受到这三类险种的机会就会随之减少。社会保险制度作为一种保障制度，体现了社会的公平公正，但是社会保险设计的初衷就是为广大人民群众提供生活和特殊情况下的基本保障，残疾人因为体力和智力等方面存在缺陷，无法与健全人一样获得工作机会，由此不能成为社会保险制度的受益者，不足以满足他们的社会需求。

社会保险制度不能满足残疾人对社会保险的需求表现在以下方面：缴费年限并未考虑到残疾人的特殊性从而减少其缴费年限。现行社会保险制度规定，参保人必须缴费满15年才可以享受社会养老保险待遇，残疾人亦同。这对于身体或智力存在障碍的残疾人来说，年限较长，存在一定的困难。另一方面，残疾人达到享受养老保险的年龄之后，所享受的社会保险标准也与健全人无异。

残疾人社会保险制度的一般与专项制度建立缺乏较好的顶层规划，残疾人需要特殊专项保护，但是否需要单独建立值得思考，必须理清残疾人制度整合与专项保护之间的关系。

五、残疾人社会保险在制度设计和资金机制上呈现碎片化

中国目前对残疾人的社会保障，并未形成一个独立并且完整的体系，对于残疾人的社会保障主要以社会救济为主，相关的社会救助主要是最低生活保障制度和医疗救助。部分残疾人通过政府补贴参加社会保险的方式，呈现出了碎片化的重要特点。残疾人只是在享受社会保险时有相关的优惠政策或者特别照顾的规定，并没有一个完善的专门为残疾人设计的社会保险体系。

此外，在现阶段，我国残疾人社会保险基金多渠道筹集机制尚未建立，社会保险基金的投入主要以政府投入为主，资金来源分散。目前，残疾人社会保险的特殊性主要表现在政府对残疾人社会保险进行补贴，但是国家并没

有对补贴出台明确的规定，公共资金的补贴明显不足，并不能满足残疾人对社会保险的需求。残疾人社会保险补贴主要来源于中央政府和地方政府的财政投入，其中地方财政为主要补贴者。但是由于各地区经济发展水平不平衡，受经济发展水平和财政收入的制约，补贴的力度也各不相同，也存在城乡和地区上的不平等，并不能有效地全面满足残疾人群体的基本生活需求，也严重制约了残疾人事业的发展。

现行的残疾人社会保险制度中，残疾人虽然享有一些补贴特殊优惠政策，但是从总体来看，政府的主要责任依旧欠缺。残疾人社会保险补贴资金分散在各个部门，社会保险基金未能实现整合利用。目前管理残疾人社会保险补贴资金的中央和地方机构主要有残疾人联合会、财政局、民政局、卫生局、人力资源和社会保障局等，这些管理机构并没有实现真正的相互协调、互相补充的发展局面，不利于残疾人社会保险的和谐均衡高效发展。

六、小结

从本节内容可以看出，我国目前残疾人社会保险制度的发展仍存在一些需要不断改进和完善的地方。虽然其覆盖水平在不断提高，但仍不能覆盖全部甚至绝大部分的残疾人群体，尤其是失业保险、工伤保险和生育保险的覆盖率极低，这同样反映了残疾人社会保险体系内部发展不均衡的问题。此外，值得我们关注的是，农村的残疾人口较多，但是保险覆盖率却低于城镇，这是亟待解决的。其次是目前的残疾人社会保险制度由于没有专门化、针对化，因此并不能完全有效地满足这一群体的需求。

为了完善我国残疾人社会保险体系，改善残疾人生存状况，提高残疾人基本生活质量，在下一章节中会主要介绍国外其他国家在残疾人社会保险制度中的做法和成功经验，以此为我国残疾人保险制度体系提出对策或建议。

第三节　国外残疾人社会保险介绍及启示

　　经过多年的发展，我国残疾人社会保险事业从无到有，从低到高，在取得瞩目成就和积累了宝贵经验的同时，我们必须面对仍然存在的一些问题。国外尤其是高福利发达国家的残疾人社会保险制度已经达到了很高水平。从以社会救济为主，到社会保险的建立、福利国家的全面推广及福利国家的改革，这一历程反映了世界社会保障制度的发展轨迹。这一轨迹中，同样包含着残疾人社会保障制度从社会救济到社会救助再到社会保险的演变和延伸。我国要积极向国际残疾人社会保险制度发展借鉴合理经验，更好地丰富我国残疾人社会保险制度，为残疾人事业做出贡献。

一、残疾人社会保险体系的普遍性与特殊性相结合

　　国际上多数国家，特别是一些高福利国家，把残疾人社会保险制度纳入社会福利服务制度中，从保险和津贴两方面多部门共同为残疾人生存和发展助力。德国作为世界上最早建立现代社会保障制度的国家，无论社会保险制度的框架还是内容都已非常成熟。德国现有的社会保险制度框架下的任何一项社会保险基金都有可能把某一部分特定的残疾人纳入其中，真正体现了社会保护和社会道义的原则。例如，《社会法》规定法定医疗保险提供残疾人的医疗康复福利，如果是在工伤中引起的，则法定工伤保险在整个参与领域提供福利。同时，德国针对残疾人的津贴也在保险领域发挥重要作用。其一是货币津贴，它是根据不同残疾人群体的不同残疾等级和不同致残原因，分别由不同的社会保险基金负责，并以现金为主保证所有的残疾人在接受医疗援助时具有足够的经济来源以满足其生活开支。第二种是间接津贴，主要包括税收优惠、免费交通工具、特殊停车设施等。充分考虑残疾人的多样性和特殊性，在社会保险的一般性中融入残疾人，同时又根据其弱势性提供相对特

殊有针对性的全面保障。这充分贯彻了德国残疾人保障制度中保险原则、供养原则和救济原则的基本理念，也体现了遵循全面保障和满足特殊需求相结合的原则。

同样，瑞典作为高福利国家，其社会保障制度也相当完善，包括为诸如儿童、老人、残疾人等特定群体提供社会保险和社会救助的社会服务制度。在一般的社会保险项目中，包括养老、医疗、失业和工伤等，只要残疾人符合保障条件，都和普通人一样享有保障待遇。在享受普通国民应当享有的各种福利保障待遇的同时，残疾人还可以获得特别社会补贴，主要有残疾津贴和照料津贴两种。因残疾而需要帮助或额外支出、年满 19 岁并已停止领取儿童津贴的瑞典残疾人或长期病人可以申请领取残疾补贴。残疾人津贴依据残疾程度所需要的帮助和所花费的额外支出按月发放，领取该津贴的残疾人有义务向保险局告知自己的生活状况。照料津贴对长期患有疾病并且每周需要他人帮忙处理基本生活事务在 20 小时以上的残疾人，可以向瑞典社会保险局申请照料津贴，2010 年标准为 252 瑞典克朗。瑞典残疾人除了同其他公民一样可以享受各种社会保险以外，还受到特殊的保护与扶持，真正地实现了"一般保障"与"特殊保障"相结合。

巴西社会保险制度的待遇主要包括退休金、残疾人津贴、疾病津贴、医疗保险金、死亡抚恤金、工伤保险金和失业保险金。除了与其他的劳动者享有同样的社会保险待遇之外，残疾人劳动者在退休、残疾年金、残疾津贴和医疗保险待遇等方面都有其特殊的待遇。他们一方面享受与其他人群平等的权利，同时会得到一些特殊待遇，以体现残疾人群的特殊性。

二、清晰立法充分保护残疾人社会保险的运行和发展

随着社会的发展和文明的进步，社会对残疾人的认知逐渐成熟，残疾人事业逐渐得到重视，许多国家通过立法，在最高层次上维护和保障了残疾人的基本权益，保障了其生活基本需求。英国是世界上最早建立社会保障体系的国家之一，也是世界上第一个宣布建立福利社会的国家，其社会保障制度的发展经历了漫长的过程。在福利国家概念之前，英国就给予残疾人保险法律支持，并在建立福利社会之初就出台法律将残疾人社会保险作为残疾人社会福利的三大支柱之一。1911 年通过的《国民保险法令》规定了在某些工业部门中实行失业

救济、残疾津贴和医药补助的，在缴纳保险费用后，享有领取保险津贴的权利，这也是英国关于残疾人权益保障的首次立法。在随后的《残疾人（就业）法案》《国民互助法案》《残疾人权利委员会法案》等都在法律层面保障了残疾人享有社会保险的权益。

有人曾用一句话概括美国法律对残疾人的作用——"美国用法律为残疾人铺平了生活道路"。美国在法律中对残疾人社会保障做出了具体规定。美国的社会保险项目诞生于 1935 年颁发的《社会保障法》，覆盖了相当一部分具有劳动能力，并且实际处于就业之中的残疾人。随着经济社会的发展，美国开始努力扩大社会保障范围。1950 年规定永久性和重症残疾人可适用于社会保障法，1954 年"老年和遗属保险"部分内容加进残疾人社会保险条款。但是，仍然有部分残疾人由于生理或心理障碍无法进入到劳动力市场。因此美国于 1956 年颁发了《残疾人社会保障保险法》，给因残疾无法正常工作的人提供收入支持。该法律对无法工作的残疾人提供持续性的收入支持，直到情况改善，如果没有改善将一直持续提供收入支持。其次，对于无法继续工作，家庭也处于困难中的残疾人，其社会保险项目难以满足他们所有的需要，他们可以在申请残疾人社会保险待遇的同时也申请社会救助类的充分收入保障。目前，残疾人保险制度已经成为美国社会保障体系中保障范围广、功能强大的险种之一。

巴西残疾人保障制度的一项显著特色就是完善的残疾人事业立法。现行的《巴西联邦宪法》对残疾人事业的发展以及残疾人权利做出了总体规划，具体从生命权利、卫生健康权利、教育文化体育权利、就业和工作权利、社会保障权利、享有无障碍设施的权利、社会优待的权利和司法保护的权利。除了宪法之外，巴西立法机构从 20 世纪 80 年代开始加强残疾人事业发展和权益保障等方面的立法，例如 1991 年颁布的 8213 号法令就规定了残疾人社会保险计划。法令规定患有部分疾病无法继续工作的可申请提前退休；无论年龄多大，残疾人子女都应当被认为被保险人的受抚养人，如果没有受抚养人，残疾兄弟姐妹可获得抚恤金；无论残疾人是否是被保险人，都应确保残疾人得到相应的优待等。通过法律形式明确不同主体在各项残疾人事业发展中的权利和义务，显然是巴西残疾人事业发展取得显著成就的重要机制。

日本作为我国的邻国，以重视国民社会福利而闻名，其"社会福祉六法"不仅保障了普通国民的日常生活，也对儿童、老人和残疾人等弱势群体做出了较为完善的保障安排。尽管日本的残疾人社会保障制度建设起步较晚，但发展速度较快，这一部分得益于日本"立法先行"的理念。日本残疾人社会保障的建设与二战后的社会背景密不可分，它得以确立的前提条件是以一系列相关的法律出台为制度支撑点。目前，日本的社会保障制度已形成了一个完整的法律体系，使得残疾人享受保障有法可依。根据对残疾人的细致分类，形成了以《残疾人对策基本法》为基础的法律依据，此外，针对不同类别的残疾人，还以《特殊儿童抚养补贴法》《身体障碍者福祉法》《精神薄弱者福祉法》等作为补充，充分考虑不同类别残疾人的保障需求，做出具有针对性的规定，为残疾人提供全面的保障。

三、明确的事务机构权责划分

残疾人社会保险相关事务在大部分国家都有不同的行政单位和事务机构管理运行，明确的权责划分和劳资分则有利于残疾人社会保险的发展和完善。英国的残疾人社会福利由多个部门配合共同负责，其中负责大部分残疾人事务的部门是工作和年金部（Department of Work and Pension），但在同一部门又分出不同的子部门负责不同的服务。例如伤残和护理服务处负责提供残疾护理服务和各项津贴管理；求职中心致力于通过各种手段促进就业，并处理初次护理津贴等。残疾人权利联合会（the Disability Rights Commission）是一个非政府部门的公共机构，它致力于消除残疾人歧视，促进残疾人机会均等的事务。此外，英国还专门设立了残疾人问题办公室，旨在协调所有政府部门的残疾人政策，更好地使残疾人接受各项服务。

加拿大各级权责划分更加明显和清晰。工伤保险计划在加拿大主要由专门的工伤委员会进行，各省都建有自己的工伤保险委员会，自主管理工伤保险制度。各个省的工伤保险委员会都具有公共垄断性，能够独立操作工伤保险的处理过程和决定工伤保险的补偿水平。在各省的委员会中又分出不同的机构管理不同的事务。相似的，残疾人养老保险也是由联邦和省共同管理的项目。

澳大利亚残疾人事务的管理分为联邦、州及领地和地方三个层，通过《国家残疾人协议》划分各级政府对于残疾人事务管理的权限和责任，有专门负责制定法律法规建设的司法部，有负责制定和监督残疾人在澳大利亚公共服务行业就业的公共服务委员会，有提供社会和保健服务的人类服务部，还有国家残疾人管理局和家庭、住房、社区服务与原住民事务部、联络中心、联邦康复服务等。总体来看，澳大利亚残疾人事业分工明确、权责到位、合作高效，为残疾人社会保险制度的制定、实施、监管提供了全面有序的框架。

四、小结

综上所述，国外发达国家针对残疾人的社会保险体系都较为成熟，达到了保护和促进残疾人发展的目的，归纳得出以下几点启示：（1）要充分考虑残疾人的身体和心理缺陷，为其提供社会保险的同时也要加强社会福利补贴，实现社会保险普遍性和特殊性的有效结合，使得残疾人在享有和普通公民相同权利的同时也能受到社会的特殊津贴关怀，这有利于残疾人事业的全面发展和社会公民稳定进步的发展。（2）法律是制度最为规范化的体现，国外的残疾人社会保障事业起步较早，残疾人社会保障的各项法律法规也更为健全。这些国家注重法律条款的完备性和实操性，不断根据残疾人需要的变化做出相应的修订，并对实际执行建立严格的监督机制，使得不同类型的残疾人都得到了法律的保障。无论是为残疾人专门设立了多层次法律制度的美国、德国、日本等国，还是没有单独的综合性残疾人保障法，而是把残疾人各项权利的法律保障纳入相关法律之中的瑞典，都使用法律这一国家最高层面制度使残疾人享有社会保险成为合法的规范的社会体系，从而保证了残疾人社会保险的可落实性。（3）社会保险是社会的再分配问题，涉及公平问题，因此需要各级政府和事务机构明确职责，做好职能划分，同时又可以在完整的系统中通力合作。

纵观国外残疾人社会保险的发展和特点，虽然各国情况各不相同，但它们的制度都经历了从无到有、从弱到强、从泛到细的发展过程。我国残疾人社会保险还处于初级发展阶段，根据我国国情建立符合现阶段社会发展需要的残疾人社会保险制度是时代发展需要也是社会发展需要。对我国而言，如何立足本土吸收他国先进的制度经验，是制定我国残疾人社会保险制度的重要突破口。

第四节　完善我国残疾人社会保险的对策建议

基于本章节前面提到的我国目前残疾人社会保险事业所面临的问题，综合上文关于残疾人社会保险发展的国际经验启示，同时结合我国的经济发展水平、人口因素和社会可持续发展的长远目标，本小节将针对如何完善我国残疾人社会保险事业提出以下几点建议：

一、全面提高残疾人社会保险覆盖率，实现残疾人社会保障无障碍

虽然我国残疾人社会保险覆盖率在不断增加，覆盖人群范围也逐渐扩大，但是总体覆盖人数仍比较低，各险种覆盖残疾人数不及该险种平均覆盖率。因此，各级政府应当加大对发展残疾人社会保险事业的重视程度。其次，由于当前我国社会保险与职业身份和个人缴费密切联系，不免会出现无就业、高贫困不能充分享有社会保险的问题。因此，健全残疾人社会保险制度，切实保障残疾人民生，实现残疾人社会保障无障碍，具体可以从以下几点入手：

1. 以鼓励、推动和扶持残疾人就业为契机，提高残疾人群体的参保率。

我国目前的以就业和缴费为基础的社会保险制度，是由我国目前社会经济发展水平决定的，在短期内无法对这一保险体系进行改变。各级政府应该鼓励推动还具有劳动能力的残疾人重返劳动力市场，并且可以利用减税、荣誉等激励手段鼓励用人单位为这些残疾人提供岗位。通过就业，残疾人可以正式成为社会保险覆盖人群，以此为契机，提高残疾人群体的参保率，努力实现社会保险基金在残疾人群体中的可持续发展。

2. 完善残疾人社会保险制度的顶层设计。

充分考虑残疾人这一特殊群体的障碍性与特殊性，坚持贯彻并落实"普惠+特惠"为基础原则的社会保障制度。在一般性社会保障制度保障其基本生存发展需求基础上，针对残疾人的特殊困难和特殊需求，针对残疾人群体建

立特惠的社会保险政策。继续实施社会保险保费代缴补助的优惠政策，或加以间接补助津贴，例如减免保费、税收优惠等，对残疾人进行特别扶助和优先保障，处理好一般性与特殊性社会保险制度之间的关系，把残疾人特别是贫困群体的社会保险贯穿到整个社会保障制度之中。

3. 应保尽保，各项覆盖，逐步提高残疾人社会保险水平和内部险种的均衡发展。

首先要加大对失业保险、工伤保险和生育保险的实施力度，促进残疾人社会保险制度的健全和完善。各地区应进一步完善这三类险种的制度建设，扩大覆盖范围、提高保障水平、加大实施力度、强化监督管理等方面要抓紧落实，为残疾人失业保险、工伤保险和生育保险的提高和发展打下坚实基础。其次在促进就业的基础上，要规范残疾人雇主履行失业保险、工伤保险、生育保险方面的缴费职责，切实维护残疾人群体享受社会保险的合法权益。

4. 充分发挥最低生活保障制度的作用，多方面保障残疾人基本生活。

针对残疾人群体要适当降低保费，同时还要提高残疾人可以获得的补助水平，对残疾人子女在教育方面给予更多的优惠政策。另一方面，由于残疾人自身往往带有与疾病相关的慢性疾病，需要长期的治疗和康复，这一医疗费用开支给残疾人带来了沉重的经济压力，因此应该对于这类残疾人群给予充分考虑。例如，对残疾人常见的慢性疾病给予报销，建立残疾人大病基金、长期护理保险等措施。

二、加快农村地区残疾人社会保险制度建设，实现城乡整合

城乡"二元差距"这一特征在残疾人社会保险领域也普遍存在，农村地区的残疾人社会保险事业相对较为落后。但是，随着残疾人医疗保险在城乡的同步快速发展，新型农村合作医疗保险的覆盖率已超过97%，因此需要以医疗保险为突破口，不断缩小城乡"二元分割"的局面，提高残疾人各项社会保险在农村的实施。

1. 根据"城市反哺农村"的原则，探索适合农村地区实际情况的残疾人社会保险实现形式，稳扎稳打地推进农村地区残疾人社会保险体系整体水平的提高。

在发展农村残疾人社会保障的过程中，国家的扶持、城市的帮扶以及农

村地区的自助都是不可缺少的建设环节。在农村残疾人口中，近一半为贫困户，如何把贫困户、重度残疾、享受低保的人群纳入到该保险体系中是各级政府首先需要考虑的问题。在加大缴费补助的同时，也要考虑其他大多数非重度贫困残疾人存在缴费困难、没有享受到政策优惠、社会保险参保率低的问题。扩大补助范围、扩大城乡居民基本医疗保险制度报销范围、降低价格报销门槛、提高报销比例等，进一步减小贫困残疾人医疗支出负担。

2. 残疾人社会医疗保险中，要进一步保持并扩大新型农村合作医疗保险的发展成果，特别是总结农村地区残疾人医疗保险事业发展的成功经验，将这些经验向后发地区以及后发险种逐步推广。

新农合覆盖范围的快速扩大是残疾人社会保险的一项成功尝试，特别是偏远贫困的农村地区可以总结发展较好地区的经验来丰富和促进医疗保险制度。并且，养老保险同样可以借鉴医疗保险的成功经验，根据农村人口结构、经济发展水平，提升养老保险的制度设计，更高效更公平地为城乡居民提供养老保障。因此，以较为成功的医疗保险为契机，带动残疾人社会保险体系发展水平的全面提高，推动"城乡整合"的趋势在残疾人社会保险领域的进一步发展。

3. 为所有城乡贫困残疾人提供基本养老和医疗保险，"增收"与"减支"齐抓。

为符合条件的困难残疾人进行养老保险个人缴费资助，扩大缴费资助范围和提高资助标准，增加贫困残疾人收入，并为残疾人养老做准备。针对残疾人因病致贫、因贫致病的巨额医疗支出，逐步扩大基本医疗保险支付的医疗康复项目范围，提高残疾人医疗报销比例，并充分发挥商业保险在残疾人养老、医疗方面的补充作用，帮助减轻贫困残疾人医疗康复负担。

三、以政府为主导，明确各级政府各机构单位职责

作为残疾人社会保险的主导力量，各级政府要切实承担起残疾人社会保险的各项工作，加大资金投入，完善社会保险基金长效投入机制。其次，不同的险种、不同的实施和监管过程要明确到具体不同层级行政单位，甚至明确到部门，以此建立一个体系化、制度化的残疾人社会保险。

1. 首先要充分发挥政府的主导作用，理顺残疾人社会保险管理体制。

政府应当建立有效的残疾人社会保险设计、实施、监管等相关一系列制度流程的建设和发展，分工明确、劳资分则、互相制衡的残疾人社会保险体系有利于推动残疾人社会保险制度的发展。中国目前对残疾人的社会保障，并未形成一个独立并且完整的体系，存在制度呈现碎片化问题。因此政府应切实加强主导作用，保障参与管理残疾人社会保险制定和管理的各部门能够权责分明，有效衔接。少出现单部门的过度权重，要根据不同险种的特点和范围由不同的机构单位负责，避免"一篮子"工程。

2. 加强对残疾人社会保险基金的监管。

残疾人的社会保险补贴应集中于一个部门管理，避免碎片化、随意化的现象出现。政府要充分发挥社会保险补贴基金的重大作用，从中央到地方都应形成明确的制度性的补贴机制，规定具体的补贴对象、补贴方式、补贴范围、补贴金额等，严防社会保险基金被挤占挪用的现象发生。把残疾人社会保险的发展和完善作为各级地方政府的一项硬性任务、政绩考察的一项重要指标，提高各地级政府对残疾人社会保险的重视。

3. 建立以政府为主导的社会保险基金长效投入机制。

首先我们需要明确的是残疾人社会保险基金是该制度发展和完善的物质资金基础。目前我国残疾人社会保险基金主要来源于中央政府和地方政府的财政投入。残疾人社会保险补贴应以立法的形式确定，以保障资金的长效供给。中央政府在加大财政投入力度的同时，各级地方政府也应承担相应的责任，要求民政部门从福利资金中提取适当的比例给予资助，每年从财政收入中划拨一定比例的资金用于残疾人社会保险制度的建设，专款专用，公开透明，逐步扩大残疾人社会保险的覆盖范围，充分发挥政府职责，切实保障残疾人基本生活水平。

4. 结合残疾人群体的特殊性和保障需求制定独立的法律法规和政策。

相关法律法规是残疾人享有社会基本保障的基础和重要保证。《中华人民共和国残疾人保障法》中关于残疾人社会保险提出了一些原则性的规定，但是缺乏具体的、细致的、可操作性较强的相关法律和配套实施方案。因此，我国需要学习借鉴他国较为完善的残疾人法律体系，充分考虑我国残疾人现状及残疾人群体的特殊性，对农村地区残疾人社会保险情况给予全方位考虑，建立一个独立的残疾人社会保险的法律体系，并根据残疾人需求和时代发展不断完善，为残疾人事业发展提供有力保证。

四、小结

我国残疾人社会保险制度的快速发展有目共睹，在前进的过程中我们难免会发现制度制定初期和发展过程中存在的问题。结合前文归纳的我国残疾人社会保险制度存在的问题和国际上较为先进的经验，本节为我国残疾人社会保险事业的发展提出了几条完善建议。残疾人社会保险可以在我国现有的社会保险基础上构建，在原有社会保险框架下，根据残疾人自身的特殊性设立更具有针对性、特惠性的残疾人社会保险制度。形成以政府为主导，法律法规为基础，缴费补助或免除为前提，权责分明的各险种各地区协调均衡发展的残疾人社会保险体系。

第五章

无障碍战略与残疾人扶贫

　　我国残疾人口数量众多，由于"先天与后天"等多种障碍的存在，使相当数量的残疾人深陷贫困，迫切需要国家出台相关政策来帮助残疾人及其家庭走出困境。党中央、国务院高度重视残疾人民生改善，"十二五"时期特别是党的十八大以来，残疾人权益保障制度不断完善，基本公共服务体系初步建立，残疾人生存发展状况显著改善。"十三五"时期是全面建成小康社会的决胜阶段，目前我国仍有169万建档立卡农村贫困残疾人、近200万城镇残疾人生活还十分困难，残疾人贫困作为扶贫工作中的艰中之艰，脱贫工作成为重中之重、难中之难。残疾不仅是个体身心功能的受损，关键在于社会层面的排斥阻碍了残疾人社会资源的获取，残疾人要想摆脱贫困，必须实现残疾人对社会资源的无障碍获得，无障碍社会的建构与实施刻不容缓。因此必须综合考察残疾人群体的特殊需求，聚焦农村、贫困地区和贫困重度残疾人，通过多方努力让精准扶贫无障碍地惠及每一位贫困残疾人，扶贫政策与扶贫观念对残疾人都是无障碍的，实现从物理无障碍到心灵无障碍的转变，帮助残疾人打破社会排斥壁垒，积极融入社会，让残疾人在无障碍社会中能像健全人一样生活，这才是无障碍战略的最终目标。

第一节　无障碍战略与残疾人扶贫现状

　　残疾人贫困成因复杂，既有残疾人自身能力问题，还有社会排斥造成的阻碍残疾人获取社会资源问题，再加上扶贫政策的落实不到位，可谓是"先天不足与后天失调"并存。善待残疾人就是善待人类自身。中华人民共和国成立以来，我国残疾人反贫困实践一直是国家反贫困工作的重要组成部分，并不断在探索中前进。相较于城镇残疾人群体，农村残疾人群体被"镶嵌"或"嵌入"在社会资本先天匮乏的社会关系网络中，在社会支持网络、社会资本拥有等方面均处于劣势，残疾人扶贫脱贫阻碍大，社会排斥现象严重，因而残疾人扶贫的主战场在农村。当前农村贫困残疾人已经被列入国家脱贫攻坚战的重点和难点群体，成为精准扶贫精准脱贫的优先对象，解决残疾人群体生存问题是首要的，而帮助残疾人构建无障碍社会，打破社会排斥，融入社会才是残疾人脱贫的根本。

一、无障碍与残疾人扶贫

随着社会经济发展水平的不断提高，残疾人观念逐渐从陈旧走向文明。过去普遍认为残疾人因残而废，甚至是无能的，导致长期以来，"残疾"与"障碍"如影随形，这些错误观念严重地歪曲和损害了残疾人的社会形象，视其为家庭及社会的负担，残疾人自身也对自己产生了消极评价，残疾人在内外共同作用下成为社会排斥的对象。伴随着残疾人"无障碍"运动的兴起与演进，对残疾的理解逐渐从身心功能受损向由社会制度、结构以及公众认知障碍转变。残疾一方面是指个体身心受损所致的功能障碍，另一方面是由个体所处的外在环境与社会制度存在排斥所形成的障碍，而个体残疾的关键在于后者，因此改善社会观念、制度、服务等对残疾人的偏见与歧视才是残疾人政策的重点。因此帮助残疾人恢复身心功能，减少社会排斥与障碍，促进残健融合，无障碍战略构建与实施势在必行。物质环境的"无障碍"主要是为了方便残疾人不受排斥地出入所有建筑场所，制度环境的"无障碍"是要消除在政策层面和制度层面的社会排斥，积极推进残疾人参与社会生活并实现"共建、共融、共享"。公共认知的"无障碍"主要是消除健全人与残疾人之间的心理障碍，构建"无障碍"文化，加强社会对残疾人的社会认同度，消除社会中压抑及排斥残疾人的态度与作为等，从而消除外在环境与制度的障碍。"无障碍"理念及其行动就是要突破"无障碍"的物质化桎梏而将其内涵扩展到制度与结构以及公众意识层面，保障残疾人从生存到发展权利的实现，营造平等的"无障碍"社会氛围，从而推动"无障碍"社会的构建。从这个意义上讲，残疾人事业发展的最终目标就是破除一切物质的、制度的与结构的以及观念上的障碍，帮助残疾人达到如同健全人一样的生活状态，从某种程度上来讲，无障碍战略目标的实现即意味着社会上也就不存在所谓的残疾人群。因此无障碍战略的建构与实施是残疾人参与社会、实现融合发展的重要条件，是全面建成小康社会、实现现代化的重要内容和标志。以往残疾人反贫困研究主要集中于探讨残疾人扶贫开发进程中的经验，对残疾人扶贫政策进行评价，以及关于残疾人贫困现状和残疾人脱贫对策的研究。本文将从无障碍的视角来研究残疾人反贫困，探讨扶贫过程中各种阻碍残疾人脱贫的有形的和无形的障碍，在无障碍战略最终目标的指导下，残疾人扶贫要突破观念上的、行动上的、制度上的、公众意识等障碍，使残疾人能平等地享有社会公民权和社会资源，帮助残疾人摆脱贫困，实现自我发展。

二、残疾人反贫困实践演进

中华人民共和国成立以来，中国政府在长期与贫困做斗争的实践中探索出一条中国特色的反贫困道路，扶贫脱贫治理机制的精准性和益贫性不断提高。其中对残疾人无障碍扶贫的认识也呈现出由表及里、由浅入深的过程，从关注残疾人生存问题到发展问题，扶贫方式从粗放向精准转变，扶贫主体越来越多元，社会扶贫助残氛围日渐浓厚，这些都在帮助残疾人打破贫困壁垒，积极地促进残疾人融入社会。鉴于扶贫政策的演变，以及无障碍的实现程度，纵观我国残疾人扶贫之路，可以划分为如下几个阶段：

1. 救济式扶贫阶段（1949—1985 年）

中华人民共和国成立之初，贫困问题在全国普遍存在。为迅速改变落后面貌，国家将重心放在优先发展重工业上，而农村经济发展则主要通过土地改革、农业生产合作社、人民公社等制度来推动，并建立起了以人民公社集体经济为依托的社会保障制度，主要包括农村"五保户"供养制度、特困户救济和救灾制度，以及首次创立的合作医疗制度，从而为农村贫困群体和特殊人群建立起了低水平的救济制度。改革开放初期，农村家庭联产承包责任制得到迅速推进，这种土地制度的变革极大地提高了农民生产积极性和土地的利用率，农民生活水平得到改善，土地是农民赖以生存的资源，而农村残疾人群体由于多种原因不能从事农业生产，进而陷入贫困甚至难以自拔。这一时期农村残疾人反贫困总体上带有社会救济特征，即使在经济体制改革过渡时期仍然没有突破救济式反贫困的框架。这表明从中华人民共和国成立初期到改革开放初期，国家的扶贫行动并无系统的计划安排，贫困残疾人并未得到国家的重视，由于城乡二元分割，虽然农村残疾人的贫困程度更加严重，但是城镇残疾居民和残疾革命军人的生活得到了更好的保障。从残疾人无障碍的实现程度来看，这一时期国家仅仅关注残疾人的生存问题，甚至连生存问题解决得都不算好，无障碍的实现更是无从谈起。

2. 开发式扶贫起步阶段（1986—1997 年）

鉴于农村地区发展滞后、贫困越发严重等现实情况，中央政府决定对农村贫困地区进行综合开发，为贫困地区的全面发展创造条件。1986 年，农村扶贫政策转向开发式扶贫，标志着政府的农村贫困政策从消极救助政策转向积极开发政策。作为国家扶贫的一部分，残疾人的扶贫也正式迈入制度化的历程。为全面摸清我国残疾人生活现状，1987 年第一次全国残疾人抽样调查工作正式展开。调查数据显示，农村多数残疾人尚未解决温饱问题，经济发展中等以下的地区，处于贫困线（人均收入 300 元以下）的残疾人一般占残疾人总数 60% 以上，部分地区高达 75%，贫困残疾人中重度残疾者居多，部分残疾人甚至处于极度贫困的境地。由于残疾人的特殊状况以及缓解残疾人贫困迫在眉睫，1988 年残疾人联合会成立，成为残疾人扶贫开发的专门管理机构，加快了农村残疾人扶贫工作进程。1991 年，中国进入社会主义现代化建设战略目标关键时期，发展残疾人事业是国家实现社会主义现代化建设的重要内容。因此，国家计委等十六个部门制定了在残疾人扶贫进程中具有重大意义的《中国残疾人事业"八五"计划纲要（1991—1995 年）》，其主要内容包括残疾人康复、教育、就业以及创造适合残疾人生存发展的人文环境四个方面，提出要初步解决残疾人的温饱问题，并首次提出设立"康复扶贫"专项贴息贷款，"八五"计划纲要实施 5 年以来，全国 505 个县开展了康复扶贫，211 万残疾人通过康复扶贫摆脱了贫困，64 万特困残疾人生活得到保障。1996 年，国务院残疾人工作委员会联合相关部门制定了《中国残疾人事业"九五"计划纲要（1996—2000 年）》。与"八五"计划纲要相比，"九五"计划纲要对扶贫目标进行了量化，提出基本解决 1500 万贫困残疾人温饱问题，采取专项补助办法，保障 300 万特困残疾人基本生活，解决农村贫困残疾人的温饱问题逐渐成为残疾人扶贫的重心，同时也兼顾城镇贫困残疾人的扶贫，在城镇实行专项补助，在农村实行统筹扶助。同时提出了动员社会力量参与残疾人帮扶活动。经过两年的努力，226 万贫困残疾人通过扶贫开发摆脱了贫困，138 万残疾人通过各种救济、扶助措施摆脱了贫困。

从这一时期开始，中国扶贫进入以开发式扶贫为主导的减贫阶段，处于国家开发式扶贫宏观背景下的残疾人扶贫工作也得到了实质性的突破，由传统救济式扶贫向开发式扶贫转变。随着扶贫工作的日益深入，农村残疾人渐成扶贫的重点对象，并且针对残疾人贫困开展了专项"康复扶贫"贷款，开展康复扶贫把目标定位于残疾人贫困人口，而不是贫困地区，对于解决残疾人温饱问题更有效果。另外开始注重社会力量的扶贫作用，在"八五"和"九五"计划纲要提出加大乡镇企业和农村大户等对残疾人的帮扶、鼓励社会力量参与扶贫后，出现了"党政机关、企业事业单位包村""党员、干部结对包户"等做法，不仅增强了扶贫的力量，而且有利于助残氛围的形成。但开发式扶贫本身存在着缺陷，开发式扶贫的目标群体是有劳动能力和生产资料的贫困人口，而非国定贫困县外70%的贫困残疾人以及国定贫困县内部分没有劳动能力的残疾人是得不到扶贫开发的帮助，生存问题堪忧。这一时期非常注重贫困残疾人温饱问题的解决，残疾人无障碍战略最基本的问题得到了缓解，扶贫方式的转变在一定程度上极大地缓解了农村贫困状况，部分残疾人在自身努力和开发式扶贫的帮助下逐渐摆脱贫困，国家政策关照到越来越多的贫困残疾人，力图使更多的残疾人都能享受到政策的惠顾，贫困残疾人无障碍实现程度逐步提高。

3. 残疾人扶贫攻坚阶段（1998—2000年）

"八五"末，全国贫困残疾人有1736万，"九五"前两年解决了364万人（其中：扶贫开发解决了226万人，社会保障了138万人），全国贫困残疾人由1736万人下降到1372万人，其中农村可扶持的贫困残疾人为876万人。为了确保国家提出的到2000年基本解决包括残疾人在内的贫困人口的温饱问题的目标能够实现，国家制订了《残疾人扶贫攻坚计划（1998—2000年）》，该计划继续坚持"九五"计划纲要目标，对有劳动能力的残疾人进行开发扶贫，对无劳动能力的特困残疾人通过社会保障解决温饱问题。同年10月，针对贫困残疾人绝大多数集中在农村的实际情况，国务院残疾人工作协调委员会等部门又共同制定了《农村残疾人扶贫开发实施办法（1998—2000年）》，提出全国农村残疾人扶贫开发的总目标是：经过三年左右的努力，基本解决适合参加生产劳动的农村876万贫困残疾人的温饱。为此国家加大了工作力度和资金投入，"九五"期间，实际安排扶贫资金250604万元，落实到位221014.8万元，到位率达88.2%，扶贫开发累计扶持贫困残疾人1327万，解决温饱 829 万。

在残疾人扶贫攻坚阶段，首次提出了残疾人扶贫工作的任务目标，有利于量化考核，进行逐户、逐人摸查登记，残疾人扶贫目标和方式更加精准。将残疾人进行分类分层，分别适用不同的扶贫政策，更加注重社会保障安全网在扶贫中的兜底保障作用，《攻坚计划》明确将社会保障列为五种扶贫方式之一，落实农村五保供养制度，进一步推广最低生活保障制度，同时广泛开展社会互助活动。多措并举筹措残疾人扶贫资金，残疾人扶贫形式不断创新。但是这一时期的扶贫政策忽略了农村残疾人扶贫工作的长期性和艰巨性，目标要求超过当时的条件，造成预期目标与实际目标差距较大。原定通过扶贫开发基本解决 1500 万贫困残疾人的温饱问题，但实际解决温饱 829 万，只完成总任务的 55%。从 1998 年开始，把农村 876 万可扶持的贫困残疾人作为扶贫攻坚的重点，1998—2000 年间解决了 662 万贫困残疾人的温饱问题，到2000 年末农村可扶持的贫困残疾人应下降到 214 万，但实际数字为 682 万。这表明，农村残疾人的返贫率相当高，也说明了农村残疾人扶贫工作的复杂性。

4. 新时期扶贫工作综合推进阶段（2001—2010 年）

由于种种因素的制约，仍然有很多农村贫困残疾人没有解决温饱问题，扶贫任务的艰巨性和贫困的顽固性决定了扶贫是一项长期性的事业。2001 年国务院制订和实施《农村残疾人扶贫开发计划（2001—2010 年）》，要求各地严格按照该计划制订适合各地方的残疾人扶贫计划。该扶贫开发计划的主要内容包括坚持政府领导为主、加大资金投入、广泛动员社会力量、坚持自力更生、艰苦奋斗。从着力解决残疾人温饱问题向解决温饱和扶贫开发并重转变，并注重提高贫困残疾人的生活质量与综合素质。2006 年经国务院批准，我国进行了第二次全国残疾人抽样调查，根据调查数据推算，全国各类残疾人的总数为 8296 万人，城镇残疾人口为 2071 万人，占 24.96%；农村残疾人口为 6225 万人，占 75.04%，这表明我国 3/4 的残疾人分布在农村，全国有残疾人的家庭户共 7050 万户，占全国家庭户总户数的 17.80%。较之第一次全国残疾人抽样调查，我国残疾人口总量增加，残疾人比例上升，残疾类别结构变动，因此我们必须进一步加强残疾人扶贫工作。2007 年农村建立最低生活保障制度，应保尽保的保障方式对减贫发挥了重要作用。2008 年《中共中央国务院关于促进残疾人事业发展的意见》首次将农村残疾人扶贫工作作为党中央国务院促进残疾人事业加快发展的重要目标和措施，2009 年国务院办公厅印发《关于加快推进残疾人社会保障体系和服务体系建设的指导意见》，开始加快搭建"四保一救"（城乡低保、城乡医保、城乡养老保险、城乡保障性住房、救济救助）的农村残疾人社保体系，启动了农村低保和扶贫开发两项制度衔接试点，建立健全贫困残疾人口识别机制。计划实施的 10 年间，残疾人家庭收入水平稳步提高，生活状况明显改善，通过各种方式累计扶持的农村残疾人达到 2015.7 万人次，1318 万名残疾人摆脱贫困，54.6 万个农村贫困残疾人家庭通过"中央彩票公益金农村危房改造项目"改善了居住条件，868 万名贫困残疾人接受农村实用技术培训，农村残疾人扶贫工作取得显著成就。

这一阶段残疾人扶贫开始制订长期计划，是符合当时扶贫形势的，在相当长的时期内我国贫困人口不会下降为零，因此扶贫事业是一项长期规划，与扶贫的艰巨性和贫困的顽固性是相契合的，而且长期扶贫计划的制订更有利于认清问题和各项扶贫政策的调整与衔接。随着农村低保制度的建立，以及残疾人"四保一救"社保体系的搭建，农村残疾人反贫困安全网建设更加牢靠，这对于无法从开发式扶贫中获益的贫困残疾人来说作用重大。该阶段残疾人扶贫目标已开始关注残疾人的发展问题，更加重视残疾人人力资本建设，包括加强残疾人医疗康复、学前教育和职业教育等，提高残疾人自我生存和自我发展能力，起到助其自助的作用。

5. 全面建成小康社会扶贫攻坚新阶段（2011—2020 年）

根据第六次全国人口普查我国总人口数，及第二次全国残疾人抽样调查我国残疾人占全国总人口的比例和各类残疾人占残疾人总人数的比例，推算2010 年末我国残疾人总人数 8502 万人，各残疾等级人数分别为重度残疾人2518 万，中度和轻度残疾人 5984 万。为缓解残疾人群体的生活现状，实现全面建成小康社会的目标，2012 年 1 月，国务院办公厅印发《农村残疾人扶贫开发纲要（2011—2020 年）》，将十年间的扶贫计划按照"十二五"和"十三五"两个时间段进行安排，不仅规定了每个阶段的扶贫任务和目标，而且提出了具体的政策保障与扶持措施。2015 年底开始，进入残疾人精准扶贫精准脱贫攻坚新阶段。2015 年 11 月，中央扶贫开发会议召开，习近平总书记发出坚决打赢脱贫攻坚战的总动员令。《中共中央国务院关于打赢脱贫攻坚战的决定》将残疾人扶贫深度纳入国家精准扶贫战略，在政策上进一步体现出优先保障和特别帮扶的精准施策导向。有关部门分工也细化了残疾人精准扶贫精准脱贫的政策措施和具体要求。精准扶贫的提出，创新了新时期扶贫开发模式，有利于提高扶贫工作的效率与效益，成为新一轮扶贫工作的发展方向。为解决残疾人特殊生活困难和长期照护困难，2015 年 9 月国务院印发《关于建立困难残疾人生活补贴和重度残疾人护理补贴制度的意见》，国务院决定全面建立困难残疾人生活补贴和重度残疾人护理补贴制度。这是保障残疾人生存发展权益的重要举措，对全面建成小康社会具有重要意义。

综上所述，中国残疾人扶贫历经从救济式扶贫向开发式扶贫和社会保护并重、从局部扶贫向全面扶贫发展、从粗略扶贫向精准扶贫发展，扶贫目标从短期实现向长远规划，从解决生存问题向生存与发展兼顾发展，扶贫主体从单一向多元化发展，扶贫措施从简单向多样、从非专业向专业化发展等转变，多年的残疾人扶贫实践告诉我们，残疾人扶贫工作要始终坚持党的领导，始终坚持部门配合、社会参与，充分发挥行业助残扶贫作用，始终坚持到户到人，不断创新扶贫方式，始终坚持多渠道筹措资金，千方百计增加投入，始终坚持宣传动员，激励贫困残疾人自强自立，只有这样才能有效推进残疾人扶贫脱贫工作。2016 年，各级残联认真贯彻党中央、国务院关于残疾人工作的决策部署，推动残疾人事业在"十三五"开局之年取得了新的进步。残疾人扶贫开发成效显著，其中 87.8 万人通过扶贫开发实际脱贫；接受实用技术培训的残疾人达到 75.6 万人次。康复扶贫贴息贷款扶持 2.2 万农村残疾人，残疾人扶贫基地达到 7111 个，安置 11.6 万残疾人就业，扶持带动 24.9 万残疾人户。完成 8.2 万户农村贫困残疾人危房改造，各地投入危房资金 8.9 亿元。农村残疾人扶贫工作取得的显著成就，为我国农村贫困人口减少、加快农村居民小康进程做出了特殊贡献，有力推动了贫困地区经济发展与社会和谐。

第二节 残疾人扶贫中面临的问题及原因剖析

回溯我国残疾人扶贫历程演进，党和政府高度重视残疾人扶贫脱贫事业，不断推动其向更高水平发展，残疾人生存发展状况显著改善，两大基本服务体系初步建立，无障碍环境实现程度逐步提高。无障碍环境建设与扶贫脱贫效果息息相关，多年残疾人扶贫历程中也暴露出不少问题，虽然各个扶贫阶段都相应地做出扶贫目标、扶贫方式等的调整，但由于残疾人贫困问题的艰难、复杂，扶贫问题的长期性、艰巨性，扶贫政策、社会救助、公共服务、社会观念等障碍原因的存在，新时期扶贫工作仍有部分问题没有得到有效解决，残疾人贫困仍然是全面建成小康社会中的难中之难、困中之困。

一、残疾人数量众多，贫困程度深且返贫容易脱贫难，扶贫难度增大

如上文所述，根据第六次全国人口普查总人口数及第二次全国残疾人抽样调查残疾人占全国总人口的比例推算，2010 年年末我国残疾人总人数达到 8502 万人，重度残疾 2518 万人，占比 30%，较之第二次残疾人全国抽样调查，残疾人口基数增大，且我国仍处于风险残疾高发期，残疾人数量仍会呈增加趋势。随着扶贫工作的深入，剩余还未脱贫的基本是残疾人或有残疾人的家庭，脱贫困难返贫容易。如表 5-2-1 所示，"十二五"期间贫困残疾人实际脱贫人数与接受国家扶贫人数相比较，发现实际脱贫率每年基本保持在 50%—60% 之间，5 年间接受扶贫人数总计 1140.4 万人，而实际脱贫人数共计 618.3 万人，这说明残疾人仍是贫困人口中贫困程度最重、扶持难度最大、返贫率最高的特困群体。特别是我国集中连片特困地区贫困程度更深，人力资本开发严重不足，恶劣的生存环境不仅降低了他们的移动能力，阻碍了他们获得社会资源，还可能导致残疾发生率的升高和残疾程度的加重。

表 5-2-1　2011—2015 年贫困残疾人实际脱贫人数与接受国家扶贫人数比较

时间	接受扶持人数	实际脱贫人数	脱贫与扶持人数比
2011	211.8	122.2	0.576959396
2012	229.9	137.3	0.597216181
2013	238.7	120.6	0.505236699
2014	233.2	119.9	0.514150943
2015	226.8	118.3	0.521604938
合计	1140.4	618.3	0.542178183

资料来源：中国残联，2011—2015 中国残疾人事业发展统计公报［EB/OL］，http：//www.cdpf.org.cn/sjzx/，2017 年 5 月 12 日访问，数据由作者整理和计算而成。

二、我国仍有相当数量的贫困残疾人生活困难，家庭入不敷出，经济负担重

受自身残疾、教育程度偏低、技能缺乏、政策扶持不力等原因的影响，残疾人社会融入度过低，家庭是残疾人群体的主要活动场所，残疾人家庭其他成员的劳动和闲暇时间被挤占，残疾人家庭照顾成本就会提高，进而降低社会和家庭产出，残疾人家庭容易陷入贫困，反过来，这种贫困又会限制残疾人自身能力的恢复与提升，继续恶化残疾人家庭的贫困状况，残疾人总体生活水平与全社会平均水平差距仍然较大。据调查，全国残疾人家庭人均可支配收入仅是全国平均水平的 56.2%，差距明显。而且残疾人家庭医疗保健支出及其占家庭消费支出比例均远高于全国平均水平，残疾人的健康状况普遍较差，两周患病率、慢病患病率等指标明显高于一般人群，医疗费用支出普遍高于普通人群，2013 年度，城镇和农村残疾人家庭人均医疗保健支出分别为 1789.4 元和 1032.8 元，分别是全国城镇和农村居民家庭人均医疗保健支出的 1.6 倍和 1.7 倍。贫病交加的残疾人家庭恩格尔系数高于全国平均水平，生活质量明显落后。2013 年度，残疾人家庭恩格尔系数为 48.5%，比全国居民家庭恩格尔系数 36.2% 高出 12.3 个百分点。显然，残疾人家庭生活质量明显落后于全国水平，是典型的支出型贫困人群。

三、社会观念的排斥深刻地影响了残疾人扶贫政策的制定和实施，以及残疾人群体自身反贫困积极性的发挥

社会传统上对残疾人存在偏见，因残而废的观念根深蒂固于人们脑海之

中长达几千年，"残 = 废 = 无能"的思维定式严重地损害和歪曲了残疾人的社会形象，残疾人逐渐被社会"污名化"，渐渐处于社会的边缘。这种观念障碍通过多种途径和方法指导、影响和形塑社会对残疾人的行为。在扶贫政策设计过程中以"健全人"的视角切入，先入为主地将贫困残疾人划分为病人和无劳动能力人口，继续把残疾人作为接受怜悯、施舍和救济的对象，对残疾人主观能动性认识不足，忽视残疾人自身的力量，无形中为残疾人建构了诸多制度与结构障碍。社会对于残疾人的观念上的排斥，是残疾人参与社会和获得平等权益的最大排斥，是其他各种社会排斥的根源，教育排斥、就业排斥等都是在观念排斥的基础上产生或延伸的。另一方面残疾人受社会观念的排斥，容易产生自卑心理，对于外界的帮扶无法转化为自身脱贫致富的手段，而部分贫困残疾群体则不再积极主动，产生"等、靠、要"等不良思想，今后扶贫政策红利会越来越多，可能对部分贫困群体产生负向激励。

四、残疾人开发式扶贫政策亟待改进与完善

1. 目标瞄准机制问题。经过多年的扶贫开发，贫困残疾人零星分布在国家集中连片特困地区和国家扶贫开发重点县之外。而国家扶贫开发工作重点和扶贫资金的投向在连片特困地区和国家扶贫开发重点县，片区之外的贫困残疾人还不能直接受益。扶贫开发并不会自动惠及所有贫困人口，由于残疾人自身发展能力受限，能从开发式扶贫"涓滴发展战略"中受益较少。而且以"有无劳动能力"作为评判贫困残疾人是否适用扶贫开发政策的依据，是没有充分认识贫困残疾人能力的表现，这也说明扶贫对象的识别标准是模糊的，并不清晰，这样也会致使精准建档的基础工作做不到位。2. 扶贫主体相对单一，问题多重。残疾人扶贫以政府为主导力量，不可否认在扶贫初期政府是最强有力的扶贫力量，但是政府主导下扶贫行为造成扶贫资源投入主要依赖政府，政府责任大任务重，行政化现象严重，还易造成扶贫短期行为和效率不佳，也会阻碍其他扶贫力量的发展壮大和贫困人口反贫力量的发挥，扶贫服务范围较窄且视野受限，政府之外扶贫力量参与机制的缺乏容易导致盲目决策和执行。3. 扶贫政策的设计及适用性差。残疾人贫困的原因之一即是受到制度排斥，开发式扶贫政策作为一种外来"输血型"扶贫政策，部分扶贫政策适应性不强，如扶贫政策的设计和安排与贫困地区残疾人文化特质

存在差异，不能较好地满足贫困残疾人及其家庭的需求，政策设计及实施的不完善将部分贫困残疾人又一次排斥在保障制度之外。开发式扶贫政策缺乏为不同残疾人群体的需求提供多元化和差异化的服务，单独为残疾人提供的特殊服务，又会导致残疾人群体进一步被主流社会排斥。扶贫政策设计的偏差与实施效果的低效率，导致了中国还有相当一部分残疾人群体在贫困线上挣扎。很多残疾人因为参与政策的"门槛"过高而被排斥在项目之外，根本谈不上什么受益。政策的实施和残疾人的选择机制，实际上产生出一种对绝对贫困残疾人的排挤效应，导致绝对贫困残疾人难以享受到扶贫政策带来的优惠，而且偏重新制度建设，轻现有制度整合，没有织密编牢扶贫网，资源浪费严重。4. 扶贫部门之间没有协调作战。扶贫相关部门之间分工不明确，相关政策实施不到位，且缺乏对部门扶贫成效的考核机制，基层政府在残疾人扶贫方面的作用有待加强。基层残疾人工作者队伍的服务能力和管理水平仍有待加强。5. 残疾人扶贫配套服务和工作机制有待完善。有些地方残疾人因为身体障碍、文化水平低、交通不便等原因，无法得到有效的培训，有的残疾人接受技能培训后缺少设备、资金、生产资料、信息等后续配套扶持和相应服务，难以就业创业；部分金融机构认为贫困残疾人发展能力弱，缺乏偿还贷款的能力或缺少有效的抵押或担保物得不到贷款扶持，难以发展生产；基层民生保障、涉农、金融和残联等部门之间未形成畅通系统和不间断的服务保障机制，相关配套政策没有落实到位，又缺乏针对残疾人的特惠扶持政策，扶持力度不足。6. 扶贫政策实施不到位，扶贫效果难以持续。开发式扶贫在预防贫困和促进人的全面发展方面仍有所欠缺，重实物扶贫，轻精神扶贫，要想彻底走出贫困，必须进行智力扶贫，而目前我国对于贫困残疾人的人力资本投入还远远不够。很多能够持续地减缓贫困和增加收入的制度没有及时建立。例如，小额信贷制度、扶贫资金的监测评估制度等，现行精准脱贫政策多为短期救助，无法为残疾人提供长期脱贫帮扶，无法持续地激发残疾人的内生动力，塑造残疾人自力更生的能力。在实施过程中，有些政策或者项目出现了虎头蛇尾的现象，较多短期性的扶贫政策会部分抵消掉已取得的扶贫成果，精准帮扶的持续力度有待加强。另外残疾人扶贫政策涉及残疾人权利的实现问题，有法不依，有法难依，政策的践行程度远没有达到政策文字表述标准，残疾人权利实现的应然状态与实然状态之间差距显著。

五、残疾人社会保障较为滞后

1. 残疾人社会保障制度建设缺乏顶层设计，专项保障制度缺乏，碎片化问题比较突出。残疾人社会保障体系的建立一般是依托一般性社保制度，这些社保制度是为健全人设计的，自然不可能将残疾人全部容纳进来，对残疾人有力的保障制度只能在此基础上建立，残疾人社保制度的一般与专项制度建立缺乏较好的顶层规划，现行关于残疾人的保障制度重视新建制度，保障资源分散，制度、部门、项目之间缺乏整合，残疾人需要特殊专项保护，但是否需要单独建立值得思考，必须理清残疾人制度整合与专项保护之间的关系。另外关于残疾人的保障制度设计缺乏对残疾过程的干预，不利于预防残疾，而且缺少对残疾人康复问题的重视，导致错过最佳干预期，影响其康复训练的效果。2. 当前我国农村社会保险制度建设水平依然较低，与贫困残疾人的迫切需求还存在较大差距。实际扶贫过程中普遍对重度残疾人参加城乡居民基本养老保险制度个人缴费按最低档给予全部或部分代缴，低层次参保，保障水平低，还有其他大多数非重度贫困残疾人存在缴费困难，没有享受到政策优惠，社会保险参保率低。部分地区城乡居民基本医疗保险制度报销范围窄、门槛高，报销比例低等原因进一步加重了贫困残疾人医疗支出负担。贫困残疾人及其家庭减收增支，社会保险水平亟待提高。3. 残疾人社会救助广度深度需要拓展。在现有的救助政策方面，较少有针对残疾人的专门性救助制度，绝大多数救助政策的制定是把残疾人与健全人放在同一标准之下而忽视了残疾人的特殊性。低保制度作为社会救助制度的支柱性制度安排，其基本职能是维持低收入人群的基本生活需要，即低保制度是针对贫困问题而不是残疾问题设计的，没有考虑残疾家庭结构、户籍情况与残疾人特殊需求，导致大部分有保障需要的残疾人被遗漏在外，应保未保，"兜底性安全网"仍未健全。特别是在贫困农村地区，受财政约束，农村低保保障范围有限，部分困难残疾人及其家庭成员未能纳入最低生活保障范畴，"应保尽保"的政策要求与实际上的"低保名额"规定也是相互矛盾的，多数农村残疾人的生活依然依靠家庭其他成员的供养。另外我国的其他社会救助项目，如医疗救助、教育救助、住房救助等救助项目也共用低保的目标瞄准机制，使得享受低保成为享受其他救助项目待遇的前提，一旦失去低保资格，其他救助项目也难以享受。低保享受者与未享受者之间形成了一种救助资源分配中的"悬崖效应"：一方面低保制度含金量越来越高，吸引更多的人争夺低保名额，而进入了低保对象群体的也力图保留其身份，从而减弱靠自身努力离开低保的动力。另一方面如果残疾人失去低保名额，也将不能享受其他救助项目，不利于残疾人的生存和发展。

六、残疾人公共服务业发展严重落后

1. 康复、教育、就业等基本公共服务还不能满足残疾人的需求。目前为残疾人提供的康复服务的总体水平还不高，康复保障制度还未完善，基层为残疾人服务的能力尤其薄弱，反贫困专业化组织和专业服务人才相当匮乏，康复资源缺乏整合，保障力度较小，仍需大力推进和提高。学龄残疾儿童接受义务教育比例为 72.7%，近年来，虽然城乡残疾儿童接受义务教育比例均有增加，但与全国适龄儿童的义务教育平均水平相比，仍有很大差距。我国残疾人高等教育方面，院校较少、模式单一，专业少、层次低，教师少、师资弱等方面的问题，造成了残疾人接受高等教育的人数少、比例低的现状。残疾人就业形势严峻，就业岗位供给的低层次、低待遇、稳定性差等，导致残疾人就业率和质量偏低；残疾人法律服务覆盖率仍较低，做好残疾人法律维权宣传和法律救助工作，还需进一步的努力。特别是在我国集中连片特困地区残疾人事业发展严重滞后，受财政约束，人均教育、卫生、社会保障和就业三项支出水平低，农村卫生服务能力弱，妇幼保健水平低，农村基础设施建设滞后，服务功能不完善，辐射带动能力弱，残疾人事业发展的问题还需要各级政府和社会更多的关注与帮助。2. 残疾人无障碍环境建设严重滞后。残疾人进行社会参与是缓解残疾人贫困的重要手段，但长期以来，社会环境是以健全人正常生活的标准设计的，这实质上给残疾人进行社会参与设置了诸多障碍，具体包括设施障碍、信息障碍、观念障碍等，这些障碍的存在阻碍残疾人通过教育、就业等社会参与手段缓解自身贫困。无障碍建设法规、标准虽然一再完善，但实际建设却没有与之相匹配，已经建成的部分无障碍设施或因管理不当或因质量不过关被挤占破坏，形同虚设，社会公众又对残疾人持偏见和歧视态度，严重损害残疾人运用无障碍设施摆脱自身贫困的权利。另外无障碍建设的相关法律体系不够健全、内容不够细化、缺乏执行力度等，无障碍环境建设的进程缓慢，尚未进入快速有序的发展轨道。

第三节　残疾人扶贫国际经验借鉴

经过多年的残疾人扶贫开发，我们积累了宝贵经验的同时，必须面对仍然存在的残疾人贫困问题。发达国家针对残疾人及其家庭的贫困问题较少采用类似我国开发式的扶贫政策，这些国家更多强调社会保障和公共服务的保障作用，并针对残疾人的特殊情况，建立特惠的社会政策，注重无障碍环境的建设，极大地促进了残疾人事业的发展。当前我国正在进行无障碍战略与公共服务建设，国家和社会逐渐意识到残疾人扶贫事业将更多地依靠社会保障和公共服务这两大体系的建设，积极向国际残疾人事业发展借鉴合理经验，以期为我国残疾人反贫困事业做出贡献。

世界历史发展的长河中，残疾人观念在发展中进步。从偏见歧视到平等对待，从社会隔离、社会排斥到社会融合，残疾人全面参与成为众多国家的共识，例如在日本，对残疾人的关怀、扶残助残的良好风尚已经渗透到社会的各个角度。在残疾人进步观念的影响下，残疾人各项权利不断得到更多的法律保障。瑞典非常重视残疾人公民权利的获得：为使重病和残疾雇员尽可能地回到工作岗位，1977年通过《工作环境法》，要求雇主改善工作环境；为帮助残疾人自立和融入社会，1982年和1994年颁布和实施《社会服务法》《特定功能障碍人士援助服务法》，具体规定了国家对残疾人提供社会服务状况，并将服务对象拓展到老人和儿童等，并于1994年通过《残疾人巡视官法》，主要对与残疾人权利和利益相关的事务进行监督，并确保残疾人全面参与社区生活和享有平等的生活条件；1998年制定《残疾补贴和护理补贴法》，明确规定残疾人获得残疾补贴和护理补贴的条件、手续等；2000 年正式通过残疾政策全国行动计划《从病人到公民》，力图为残疾人倾力打造全方位无障碍社会；2008 年批准联合国《残疾人权利公约》。瑞典虽然没有一部综合性的残疾人保障法，但有关维护残疾人权益的规定都体现在了各相关法律之中，并随着从"摇篮到坟墓"福利制度的不断完善，瑞典残疾人的各项权利不断得到更可靠的保障。英国残疾人保障注重立法先行，可操作性强。除制定纲领性的文件外，英国政府还就残疾人生活各方面进行了更细致的规定，从权利、康复、教育、就业、经济支持到生活其他方面（如购物、服务）都给予残疾人实质性的支持和帮助。日本残疾人法律体系完善，除去最基本的《残疾人基本法》，还有《特殊儿童抚养补贴法》《身体障碍者福祉法》《精神薄弱者福祉法》等与之配套。这些法规政策依据全社会的发展和残疾人需求变化不断进行修订，一般每隔 3—5 年修订一次，相关部门在政府的推动下依法办事，残疾人的相关权益和保障都得到了很好的实现。

残疾人社会保障制度"形散神聚"，共同为残疾人生存和发展助力。瑞典残疾人基本上被纳入福利保障体系，在享受普通国民应当享有的各种福利保障待遇的同时，还可以获得特别社会补贴，主要有残疾津贴和照料津贴两种。因残疾而需要帮助或额外支出、年满 19 岁并已停止领取儿童津贴的瑞典残疾人或长期病人可以申请领取残疾补贴。残疾津贴的数额依据残疾程度所需要的帮助和所花费的额外支出有所不同，一般会是基准额的 36%、53%或 69%。瑞典残疾人除了同其他公民一样可以享受各种社会保险以外，还受到特殊的保护与扶持，真正地实现了"一般保障"与"特殊保障"相结合。在日本，残疾人年金自成一套保费缴纳以及残疾支付标准的体系，与其他年金区别开来。无论是国民年金、厚生年金还是共济年金，都专门设置了残疾人享受的年金，分为残疾基础年金、残疾厚生年金和残疾共济年金。残疾人在缴费时可以享受优惠政策，同时残疾等级较高的残疾人（一级）可以享受高于老龄基础年金的年金水平。日本厚生年金和共济年金都以残疾人及其家庭作为保障对象，参加国民年金的残疾人可以获得子女加算，且低收入的残疾人从 20岁就可以开始领取年金。日本残疾人年金的覆盖率很高，并得到了财政支出的有力支持，年金水平不断提高。日本在"国民皆保险"的制度下，每一个国民包括残疾人都必须加入官方的健康保险。在职的残疾人通过参加健康保险获得医疗保障，此外，对于工作过程中造成的伤病，可以通过劳动者工伤保险获得医疗保障。非在职的残疾人通过参加国民健康保险获得医疗保障。对于低收入的残疾人，还可以通过医疗救护获得保障。残疾人在指定医疗机构就诊后，可以享受比普通人更低的自费水平。除了一般性的制度安排，日本还设立专门针对残疾人的自立支援医疗制度，为不同类型的残疾人（身体残疾人、智力残疾人和精神残疾人）提供专门的医疗服务，提高享受到的医疗服务水平，降低自身承担医疗费用的负担。在人口老龄化的背景下，为了保障老年人的生活，日本实施了老人介护保险制度，高龄的残疾人也可以获得介护服务。日本一般性制度与特殊性制度的结合，使得残疾人的医疗需求得到充分的保障。

全方位公共服务的提供让残疾人未来无限可能。在教育方面，瑞典通过普及全民免费的基础教育，发展特殊教育和政府的特别扶助等有效手段，保障残疾人人人都享有教育的权利和机会。英国在基础教育、高等教育甚至在残疾人教育中都积极推行全纳性学习，所有的学生都组织在一起学习，由相同的教师负责，教师需要根据每个学生的特点和学习需要对每一个残疾学生制订个人教育计划，采用灵活多样的教学方法和个性化的教学过程，充分发挥学生的潜力，使学生得到最大的发展。德国针对残疾儿童专门开办了许多的特殊学前班，而且，如果残疾儿童需要额外的特殊照顾，有权根据社会援助计划享受康复福利，并采用"双元制"残疾人职业教育形式，职业教育经费主要来源渠道是由联邦、州政府和企业，职业学校的经费由地方和州政府共同负担。在残疾人康复方面，瑞典残疾人的康复主要包括医疗康复、社会康复和职业康复三个方面。医疗康复的目标是尽快重建病人的功能性能力。社会康复由市政当局负责，其最终目的是保证所有市民能够参与社会活动并在社会中发挥积极作用。职业康复的目标是通过重复训练和成人职业训练重建雇员进入劳动力市场的能力。三种康复的最终目标是帮助遭遇疾病的个人通过有报酬有就业恢复工作能力和养活自己的能力，三种康复相互联系，主要依赖于雇主和相关社会保险局。英国残疾人康复制度十分重视社区的力量，成立了社区护理小组，由社区护士、社区康复访问者、全科医生、社会工作者等组成，向残疾人提供生活以及医疗康复方面的护理和服务，使残疾人更好地康复。在残疾人就业方面，瑞典为了实现"全员就业"这一目标，出台了相关法律推进残疾人就业，国家有责任通过其劳动力市场服务机构方便求职者找到稳定的工作，并制定一系列劳动力市场政策措施，包括职业鉴定、岗位培训以及在就业评估中心进行深入的职业指导；在劳动力市场培训中心进行职业培训；对愿意接受残疾人就业的雇主支付一定的补贴；被雇主雇用的残疾人还可以得到一些特殊照顾，如获得机动车和工作帮手补贴，获得特殊的技术辅助器械，被安排在特殊工作场所，等等。此外，瑞典对残疾人就业人数没有规定任何限额，还为需要特殊帮助的残疾人提供长期保护性就业措施。德国多管齐下促进残疾人就业，法律规定企业单位和公共部门雇用残疾人必须达到规定的比例，否则就应当交纳残疾人就业补偿金，还规定企业在招聘时不可以歧视残疾人；企业有义务为残疾人提供方便的工作场所，包括改造进出入通道和工作场所设施等。为残疾人提供职业培训和职业介绍服务，政府对福利工厂提供税收优惠支持以帮助更多的残疾人就业，并专门保护重度残疾人就业。

无障碍环境的建设对于促进残疾人融入社会发挥了重大作用。1961 年，美国国家标准协会制定了世界上第一个无障碍标准，规定了对无障碍设施的最低要求，并通过立法使其具有强制性。随后西方发达国家兴起针对全体社会成员的通用设计理论，通用设计是指无须改良或特别设计就能在最大可能的程度上为所有人使用的产品或环境，其与无障碍设计的最大不同点在于服务对象已经由特殊人群扩大到了所有人，这一理念被 1990 年通过的《美国残疾人法》所接受，并正式立法予以保障，标志着无障碍环境建设已经发展到了一个新阶段。进入 21 世纪后，瑞典政府通过《从病人到公民》的全国行动计划为残疾人建立一个无障碍的社会，不仅要消除狭义上的限制行动自由的障碍，还要消除广义上的信息、交流等障碍。具体措施包括在公共事业部门推广无障碍设施的建设，尽快实现让所有的人在进入全国所有公共建筑和公共场所时没有任何障碍，并让所有的人在获取公共信息方面不再受到限制。同时，采取多种措施消除社会上对残疾人存在的观念障碍，让残疾人享有与其他人同样的权利和履行同样的义务。各级权力机构决策时，以及学校、社会福利机构和公共活动场所等公共事业部门做出决定时，必须考虑到残疾人的因素，确保所有残疾人独立生活和独立决策的权利。瑞典无障碍社会环境的建设，保障了残疾人与健全人一样正常生活的权利，极大地提高了残健融合程度。

综上所述，国外发达国家针对残疾人主要采取社会保护和公共服务的建设来达到保护和促进残疾人发展的目的，归纳得出以下几点启示：1. 社会观念上主张对残疾人要像健全人一样平等对待，采取多种措施消除社会上对残疾人的偏见和歧视，并在社会上引导扶残助残的良好公德和风尚，公民无障碍意识的建立，有力地促进了残疾人参与并融入社会。2. 在法律上从文字到实践、从理念到行动，无不体现出对残疾人权利的保障，注重法律条款的完备性和实操性，不断根据残疾人需要的变化做出相应的修订，并对实际执行建立严格的监督机制，使得不同类型的残疾人都得到了法律的保障，有效的法律机制促进了残疾人权利从应然权利向实然权利的转变。3. 残疾人的复杂性决定了他们所需要的保障和服务方式、内容的多样性，一般与特殊相结合的残疾人社会保障制度既给残疾人提供了与健全人同样的全面保障，并针对残疾人的特别情况建立专项保障制度，制度分而不乱，进一步加强了对残疾人的保障力度。4. 为残疾人提供种类齐全、功能多样的公共服务。这些国家所提供的公共服务，内容涵盖了康复、就业、教育、无障碍环境等残疾人生活的方方面面，设身处地为残疾人着想，在提供方式上以主动和便利残疾人为主，在无障碍环境建设上，与时俱进，不仅强调残疾人无障碍设施建设，还强调制度、结构、信息、交流等无障碍环境的建设，并积极提倡面向全社会的"合理便利"与"通用设计"理念，满足所有残疾人及对公共服务有需求的健全人的需要，努力使每个残疾人在通过公共服务的帮助下能够摆脱贫困并积极主动地参与社会。当前我国大方面的扶贫方式主要是"开发式扶贫+社会安全网"两轮驱动，关于残疾人"社会保障和公共服务"两个体系建设已经展开，而且可以预见这将成为残疾人扶贫方式的重大转变和主要方向，未来在残疾人"两个体系"建设方面，有必要将国外先进经验与我国残疾人贫困现状相结合，制定出符合我国国情的残疾人扶贫对策，进而促进我国残疾人事业的进步与发展。

第四节　迈向残疾人无障碍扶贫的路径探析

无障碍战略的构建影响扶贫脱贫成效，多年残疾人扶贫经验告诉我们，从扶贫理念、扶贫制度及政策，到扶贫方式及执行，无障碍理念要贯穿始终。国外社会保障和公共服务建设较为成熟，在保障残疾人生存及发展方面的经验值得我们借鉴。鉴于我国国情，当前开发式扶贫仍是我国残疾人扶贫的主要方式，针对残疾人的特殊性，未来"社会保障与公共服务"两大体系建设将是残疾人扶贫的大方向。不断创新扶贫治理体系，破除残疾人观念障碍和体制机制弊端，坚持以人为本建构全面全程精准化的扶贫开发机制，消除各种阻碍贫困残疾人全面发展的障碍；加快搭建和完善"两大体系"，充分发挥残疾人的积极性、主动性和创造性，提高残疾人自我发展能力，协调多方残疾人扶贫力量，齐抓共管凝聚合力，共同把残疾人扶贫事业推向一个新阶段。

一、消除残疾人社会观念排斥，让正确的残疾人观念贯穿所有的政策制定与制度建设，增强全社会扶残助残意识，实现残疾人观念无障碍

观念障碍是其他社会排斥的根本，观念是行动的先导，消除残疾人"污名化"效应有助于社会正确认识残疾人及其价值。陈旧观念的破除需采取"自上而下"和"自下而上"的双向结合方式：

（一）建设"无障碍"体制机制，消除各种制度和公共政策对残疾人的偏见与歧视

《中华人民共和国残疾人保障法》继续修订过程中，必须注重法律的完备性和可操作性，强调残疾人与健全人平等的权利，针对其中基本原则性的规定，可以出台更具体、详细，可操作性强的专项残疾人保障法与之相配套，让残疾人得到全方位的法律保障。在扶贫开发政策制定和实施过程中注入无

障碍观念意识，改变扶贫过程中排斥残疾人的态度与作为等，从而消除外在环境与制度的障碍。

（二）构建"无障碍"的社会文化，营造平等的"无障碍"社会氛围

第一，推动"无障碍"环境的建设，不仅包括基本的物理、信息设施建设，还包括交流沟通等心灵无障碍，警惕社会残疾。当思想上不能做到残疾人无障碍，那"无障碍社会"就无法完整。每个人都有残疾的风险，帮助残疾人就是帮助我们自己，必须以公正的文化引导社会大众实现心理无障碍。第二，发挥公共媒体引导社会舆论走向，充分发挥新闻舆论社会良心的作用。残疾人具有其自身尊严与诸多优良品质，必须转变对残疾人的不良印象及负面评价，倡导"平等、参与、共享"的现代文明社会残疾人观，消除对残疾人的歧视和偏见，形成人人理解、尊重、关心、帮助残疾人的良好社会风尚。要广泛深入地开展宣传活动，积极宣传残疾人事业，宣传残疾人自强模范和扶残助残先进事迹，形成全社会关心支持残疾人扶贫开发工作的良好氛围。借助新闻媒体还可以表达贫困残疾人的正当利益诉求，强化新闻舆论对残疾人扶贫事业的监督作用，并成为扶贫不良行为的重要制约力量。第三，人道主义、自强与助残教育要从中小学德育课程抓起，帮助社会大众从小树立正确的残疾人观，思想是行动的先导，有助于消除健全人对残疾人的歧视与抵触心理，为残疾人正名。

二、继续完善残疾人开发式扶贫政策，不断创新扶贫治理机制，强化精准扶贫，实现残疾人扶贫体制机制无障碍

（一）精准扶贫是实现残疾人扶贫政策无障碍的关键，做好贫困残疾人精准扶贫建档立卡工作，让扶贫政策能惠及每一位贫困残疾人

基层作为残疾人扶贫的第一线，发挥基层组织在精准扶贫中的重要作用，因此必须加强基层基础设施建设和人才培养工作。针对贫困残疾人的特殊性，从理念到实践都必须精准扶贫，通过建档立卡和贫困残疾人口追踪制度完善扶贫对象识别机制，不能以"有无劳动能力"作为评判残疾人是否适用开发式扶贫的依据，应充分考察贫困残疾人口的主观能动性，做好扶贫对象的精准和动态管理，做到"一户一策"，并根据扶贫对象的需要及时调整扶贫方式，提高扶贫政策的适用性，重点保障与特殊扶持相结合，清除贫困残疾人

获得帮助的各种政策障碍，不能忽视和遗漏任何一位贫困残疾人，对抗贫困与预防贫困同时进行。

（二）坚持政府主导，动员社会各界参与残疾人扶贫

作为残疾人扶贫的主导力量，各级政府要切实承担起残疾人扶贫开发的各项工作，加大资金投入，完善残疾人扶贫各项服务。同时注重开发式扶贫与社会力量的合作，政府应当为社会力量参与扶贫拓展渠道，积极培育残疾人社会组织，加强组织管理，提升扶贫能力，并给予相应的制度保障，例如给积极参与残疾人扶贫的企业适当的政策和税收优惠，从而调动社会力量扶贫的积极性。集政府与社会之力不仅可以增加残疾人及其家庭收入，还可以推动残疾人无障碍社会的构建，有利于残疾人积极融入社会。

（三）坚持协调好扶贫开发与社会救助这两种不同性质扶贫方式之间的关系

贫困残疾人口的特殊性有赖于社会救助保障基本生活，并凭借开发式扶贫实现自身发展，因此必须建立开发式扶贫政策与社会救助制度的衔接制度，确保贫困对象无缝衔接，实现贫困残疾人有关数据的有效对接和动态管理，信息共享的实现有助于做到符合条件的贫困残疾人口既不被遗漏也不被重叠，在保障贫困对象基本生活和促进其发展之间相互转换，构建残疾人扶贫保障网，精准减贫。

（四）协调各扶贫部门之间的关系，形成合力共同为残疾人反贫困出谋划策

既然扶贫涉及开发式扶贫及救助式扶贫，那也涉及相关的主管部门，各个部门在扶贫过程中不能各自为政，只注重本部门利益，而是要协调好彼此之间的关系，通力合作，并处理好与扶贫的社会力量之间的关系。

（五）完善残疾人扶贫配套服务和工作机制，千方百计地帮助贫困残疾人摆脱贫困

开展贫困残疾群体实用技术培训，并配备相应的资金、设备等，扫清残疾人参加实用技术培训的相关障碍，并提供相应的信息、生产资料，充分利用"互联网+"平台等帮助残疾人就业创业；完善残疾人扶贫金融服务，继续安排残疾人扶贫贴息贷款。针对贫困残疾人及其家庭的特殊情况，不断创新金融产品和相关服务，开发贫困残疾人适用的免抵押小额贷款，并适当简化贷款程序，以增大残疾人享受金融服务的便利性，借鉴家庭资产建设理论，探索资产收益扶贫和可持续的金融扶贫制度；规范扶贫资金投入使用和监督管理机制，大力增加贫困地区教科文卫事业的资金投入，增大贫困残疾群体受教育和参与职业培训的比例；完善驻村干部管理制度。要定期对驻村干部进行扶贫工作的指导和培训，提升其扶贫能力，并加强对其扶贫工作的监督，制定合理的考核机制，对扶贫不力的驻村干部要及时召回。

（六）创新扶贫脱贫效果的保障措施

发展适合残疾人特点的种植业、养殖业、农副产品加工业、家庭手工艺等，每个扶贫项目必须进行可行性论证且必须达标，避免有始无终的扶贫政策浪费资源。结合贫困地区特色不断创新扶贫方式，因地制宜打造本地特色扶贫品牌，如盲人按摩等。坚持对贫困残疾人进行人力资本培育是使其走出贫困的根本之计，依法维护残疾人权利，改善残疾人权利实现环境。扶贫工作不能达到脱贫目标后就停止，必须要有可持续的扶贫机制、扶贫资源、扶贫计划，不因领导人和领导人意志的改变而更改。

（七）活用贫困残疾人能力，发掘残疾人自身反贫困潜力，助其自助对抗贫困

每个人都可能以某种方式为社会做贡献，必须实现对残疾人的重新认识，突出残疾人的优势和资源，从"优势视角"出发活用残疾人人力资源，将提高人的素质和改善基本社会服务作为新的突破口，调动贫困群体充分参与扶贫过程，实现内源发展。一是引导贫困残疾人正视自身价值，充分认识其在扶贫过程中的主观能动作用，坚定反贫困的信心；二是通过康复、教育等增强残疾人口人力资本，使其具备对相关扶贫资源进行活用的能力；三是加强对贫困残疾人口的思想教育，增强自身反贫困的责任意识，消除"等、靠、要"等不良心态，积极应对。

三、健全残疾人社会保障制度，切实保障残疾人民生，实现残疾人社会保障无障碍

（一）做好残疾人社会保障制度的顶层设计

针对贫困残疾人的特殊性，必须坚持普惠与特惠原则相结合，在一般性社会保障制度保障其基本生存发展基础上，针对残疾人的特殊困难和特殊需

求，为残疾人建立特惠制度，对残疾人进行特别扶助和优先保障。处理好一般性与特惠性保障制度之间的关系，做到"分而不乱、形散神聚"，为贫困残疾人提供保障主线贯穿所有制度之中。

（二）应保尽保、分类施保，逐步提高残疾人社会救助水平

低保制度作为社会救助的支柱性制度，承担着保障基本生活的职责，应将所有符合条件的贫困残疾人及其家庭纳入保障范围而不受户籍限制。对于特别困难的残疾人及其家庭必要时给予特别生活保障，对于边缘贫困残疾人群体密切关注，必要时提供临时性救助，避免其陷入贫困。改变其他社会救助与低保共用保障目标的情况，针对残疾人需要提供专项救助，认清低保和其他救助项目的各项职责，低保只是解决贫困残疾人口基本生活问题，其他的问题是其他专项救助的职责，否则全部叠加于低保之上，问题多重。全面实施困难残疾人生活补贴制度和重度残疾人护理补贴制度，必须建立低保、两项补贴制度与社会经济发展特别是物价联动机制，增加贫困残疾人口补助金实际购买力。

（三）为所有城乡贫困残疾人提供基本养老和医疗保险，"增收"与"减支"齐抓

为符合条件的困难残疾人进行养老保险个人缴费资助，扩大缴费资助范围和提高资助标准，增加贫困残疾人收入，并为残疾人养老做准备。针对残疾人因病致贫、因贫致病的巨额医疗支出，逐步扩大基本医疗保险支付的医疗康复项目范围，提高残疾人医疗报销比例，并充分发挥商业保险在残疾人养老、医疗方面的补充作用，帮助减轻贫困残疾人医疗康复负担。

四、加快搭建和完善残疾人服务体系，实现残疾人服务无障碍

残疾人康复、教育、培训、就业等服务的提供可以有效地遏制残疾人贫困的代际传递，防止"穷 N 代、残 N 代"的出现。

（一）提升残疾人康复服务水平，精准康复，预防残疾

针对贫困残疾人口的需要，实施精准康复，提高康复服务的针对性和有效性，加大资金投入，优先为贫困残疾人提供知识普及、医疗康复、功能训练、辅具适配等个性化康复服务，提高其生活自理能力。在贫困地区主要依据基层公共卫生机构开展康复工作，可提高获得康复服务的可及性，同时做

好基层公共卫生服务，实行残疾预防控制，做到早发现、早治疗，积极进行早期干预，减少残疾的发生。

（二）提升贫困残疾人受教育水平

采取多种措施，结合残疾人实用技能培训，开展残疾人文化知识学习和扫盲工作。按照"全覆盖、零拒绝"的要求，保障贫困适龄残疾儿童少年接受学前康复教育和义务教育，要在"两免一补"的基础上，提高补助水平，确保每一名家庭经济困难的残疾儿童少年都能入学，并为其提供包括高中教育在内的12年免费教育。加快发展以职业教育为主的高级中等以上教育，开展多层次残疾人职业教育培训，并为残疾人提供职业培训补贴，逐步实现残疾人免费接受中等职业教育，提高残疾人自主就业能力。在高等教育方面，为贫困残疾人提供国家助学金，通过绿色通道保障残疾人受教育权利。为加快残疾人融入社会，应大力推行融合教育，建立随班就读支持保障体系，合理配置特殊教育资源，增强特殊教育师资力量，不断提高残疾人教育的质量和水平。充分利用互联网技术，为不能到校学习的重度贫困残疾人提供远程网络教育服务。

（三）大力推进残疾人就业，通过就业增收来摆脱贫困

第一，依法推行残疾人按比例就业。各级党政机关、事业单位、国有企业应当带头招聘和安置残疾人就业，在同等条件下要优先录用残疾人。对超比例安置残疾人就业的用人单位进行奖励。第二，落实优惠政策，帮助残疾人集中就业。福利企业、盲人按摩机构和残疾人辅助性就业机构等残疾人集中就业单位参照社会福利机构享受城市建设与公用事业收费优惠，大力培育残疾人集中就业产品和服务品牌，扶持带动残疾人就业能力强的龙头企业，支持盲人按摩业发展，使其不断规模化、品牌化，以帮助更多困难残疾人就业。第三，多渠道扶持残疾人自主创业和灵活就业。为贫困残疾人普遍提供创业培训和就业创业服务，并依法加强对残疾人劳动权益保护。为残疾人自主创业、灵活就业提供扶持政策，对符合资助条件的，按规定给予税费减免和社会保险补贴。利用"互联网+"平台帮助残疾人在网络上就业创业，并提供相关设备和网络资费补助。

（四）全面推进无障碍环境建设，为贫困残疾人积极融入社会创造条件

按照《无障碍环境建设条例》的相关规定，确保新建道路、建筑物和居

住区配套建设无障碍设施，对原有阻碍残疾人参与社会的物理障碍按照"合理便利"与"通用设计"理念进行无障碍改造，并加强对无障碍设施的日常维护和管理监督，让残疾人能畅享无障碍设施带来的出行便利。在信息无障碍建设方面，大力推进互联网和移动互联网信息服务无障碍，设计开发出页面、资源、交互无障碍的网络信息资源，以方便残疾人获取信息、交流和沟通。

小结

残疾人贫困成因复杂，既有残疾人自身能力问题，还有社会排斥阻碍残疾人获取社会资源问题，再加上扶贫政策的落实不到位，可谓是"先天不足与后天失调"并存导致残疾人陷入贫困深渊无法自拔。中华人民共和国成立以来，我国残疾人反贫困实践一直是国家反贫困工作的重要组成部分，并不断在探索中前进。纵观我国残疾人扶贫之路，可以划分为如下几个阶段：救济式扶贫阶段（1949—1985 年）、开发式扶贫起步阶段（1986—1997 年）、残疾人扶贫攻坚阶段（1998—2000 年）、新时期扶贫工作综合推进阶段（2001—2010 年）、全面建成小康社会扶贫攻坚新阶段（2011—2020 年）。多年残疾人扶贫历程中也暴露出不少问题：我国仍有相当数量的贫困残疾人生活困难，家庭入不敷出，经济负担重，贫困程度深且返贫容易脱贫难，扶贫难度增大；社会传统上对残疾人存在偏见，这种观念障碍通过多种途径和方法影响社会对残疾人的行为，深刻地影响了残疾人扶贫政策的制定和实施以及残疾群体自身反贫困积极性的发挥；残疾人开发式扶贫政策仍亟待改进与完善，其目标瞄准机制、扶贫主体构成、扶贫政策设计及适用性、扶贫部门之间协调、扶贫配套服务以及扶贫效果可持续性上均存在问题；残疾人社会保障制度建设缺乏顶层设计，专项保障制度缺乏，碎片化问题比较突出，农村保障水平与残疾人需求差较大；残疾人基本公共服务发展严重滞后，阻碍残疾人融入社会获取资源来帮助自身反贫困。当前精准扶贫的提出，创新了新时期扶贫开发模式，有利于提高扶贫工作的效率与效益，强调通过多方努力让扶贫政策无障碍地惠及每一位贫困残疾人。

随着社会经济发展水平的不断提高，残疾人观念逐渐从陈旧走向文明，残疾人贫困不仅是个体身心功能受损，关键在于社会层面的排斥阻碍了残疾人社会资源的获取，残疾人生存问题的解决是扶贫首要任务，而无障碍战略的实施才是打破社会排斥，帮助残疾人摆脱贫困的根本。因此无障碍战略的建构、实施与残疾人扶贫脱贫效果息息相关。无障碍战略是残疾人参与社会、实现融合发展的重要条件，是全面建成小康社会、实现社会主义现代化和中华民族伟大复兴的重要内容和标志。任何零敲碎打的无障碍行为和措施都必须进一步整合，上升成国家战略，由全社会来一起推动、一起实施。发达国家针对残疾人贫困问题更多强调社会保障和公共服务的保障作用，并针对残疾人的特殊情况，建立特惠的社会政策，注重残疾人无障碍环境的建设，极大地促进了残疾人事业的发展。鉴于我国国情，当前开发式扶贫仍是我国残疾人扶贫的主要方式，针对残疾人的特殊性，未来"社会保障与公共服务"两大体系建设将是残疾人扶贫的大方向：消除残疾人社会观念排斥，让正确的残疾人观念贯穿所有的政策制定与制度建设，增强全社会扶残助残意识，构建"无障碍"的社会文化，营造平等的"无障碍"社会氛围，实现残疾人观念无障碍；继续完善残疾人开发式扶贫政策，不断创新扶贫治理机制，强化精准扶贫，实现残疾人扶贫体制机制无障碍；健全残疾人社会保障制度，做好残疾人社会保障制度的顶层设计，处理好一般性与特惠性保障制度之间的关系，做到"分而不乱、形散神聚"，为贫困残疾人提供保障主线贯穿所有制度之中。逐步提高残疾人保障水平，切实保障残疾人民生，实现残疾人社会保障无障碍；加快搭建和完善残疾人服务体系，实现残疾人服务无障碍。残疾人康复、教育、培训、就业等服务的提供可以有效地遏制残疾人贫困的代际传递，全面推进无障碍环境建设，为贫困残疾人积极融入社会创造条件。毫无疑问，无障碍战略的建构与实施是实现残健融合的根本保障，将无障碍战略理念运用于残疾人扶贫观念、制度、政策、服务中，从更深层次理解残疾人贫困，无障碍战略不仅将进一步消除物理障碍，为残疾人参与社会提供硬软件设施，而且将进一步消除心灵障碍，让残疾人能够更加悦纳自己，并与健全人相处更加融洽。

第六章

无障碍战略与社会福利

对于社会福利，西方学者早已进行了深入研究。西方学者沃伦斯基和莱博克斯对社会政策进行了有效区分，认为社会福利制度分为"补缺型"和"制度型"两种类型。补缺型社会福利制度强调家庭与市场的力量，只有当家庭与市场的力量不足的时候，国家才给予个人以及集体提供适当的福利安排。与此相反的是，制度型社会福利制度则是重视国家的力量，认为国家在社会福利中发挥很重要的作用，并且认为国家和政府对个人社会福利需求负有不可推卸的责任，主张通过国家和政府一系列政策制度体系，提供个人所需要的福利。随后英国学者蒂特马斯提出普遍福利与选择福利的划分，所谓普遍性福利是指福利的无差异性，是一种面向全体社会成员的福利制度。选择性福利制度建立在适当的福利门槛基础上，是一种具有限制性的福利制度。

1601年英国颁布的《伊丽莎白济贫法》被认为是补缺型社会福利的开端。最初法案规定的主要内容继承了斯密的自由主义的思想，认为市场可以配置一切资源，通过市场的交易可以达到整个社会的福利最大化。因此主张政府的功能应该最小化，将国家政府对市场化进程中的干预降到最低。第二次大战后，凯恩斯主义兴起，西方的福利制度进一步发展，逐渐由补缺型的社会福利制度发展到制度化的社会福利制度。本研究所指的社会福利则是指普惠型的社会福利。究其原因，一方面普惠型福利是社会福利建设的最高阶段，因此我们需要把握最高的目标，另一方面无障碍战略的落实是迈向普惠型福利社会的关键指标之一。

早在"十一五"规划中，国家就明确提出坚持把保障与改革民生作为加快转变经济发展方式的根本出发点，2006年党的十六届六中全会提出了"建立覆盖城乡居民的社会保障体系"，这是具有中国特色的"缺补型"福利发展模式。党的十八届三中全会提出了"建立更加公平可持续的社会保障"，这标志着中国福利模式初步进入普惠性福利发展模式。此后不少地方出台相关的制度，进一步深化制度发展。福利社会的构建包括福利制度社会的构建以及福利设施社会的构建。而无障碍战略则是属于福利设施社会的内容，是福利社会建设的必不可少的环节之一。无障碍战略的推行，必将带来整个社会的福利化。未来我国社会福利化水平提升的关键指标中，无障碍性也是其中之一。

第一节 无障碍战略与社会福利现状

普惠制社会福利主要体现在基本公共服务均等化。公共服务建设是一个国家文明的重要标志。在公共服务提供中主要分为基本公共服务和一般公共服务。所谓基本公共服务主要指回应公众基本需求。这里的公众应该是一个广泛的定义，主要指在一国以内生活的所有人群均有机会享受生存和发展基本服务。这关系到基本生存权与发展权。无障碍战略主要是针对特定的人群获取基本公共服务的无障碍化和直接化，通过无障碍化达到一种全社会各类人群生活的尊严化、福利化。从这个意义上看，无障碍战略的实施是社会福利建设最为关键与重要的部分。一方面无障碍战略实施是使得残疾人享有基本生存权和发展权，以期最后获得独立权和平等权。而这些都是福利社会建设应有之义。另一方面，福利社会建设中最困难、核心部分也是无障碍战略实施。实现社会福利即为公共服务均等化。残疾人的公共服务的提供与一般人的公共服务不一样，无障碍是其中最大特征。相比之下，无障碍战略难度比较大，要求比较高。因此国际上判断福利社会的基本标志之一是残疾人公共服务的无障碍化。从一定程度上，一个国家和地区，残疾人福利状况反映一国的社会文明程度。

无障碍战略可以理解为制度上的无障碍以及基本设施上的无障碍。在制度上的无障碍化最关键的是对待残疾人的理念发生转变，更新人们的思想观念。目前在国际上，对残疾人的理念发生了重大变化，以前是一种"救助模式"，目前的理念则是让残疾人拥有平等共享社会的权利。残疾人遇到的问题不是残疾本身带来的问题，而是由于我们固有的思想理念所导致的思想上障碍、制度上障碍、设施上障碍。因此应该重新定义残疾人士。新的残疾人士应该是这样的一类人士，将他们视为能够创造社会财富的一员，享有平等的权利，政府与社会创造一定条件将他们视为正常人，为社会创造财富。制度上的无障碍主要是根据理念上无障碍演化而来，即为政府或者社会组织根据这一理念为残疾人士提供无障碍制度，为残疾人在制度需求方面做到无障碍化。在教育、医疗、卫生、文化等领域残疾人可以得到相关制度上的供给。基本设施上的无障碍化，在公共场所为残疾人提供无障碍设施，保障其自由、独立地进行日常生活和工作。

通过以上分析可知，理念上的无障碍是制度无障碍的灵魂，只有做到了理念无障碍，制度无障碍才可以有据可依，制度无障碍是设施无障碍的前提依据，只有有了制度上的供给，才能保证残疾人士被正常看待，而设施无障碍又是前两者的体现。（见图6-1-1）

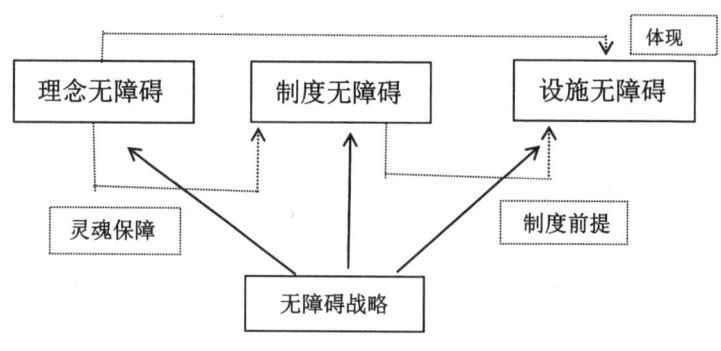

图6-1-1　无障碍战略示意图

一、无障碍战略发展历史

中华人民共和国成立以来，政府就十分重视残疾人福利建设。目前，我国已经建立有关残疾人的权益法律法规80多部，各省市地方也建立了属于本地方特色的制度规范。中国残疾人福利的发展主要可以分为三个阶段：创建阶段（1949—1966）、停滞阶段（1966—1978）、恢复与发展阶段（1978年至今）。

创建阶段（1949—1966），中华人民共和国成立之初对残疾人救助就十分重视。社会主义国家建立目的便是保证每个人都获得平等发展机会。1954年宪法第93条规定，中华人民共和国劳动者在年老、疾病或丧失劳动能力时有获得帮助的权利。1960年中国聋盲人协会成立，解决了一部分残疾人的就业问题。

（一）对革命伤残军人的抚恤

对于革命伤残军人的抚恤，最早可以追溯到1949年9月中国人民政治协商会议，在这次会议中通过的《中国人民政治协商会议共同纲领》提到对革命伤残军人抚恤问题。其中明确提到："革命烈士家属和革命军人家属，其生活困难者应受国家和社会优待。参加革命战争的残废军人和退伍军人，应由人民政府给予适当安置，使其能谋生自立。"其后为了建立统一的军人制度，我国政府又陆续颁布了《革命残废军人优待抚恤暂行条例》《革命工作人员伤亡褒恤暂行条例》《民兵民工伤亡抚恤暂行条例》和《残废军人乘车优待暂行办法》等。从此，在全国范围内有了统一的优抚工作法规，统一了革命烈士条件、革命军人负伤评残条件和残废等级，统一了牺牲病故、残废抚恤标准和抚恤制度等。

（二）残疾人的生活保障

除对于伤残军人施以抚恤保障以外，对于普通残疾民众，也制定了相应的保障措施。1954 年《关于民政部门与各有关部门的业务划分问题的通知》和《关于经济建设工程民工伤亡抚恤问题的暂行规定》相继出台，对于精神病人及麻风病人的收容管理和因工致残工人的医疗费用、抚恤金等都做出了详细的规定。1956 年，第一届全国人民代表大会第三次会议通过了《高级农业合作社示范章程》，其中对于农村的老、弱、孤、寡、残疾的社员提供保吃、保穿、保住、保医、保葬（老年人）或保教（幼年人）的基本保障，确立了中国农村的"五保"制度。

（三）对残疾人教育的关注

1951 年，周恩来总理签发《关于改革学制的决定》，要求各级政府设立特殊学校，对残疾儿童、青年和成人施以教育。随后，教育部在 1956 年发出《关于盲童学校、聋哑学校经费问题的通知》，对于特殊学校的经费标准以及残疾儿童的学习费用来源都做出了详细的规定。在 1957 年又发出《关于办好盲童学校、聋哑学校的几点指示》，对于特殊学校的学制、残疾儿童的入学年龄都做出了规定，并对办校方针、编制、教学改革等提出了要求。

除了上述这些对于特殊教育相关的制度安排之外，中国盲文工作者黄乃同志在旧盲文字母符型的基础上综合、调整，提出了以注音字母为基础、采用分词方法拼写普通话的《新盲字方案》，这一方案在 1953 年得到推广，从而统一了全国盲文文字，新中国几代、几十万盲人的命运得以改变。

（四）残疾人组织和刊物的创办

中国盲人福利会和中国聋人福利会分别于 1953 年和 1956 年成立，这些残疾人组织是协助政府关心、扶助盲人和聋哑人，为盲人和聋哑人福利服务，同时也为日后残疾人联合会的成立奠定了组织基础。1954 年，《盲人月刊》创刊，这是中华人民共和国成立以来残疾人的第一个刊物，为丰富残疾人的精神生活、满足残疾人更高层次的需求起到了非常重要的作用。（见表6-1-1）

表 6-1-1　中国残疾人社会保障相关法律法规和政策措施（1949—1960 年）

年份	法律法规、政策措施	内容或作用
1949 年	铁道部公布《残废军人及残废军人学校学员乘车优待暂行办法》。	主要是残疾军人的优抚措施。
1950 年	内务部公布实施《革命残废军人优待抚恤暂行条例》《革命工作人员伤亡褒恤暂行条例》和《民兵民工伤亡抚恤暂行条例》。	统一了革命烈士条件、革命军人负伤评残条件和残废等级；统一了牺牲病故、残废抚恤标准和抚恤制度。
1951 年	周恩来总理签发《关于改革学制的决定》。	规定"各级人民政府应设立聋哑、盲目等特种学校，对生理上有缺陷的儿童、青年和成人施以教育"。
1952 年	内务部公布《关于执行〈革命残废军人优待抚恤暂行条例〉注意事项》《革命残废军人、革命残废工作人员、民兵、民工伤口复发治疗办法》。	对残疾军人的优抚措施进行详细的说明。
1953 年	中国盲人福利会成立，黄乃同志在旧盲文字母符型的基础上综合、调整，提出以注音字母为基础、采用分词方法拼写普通话的《新盲字方案》。	协助政府关心、扶助盲人，为盲人福利服务。1953 年得到推广，从而统一了全国盲文文字，并沿用至今。
1954 年	中国盲人福利会的机关刊物——《盲人月刊》在北京创刊。 政务院发出《关于民政部门与各有关部门的业务划分问题的通知》。	政务院发出《关于民政部门与各有关部门的业务划分问题的通知》。
1955 年	政务院发出《关于民政部门与各有关部门的业务划分问题的通知》。	对原办法进行了修订。
1956 年	教育部发出《关于盲童学校经费问题的通知》。	规定适合于特殊学校的经费标准。孤儿或无人抚养的盲童、聋童所需费用，凡原由学校供给的，仍由学校供给。并规定了"教学行政费""一般设备费""教学设备费""技术实习费""人民助学金"等。
	第一届全国人民代表大会第三次会议通过了《高级农业合作社示范章程》。	确立了中国农村的"五保"制度，老、弱、孤、寡、残疾的社员有了最基本的保障。

续表

年份	法律法规、政策措施	内容或作用
1956 年	内务部召开城市残老教养、烈军属贫民生产工作座谈会。	首次提出"社会福利生产"新概念，使这种特殊生产形式得到了认可，并逐渐成为国家福利事业残疾人福利事业的重要组成部分。
1957 年	教育部发出《关于办好盲童学校、聋哑学校的几点指示》。	规定盲校小学学制为 6 年，聋校学制为 10 年。盲童、聋童入学年龄为 7~11 岁。并对办校方针、编制、教学改革等提出了要求。
1960 年	第二届全国人民代表大会第二次会议通过了《1956—1976 年全国农业发展纲要》。	第 30 条明确规定，对农村孤老残幼实行"五保"制度。

资料来源：中国残疾人联合会. 中国残疾人事业年鉴（1949—1993）［M］. 北京：华夏出版社，1996

　　这一阶段是中华人民共和国成立初期，各项制度均处于构建阶段。残疾人福利事业也是刚刚起步。这一时期残疾人福利特点是初步制度化、系统化。不可否认这一阶段的残疾人福利的制度对象主要是针对长期战乱民众和军人。通过残疾人组织初步搭建了日后残疾人福利事业发展的平台。与此同时，开始关注残疾人特殊教育事业，初步建立起我国残疾人教育保障制度。但是受制于当时经济、社会环境等因素，残疾人就业、康复等方面的福利并没有完全纳入制度的考虑范围。因此这一阶段残疾人福利更多的是关注残疾人基本生活水平的保障，对于个体发展没有太多的考虑。

　　停滞阶段（1966—1978 年）："文化大革命"十年，我国社会经济面临巨大改变，残疾人福利事业自然也面临停滞不前的局面。首先是机构的撤离。1968 年内务部撤销，其所属的中国盲人和聋哑人协会工作也被停止。1969 年协会工作人员被迫安排到湖北沙市岑河农场劳动。这十年期间，中国盲人和聋哑人协会的工作处于完全中断状态，残疾人福利事业也就此耽搁。但在该时期也出现零星的制度上的进步。1970 年，北京市盲聋学校恢复招生，这所学校自"文化大革命"开始就中断了招生工作。1971 年，时任国家副主席叶剑英和国务院总理周恩来提出重视对聋童职业教育，1973 年周恩来总理指示，组织有关部门对北京、上海、辽宁、吉林等地进行残疾人情况调查。与此同时，对革命伤残军人的福利事业也进行相关推进。1976 年财政部、总后勤部印发了《关于革命残废军人评残工作中几个问题的通知》、1977 年财政部印发《关于调整在乡革命残废人员抚恤标准的通知》，通过两个通知贯彻了"群众优待与国家抚恤相结合"的优抚工作方针，切实保障了革命残疾军人的基本生活水平，也体现了国家对军人的关怀。

总结这一期间的残疾人福利制度特点，总体上停滞，小范围的进步。总体看来，虽然在"文化大革命"期间也出台相关的制度，但是不可否认的是这些制度的影响力还是较为有限，对象上针对小部分残疾人群体，大部分残疾人的福利无论在深度、广度上处于停滞状态，同时，该时期对于残疾人的福利制度仍没有形成系统性的，缺乏相应的规划、战略性思考。

恢复与发展阶段（1978年至今）："文化大革命"结束，社会各项事业均处于重建中，残疾人福利制度也迎来了新的发展。其最主要标志是1978年中共民政部党组向国务院做了《关于恢复中国盲人聋哑协会组织和工作的报告》，经过批示同意后，停滞10年之久的中国盲人聋哑人协会立即恢复工作，其中关于残疾人福利的杂志《盲人月刊》出版。这一时期，国际上残疾人运动也开始开展，深深影响了国内残疾人运动。"残疾人年"和"残疾人十年"的行动，也同时要求世界各国参与到对残疾人的重视中。在这样大背景下，我国政府制定一系列的措施，加强对残疾人福利事业的构建。1987年，为了进一步了解残疾人的现状，全国进行第一次残疾人抽样调查。1988年，国务院批准《中国残疾人事业五年工作纲要》，组成了全国残疾人三项康复工作协调小组，该小组的成立为残疾人福利制度建设和推进做了组织保障基础。这一时期，各项制度都在不断推进、完善中。

在生活福利方面，经济正常发展为残疾人福利制度发展确定了物质上基础。生活福利是福利制度中最基本的福利，生活福利保障好了，才有发展性福利制度。除前期已经建立的各项生活保障制度外，这时期建立的福利保障水平随着经济社会发展适当调整。1984年，民政部、财政部发布了《关于调整革命残废人员抚恤标准的通知》。农村残疾人福利一直是残疾人福利中最为脆弱的部分。这时期还为农村民办残疾教师提供生活补助，1988年，国家教育委员会、财政部、人事部《关于农村年老病残民办教师生活补助费的暂行规定》，该规定在一定程度上扩大了对残疾人生活保障的范围。在残疾人福利教育方面，改革开放以来，国家出台了残疾人教育的法律法规，并通过建立相关的机构促进残疾人教育福利的落实。1983年的《关于贯彻中共中央、国务院〈关于加强职工教育的决定〉，切实抓好盲人聋哑人职工文化技术教育的通知》对盲人的文化技术教育发展指明了方向。1985 年的《关于做好高等学校招收残疾人青年和毕业分配工作的通知》，为残疾青年就业以及做好残疾人的工作分配奠定基础，残疾人福利制度发展不再仅限于生活保障，而开始走向了发展型福利。1989 年的《关于发展特殊教育的若干意见》，进一步规范了残疾人的教育问题。这些条例的颁布都为残疾人教育福利提供了全面保障。值得一提的是，残疾人教育研究也初步建立。1982 年成立中国教育学会特殊教育研究会，1988 年北京师范大学特殊教育研究中心建立，这些都为我国残疾人教育福利事业的科学发展提供理论支持。

就业福利方面，这时期政府与社会开始转变已有的福利提供理念，将消极直接的福利转变为积极的福利，主要表现在集中措施为残疾人就业提供方便的环境。残疾人就业是就业措施更是一项福利。通过残疾人就业福利提供能保证残疾人在就业中保障自己基本生活，更重要的是提供一份独立自由，为残疾人后期无障碍化打下坚实基础。残疾人集中就业主要考虑建立社会企业或者福利企业，它们不同于普通企业以最大营利为目标，它们将承担社会的公益性目标。通过福利性企业安排残疾人就业，并对该企业实行税费的减免。残疾人可以尊严地工作生活，真正实现生活的无障碍化。1981 年财政部、民政部发布《关于民政部举办福利生产单位交纳所得税问题的通知》，该通知对福利生产单位的税费减免问题做了详细规定，并规定福利企业交纳的所得税与雇用残疾人的比例相挂钩。1983 年民政部、劳动人事部联合发出《关于进一步做好城镇待业的盲聋哑青年就业安置工作的通知》，1987 年民政部、国家工商行政管理局联合发布《关于盲人聋哑残人员举办经济实体有关政策问题通知》，1989 年民政部、劳动部、卫生部、中国残疾人联合会发布《社会福利企业招用残疾职工暂行规定》。这些条例发布出台的密集程度也显示了政府对残疾人就业福利的关注。相比前一阶段措施，这一阶段的措施更加具有针对性，在影响力上也是无可比拟的。从此，残疾人就业福利制度迈出重要一步。在就业上的无障碍化是无障碍战略的基础。

在康复保障方面，受到世界的影响，我国开始建设康复基础设施。残疾人大多是身体上障碍人士，部分残疾是可以通过康复得以恢复的。通过康复基础设施建设也有利于实现残疾人的交流无障碍化，无障碍作用得以进一步落实。1993 年政府成立了中国聋儿语言听力康复中心，该中心主要负责残疾人的康复以及听力语言的训练与指导。该中心在 1988 年 9 月更名为中国聋儿康复研究中心。1987 年成立了中国残疾人康复协会无喉者康复研究会。这些基本设施的完成为残疾人的交流无障碍奠定基础。交流无障碍化是残疾人实现社会化的前提。身体缺陷导致的障碍可以逐步通过康复得到缓解，并走向正常。

在无障碍设施方面，这时期有了明显发展。我国无障碍环境最开始起源于 1985 年的北京。当时中国残疾人联合会向社会提出"为残疾人创造便利的生活环境"，随后北京市政府将西单等 4 条街道纳入无障碍的改造试点，随后 1988 年发布了《方便残疾人使用的城市道路和建筑物设计规范》，条例规定了残疾人公共交通设施的无障碍化标准，残疾人可以通过无障碍公共设施享受正常的交通出行。这是我国在无障碍化上迈出的重要一步，前期的建设虽然部分体现了无障碍的思想及战略，但是真正在文件里提出的，这还算首次。（见表 6-1-2）

表 6-1-2　中国残疾人社会保障相关法律法规和政策措施（1979—1989 年）

年份	法律法规和政策措施	内容和作用
1979 年	民政部、教育部、中国文字改革委员会发出《关于进一步试行和推广聋人通用手语的通知》。	为部分残疾人实现无障碍交流创造了条件。
1980 年	财政部、民政部发布《关于民政部门举办的福利生产单位交纳所得税问题的通知》。	规定：福利生产单位盲、聋、哑、残人员占生产人员总数 35% 以上，免交所得税；盲、聋、哑、残人员占生产人员总数的比例在 10%～35% 之间的，减半交纳所得税。
1982 年	中国教育学会特殊教育研究会在江西南昌成立。	是我国特殊教育的群众性专业学术团体。其宗旨是：团结全国特教工作者，研究盲、聋、智力残疾人教育，促进特教科学的发展，提高特教质量。
1983 年	中华聋儿语言听力康复中心在北京成立。民政部、劳动人事部联合发出《关于进一步做好城镇待业的盲聋哑残青年就业安置工作的通知》。	它是对聋儿进行康复、听力语言训练的研究与指导机构。对于残疾人的就业起到了一定的促进作用。
1984 年	民政部、财政部发布《关于调整革命残废人员抚恤标准的通知》。财政部发出《关于社会福利生产单位征免税问题的通知》。	提高了残疾军人的生活标准。有利于福利企业增加招收残疾人职工的积极性。

续表

年份	法律法规和政策措施	内容和作用
1985 年	教育部、国家计委、劳动人事部、民政部发出《关于做好高等学校招收残疾青年和毕业分配工作的通知》。	是一个关注残疾青年的教育和就业问题的文件。
1986 年	华夏出版社经国家出版局批准成立。	中国残疾人福利基金会领导的综合性出版机构。
1987 年	中国残疾人康复协会无喉者康复研究会在北京成立。 民政部、国家工商行政管理局联合发出《关于盲人聋哑人协会组织盲聋哑残人员举办经济实体有关政策问题的通知》。	该协会宗旨是为无喉残疾人康复服务。 是一个鼓励残疾人自主创业的文件。
1988 年	残疾人联合会成立。 由国家计委、国家教委、民政部、财政部、劳动部、卫生部、中国残联联合制定的《中国残疾人事业五年工作纲要（1988—1992 年）》出台。 中国康复研究中心成立经国家教委批准，北京师范大学特殊教育研究中心正式成立。 国家教育委员会、财政部、人事部发布《关于农村年老病残民办教师生活补助费的暂行规定》 建设部、民政部和中国残联发布《方便残疾人使用的城市道路和建筑物设计规范》。	是由中国各类残疾人代表和残疾人工作者组成的全国性残疾人事业团体，其宗旨是动员社会发扬社会主义人道主义精神，理解、尊重、关心、帮助残疾人，促进残疾人平等参与社会生活。 《纲要》分"背景""原则""任务"和"措施"四部分，其内容囊括残疾人事业体系、政策法规体系、组织体系和思想理论体系各个方面。具有覆盖面广、重点突出、任务具体、措施可行、政策明确等特点，是国务院批准的发展有中国特色的残疾人事业的第一个纲领性文献。 是承担残疾人的康复、康复科学技术研究、康复人才培养，以及信息与社会服务的综合性康复机构和技术资源中心。 是我国较早成立的特殊教育专业研究机构。其宗旨是"以辩证唯物主义和教育方针为指导，遵循理论联系实际的原则，探索各类特殊教育的规律，为我国特殊教育的发展和改革服务"。对残疾人中的特殊群体进行关注。 其目的是为了方便残疾人使用城市道路和建筑物，主要是满足下肢残疾者和视力残疾者出行的需要。 对提高学龄前残疾儿童的入学率、残疾青少年的职业教育等方面做出了具体的部署。
1989 年	民政部、劳动部、卫生部、中国残疾人联合会发布《社会福利企业招用残疾职工的暂行规定》。	规范了福利企业招用残疾职工的行为，保障了残疾人的就业权利。

　　总体看来，这一阶段的残疾人福利事业有了很大进步，在"文化大革命"中遭受破坏的各项事业百废待兴。这一阶段有益于经济社会发展，重点加强

了残疾人的工作。与此同时，在国际上关爱残疾人潮流的影响下，中国也加入该潮流中来，重新审视和定义残疾人对社会进步和经济发展的贡献。这一阶段最明显的特点是对残疾人的权利重视、公民权实现，并出台相关制度。更为可喜的是，这时期的我国残疾人福利事业开始初步由生存型福利制度向发展型制度转变，在"平等、参与、共享"宗旨的指导下，开始建立残疾人的福利制度，其中涉及残疾人教育、康复等权利的全面实现发展。

我国社会进入新的发展，残疾人事业也开始迈入新的阶段。首先体现在法律上，1990 年我国第一部专门保障残疾人权益的法律——《中华人民共和国残疾人保障法》诞生，这是新中国历史上完整的残疾人保障法律，它的颁布保障了残疾人权利的实现，使残疾人的工作走向了法律化、规范化和制度化。在该法颁布后，各项针对残疾人的法律应运而生。《残疾人教育条例》《残疾人就业条例》《无障碍环境建设条例》《关于加快推进残疾人社会保障体系和服务体系指导意见》等，为残疾人各项事业发展提供了法律保障和政策支持。同时，为了更加科学地了解残疾人状况，2006 年我国进行第二次全国残疾人抽样调查。除此之外，各种形式的关爱残疾人活动在全国开展，如"全国助残日""志愿者助残"等，不仅在全社会大力提倡扶残助残的良好的社会风气，更是对理念上无障碍化的一次普及。具体而言，在生活保障方面，生活保障水平更加科学化、分类化。这一时期残疾人的基本生活保障方面为不同类型的群体提供基本生活保障。尤其对重度残疾人，1995 年国务院残疾人工作协调委员会专门针对重度残疾人发布了《关于城镇无劳动能力的重残人困难户给予适当困难补助的通知》，将北京作为首个试点地区，适时将之推广到全国范围内，保障重度残疾人的生活水平。1998 年针对当时国有企业改革特殊时期，政府发布了《关于做好下岗残疾职工基本生活保障和再就业工作的通知》，该通知为下岗残疾职工基本生活提供了保障。这个制度的出台不仅保证了残疾人的基本生活，更是在特殊时期保证了国有企业改革的正常进行。随后，国家对残疾人中特殊人群进行重点关注。2005 年劳动与社会保障部发出的《关于城镇贫困残疾人个体户参加基本养老保险给予适当补贴有关问题的通知》，将残疾人生活福利制度与社会保险制度有效衔接，更加全面地保护了残疾人基本生活水平。2009 年在新型农村养老保险制度推行中，中国残联发布了《关于在新型农村社会养老保险试点中做好残疾人参保工作的通知》，该通知将农村残疾人的生活保障与养老保险制度结合起来，真正做到保险与福利制度分开。这段时期，残疾人生活福利制度更加健全与科学，在制度方面更加理顺了社会福利与社会保险的关系，将部分功能转移至保险，更加有利于残疾人在制度上的无障碍化，残疾人福利制度真正与主流制度相结合，在制度层面上实现无障碍。在教育福利方面，这一时期继续保障残疾人教育公平，1994 年颁布的《残疾人教育条例》，是第一部有关残疾人教育权利的重要法规。其中对残疾人的教育基本方针以及对残疾人特殊的需要，为残疾人设置必要组织机构、课程设置、教学模式等进行规定，并对特殊教育教师、物质条件、奖励与处分做了详细规定。此外，这一时期在教育方面重要工作是对特殊教材的编写和审定，例如 1996 年开展第一批全国盲人按摩业统编教材审定，1999 年全国盲人按摩高等教育教材审定通过了《按摩学基础》《儿科按摩学》《内科按摩学》《妇女按摩学》四门大学按摩教材，这些教材的出版填补了我国盲人按摩高等教育的空白。教育的无障碍是无障碍战略重要的一方面，只有教育无障碍化，平等接受教育才可为就业无障碍提供基础。

就业福利方面，这段时间继续推进残疾人就业福利。1992 年发布《关于在部分城市开展残疾人劳动就业服务和按比例就业试点工作的通知》，规定了对残疾人就业服务试点工作，为残疾人就业服务的发展和按比例就业创造良好局面。为了配合当时国有企业改革，1998 年中国残疾人联合会、劳动和社会保障部联合发布《关于做好下岗残疾职工基本生活保障和再就业工作的通知》，专门解决下岗职工的再就业问题。为了创造个人独立灵活经营环境，1999 年中国残联、劳动和社会保障部下发了《关于积极扶持残疾人个人或资源组织起来从事个体经营的通知》，为残疾人创造良好的就业环境，积极扶持残疾人实现独立就业。2007 年，为了明确规范残疾人就业，国务院颁布《残疾人就业条例》，规定残疾人就业形式主要有四种，分别为集中就业、按比例就业、残疾人自主创业和自主择业。这时期残疾人就业形式更加灵活多样，国家逐步放开残疾人的就业形式。就业灵活多样也为无障碍战略实施的一个重要阶段。

在康复福利方面，为了更好地提高残疾人参与社会的能力，1988 年政府把残疾人康复工作纳入国民经济与社会发展计划。此后残疾人的康复福利工作得到长足发展，康复机构逐步建立，逐步建立起专业的康复队伍，同时完善了社区的康复机制。为了进一步推进残疾人的康复治疗，2002年发布《关于进一步加强残疾人康复服务的意见》，进一步提高残疾人的康复治疗水平，为完善服务提供机制。2005年发布的《关于开展全国残疾人社区康复示范工作的通知》和2007年卫生部、中国残联发布《关于加强残疾人社区康复工作》提出了社区康复定义，将康复工作下落到社区，更加有利于康复的便捷化，保证康复效果。这时期，我国还逐步加强对康复专业人员进行培训，为残疾人康复训练提供专业化人才队伍。在无障碍方面，这时期对无障碍环境进一步改善，首先体现在公共设施上，1991年我国第一条盲道在北京市建成，2001年、2012年住房城乡建设部两次对无障碍规范作修订，形成《无障碍设计规范》国家标准，进一步明确了无障碍规范的科学内容。2012年国务院颁布《无障碍环境条例》，这是第一部关于无障碍设施的行政法规。该法规的颁布有利于将无障碍战略具体实施，为我国无障碍环境的营造提供建设标准和法律规范。（见表6-1-3）

表6-1-3　中国残疾人社会保障主要法律法规和政策措施（1990—1994年）

年份	法律法规和政策措施	内容或作用
1990年	第七届全国人大常委会第17次会议审议通过了《中华人民共和国残疾人保障法》。 民政部、劳动部、中国残联等联合发布《社会福利企业管理暂行办法》。	以法律的权威性保障了残疾人权利的实现，使残疾人工作走上了法律化、规范化和制度化的轨道。 规范了福利企业的管理制度。
1991年	民政部、人事部、劳动部联合发布《关于在国家机关、企事业单位工作的因战因公伤残军人享受所在单位因公（工）伤残人员的保险福利待遇的通知》。	对于在国家机关、企事业单位工作的因战因公伤残军人享受所在单位因公（工）伤残人员的保险福利待遇进行了具体的规定。
1992年	民政部等发布《关于进一步做好伤病残义务兵退伍和安置工作的意见》。 国家计委、中国残联等发布《关于在部分城市开展残疾人劳动就业服务和按比例就业试点工作的通知》。	是残疾军人的优抚措施。 开始了按比例就业的试点工作，为以后按比例就业的开展奠定了基础。
1994年	国务院常务会议通过《残疾人教育条例》。 国家教育委员会颁布《关于开展残疾儿童少年随班就读工作的试行办法》。	确保残疾人受教育的权利。 为残疾人平等地参与社会生活创造条件。

2008 年，通过残奥会的举办，在全社会进一步宣传了残疾人事业，让全社会都认识到残疾人是文明社会的一分子，他们在人格权利、政治权利、生存发展权利上与其他社会成员是平等的，残疾人福利事业是构建和谐社会的一部分，现代文明社会的残疾人观逐渐深入人心。尤其重要的是，中国政府对发展残疾人福利事业有了更加深入的认识，更加重视残疾人福利政策与立法工作，为发展残疾人福利提供法律上的保障。

残奥会筹办期间，北京市出台了《无障碍设施建设和管理条例》，这一国内首部关于无障碍设施建设和管理的地方性法规，对推动北京创建无障碍城市发挥了重要作用。北京新建城市道路、公共设施普遍配套建设了无障碍设施。据统计，2001 年以来，北京市共实施了 1.4 万多项无障碍改造项目，无障碍设施建设总量相当于过去 20 年的总和。信息交流无障碍取得新进展，北京建立了全国第一家无障碍资源中心网站，手语培训、字幕工程和语音软件服务深入推进，残疾人生活、学习、工作更加安全便利。

二、社会福利建设与无障碍战略思想

社会福利主要指二战后资本主义国家在吸收凯恩斯主义与社会民主主义思想后建立的社会形态。在以自由主义为核心的资本主义世界长期以来对市场的过度崇拜，导致了世界范围内的经济危机，并由此导致了世界大战。第二次世界大战以后，发达国家开始纷纷反思之前的社会政策。传统的福利国家思想发生了转变，由之前的施恩济贫的福利政策转变为追求公平的政策目标。这个转变带来的是社会领域全方位的转变。伦理信念转变为政治目标，个人行为转变为社会保障，慈悲仁政转变为制度公正。社会救济由此转变为每个人的社会权利，转变为广大公民对于保障自身权利的要求。由此带来的社会福利理论的改变，首先是权利观。在这次社会福利的理论重构中，社会福利已经成为国家中每个公民的一项重要的社会权利，每个公民无论职业、身份、贫富和政治倾向如何，都有被救助、帮助的权利，社会福利权的获得成为人的基本人权，不容侵犯。其次是平等观。平等观是社会福利理论最重要的部分。通过国家适当干预对国民财富进行适当的再分配，保障整体国民收入的平等性。再次是整体观。社会福利构建最重要的就是整体观，社会福利是一项经济、社会共同达成，因此全社会应该作为一个共同体，共同对社会福利政策的认可，并支持、共同承担社会福利政策。任何无法达成共同性的社会都不会建成福利社会。最后是普享观。普享观的基础是平等观、整体观，社会福利应该是整体公民的一项基本权利，应该覆盖到全体公民，甚至是全体公民的一生各个阶段的发展时期。

无障碍战略是第二次世界大战后福利社会构建中的重要环节。社会福利思想中权利观正是无障碍战略的理论基础。残疾人虽然在身体的可支配性上弱于健全人，但是他们也应该具有同样获取帮助或者救济的权利。平等观是无障碍战略的核心，正是基于平等观，残疾人理应享受一样的生活、工作以及信息获取权。整体观是无障碍战略的最终达成，只有全体公民的认同，才可以对残疾人在理念、制度以及技术上实行无障碍化。早在 20 世纪 30 年代初，瑞典、丹麦等国就建有专供残疾人使用的设施，成为最早一批推行无障碍的国家。世界上最早的无障碍标准是美国 1961 年制定的《无障碍标准》。此后福利国家纷纷仿效，英国、加拿大、日本等几十个国家和地区相继制定相关法律法规。发展到目前，很多发展中国家也制定了无障碍发展的蓝图。在印度，残疾儿童可以进行无障碍教育，而孟加拉和乌干达在建筑物和公共交通上实施了无障碍化。

第二节　无障碍战略发展中面临的问题及原因剖析

正如前文所研究，无障碍主要包括理念无障碍、制度无障碍、技术无障碍。而在技术无障碍中又包括物质环境无障碍、信息交流无障碍和社区服务无障碍。物质环境无障碍主要指公共出行方面，主要包括道路、公共交通工具等在规划、设计、建设方面应该有利于残疾人安全、独立地行走。最高目标是尽量达到一种健全人操作的目的，最低目标应该是能在设置一定帮扶下顺利行走。信息交流无障碍则是残疾人可以毫无障碍地获取信息，政府和公共传媒使用相关设备帮助残疾人获取信息，比如政府政务信息公开无障碍化等。无障碍社区服务就是指社区可以为残疾人提供便利条件，方便残疾人士参与社区活动。

一、中国无障碍发展历史

中国无障碍建设最先开始于 20 世纪 80 年代。1985 年中国残疾人福利基金会联合北京市残疾人协会发出为残疾人创造便利生活的倡议，并将北京市选为试点城市，将王府井等四条街道和百货大楼等建筑作为无障碍改造点。为了更进一步推动无障碍化，1986 年 7 月，建设部、民政部、中国残疾人福利基金会共同编制了《方便残疾人使用的城市道路和建筑物设计规范（试行）》，1989 年 4 月 1 日颁布实施。这是中国首部无障碍建设设计标准，标志着中国无障碍设施建设工作走上正规化。1990 年 12 月《中华人民共和国残疾人保障法》颁布，1996 年 8 月《中华人民共和国老年人权益保障法》颁布，这两部法律均明确规定建设无障碍设施。中国残疾人事业 "八五" "九五" 计划和 "十五" 规划纲要中都规定了建设无障碍设施的任务措施。1998 年 4 月，建设部下发《关于做好城市无障碍设施建设的通知》；1998 年 6 月，建设部、民政部、中国残联联合发布《关于贯彻实施方便残疾人使用的城市道路和建筑物设计规范的若干补充规定的通知》，对城市无障碍建设提出了进一步的具体要求。

1998 年，在原有基础上，参考国际经验，建设主管部门开始制定了《城市道路和建筑物无障碍设计规范》。该规范 2001 年 6 月发布，8 月正式执行。这部规范对无障碍化的设施、标准都做了详细的规定。除了统一的无障碍标准法规，针对公共交通出行，2000 年民航总局发布《民用机场旅客站区无障碍设施设备配置标准》，2005 年铁道部颁布了《铁路旅客车站无障碍设计规范》；针对网站的信息获取，2006 年工业和信息化部颁布《网站无障碍》，为残疾人进一步交流信息无障碍化迈出重要一步。

为了吸引更多的城市加入无障碍环境建设中来，2002—2004 年，上海、天津、广州等 12 个城市创建了无障碍设施示范活动。在经历多年探索经验后 "十一五" 期间，在全国 12 个城市推广了无障碍经验，100 个城市进行了无障碍城活动，这样一个完整的无障碍化初步形成。截至 2016 年底，通过实施精准康复服务，279.9 万名残疾儿童及持证残疾人得到基本康复服务，其中，视力残疾人 40.0 万，听力残疾人 18.5 万，肢体残疾人 135.7万，智力残疾人 23.1 万，精神残疾人 62.6 万。全年有 15.0 万 0—6 岁残疾儿童得到基本康复服务，有 132.2 万人次得到盲杖、助视器、假肢、矫形器、人工耳蜗、助听器等各类辅助器具适配服务。在接受精准康复服务的40.0 万视力残疾人中，有 21.5 万盲人得到白内障复明手术、辅助器具适配、定向行走及支持性服务，18.5 万低视力残疾人得到辅助器具适配及视功能训练服务。接受精准康复服务的 18.5 万听力残疾人中，2.0 万 0—6 岁残疾儿童得到人工耳蜗植入手术、助听器适配、听觉言语功能训练及家长支持性服务，1.5 万 7—17 岁残疾儿童得到辅助器具适配及家长支持性服务，15.0 万成年残疾人得到辅助器具适配及适应性训练服务。接受精准康复服务的 135.7 万肢体残疾人中，有 5.0 万 0—6 岁残疾儿童得到矫治手术、辅助器具适配、运动及适应训练、家长支持性服务，有 130.7 万 7 岁及以上残疾人得到辅助器具适配、康复治疗及训练、重度残疾人支持性服务。接受精准康复服务的 23.1 万名智力残疾人中，有 5.6 万 0—6 岁残疾儿童、17.5 万 7—17 岁残疾儿童及成人得到认知及适应训练、支持性服务。接受精准康复服务的 62.6 万名精神残疾人中，有 1.8 万 0—6 岁孤独症儿童及1.4 万 7—17 岁孤独症儿童得到沟通及适应训练、支持性服务，59.4 万名成年精神残疾人得到精神疾病治疗、精神障碍作业疗法训练或支持性服务。全国共有特殊教育普通高中班（部）111 个，在校生 7686 人，其中聋生6129 人、盲生 1557 人。残疾人中等职业学校（班）118 个，在校生 11209人，毕业生 3855 人，其中 2206 人获得职业资格证书。全国有 9592 名残疾人被普通高等院校录取，1941 名残疾人进入高等特殊教育学院学习。

二、中国无障碍建设所面临的困难和问题

（一）社会无障碍意识需要进一步加强

无障碍化虽然在我国启动时间比较早，但是社会公众对无障碍意识仍然认识不够，认为这是政府、国家的责任，对无障碍化认识仅仅停留在设施无障碍化上。

（二）无障碍制度上有待完善

目前我国虽然建立了残疾人就业、福利、教育制度，然而很多制度仍存

在制度上的障碍，残疾人无法与健全人制度进行对接，残疾人制度很多时候常常受到制度上的隔离。

（三）无障碍设施上有待重视

一些设施无障碍化不规范，不符合基本标准，甚至一些城市还未进行无障碍化的改造，对无障碍化的资金投入不足，社会对此支持力度也不够。

（四）信息化无障碍仍需要提高

目前在网站信息获取上，残疾人仍然处于不利地位，信息获取的程度不够，导致残疾人信息孤立，残疾人发展受到制约。

（五）农村无障碍建设等较为滞后

信息交流无障碍技术、产品研发特别是推广应用还较薄弱；政府财政对残疾人家庭无障碍改造支持力度不够，大量残疾人家庭未进行无障碍改造。

第三节　国外无障碍发展经验借鉴

美国的残疾人事业起步很早。最早建立初衷是帮助战争中的残疾军人。美国也是世界上第一个制定《无障碍标准》的国家。第二次世界大战后，美国国内存在大量的残疾军人。1961 年美国的国家标准协会制定了第一套《无障碍标准》。1968 年和 1973 年国会通过了《建筑无障碍条例》和《康复法》，提出了使残疾人平等参与社会生活，在公共建筑、交通设施及住宅中实施无障碍设计的要求，并规定所有联邦政府投资的项目，必须实施无障碍设计。目前，美国的无障碍环境建设既有多层次的立法保障，又已进入了科研与教育的领域；各种无障碍设施既有全方位的布局，又与建筑艺术协调统一，同时给残疾人、老年人带来了方便与安全，堪称世界一流水平。

美国无障碍化发展最先是从转变观念开始的。美国的建筑系将无障碍技术课程纳入基本课程。美国目前新建道路和建筑物基本可以做到无障碍建设，尤其针对残疾人居住的地方，建筑设施更多考虑残疾人的安全通行和方便使用。《美国残疾人法案》对保障残疾人有详细的规定，比如超市货架必须方便残疾人，公共汽车上必须设残疾人专用座位，除此之外，美国还规定雇主不得歧视残疾人。

北欧国家属于福利国家，这些国家也十分重视残疾人福利。瑞典就被誉为"残疾人天堂"。在制度上，瑞典对残疾人照顾基本覆盖了所有领域。瑞典1999年推出了无障碍计划，通过政府与残疾人协会联合，制定了无障碍10年计划。为了普及无障碍理念，政府还会举办无障碍研讨会和无障碍体验计划，让人们体验残疾人的生活。为了拉近残疾人与健全人之间的距离，2000年瑞典当局提出了"对残疾人尊重"将残疾人进入正常家庭进行帮扶计划。但是，即便是瑞典，残疾人仍面临就业的困难，仍有残疾人遭受歧视的现象。残疾人面试工作的成功率仅为15%，残疾人遭到歧视的情况仍然存在。根据瑞典残疾人事务监察专员办公室公布的数据显示，近几年，瑞典残疾人投诉大幅上升，其中绝大多数都是涉及残疾人在社会服务、就业和人际交往中受到歧视的案件。

英国是福利型社会保障制度的代表国家，其体系建立于1946年至1948年，其主要依据是经济学家贝弗里奇的社会保障思想。通过多年的发展，基本形成了一套"从摇篮到坟墓的社会保障制度"。英国对残疾人的保障主要通过国民保险、国民医疗保健服务、社会救济、社会福利的相关条文来体现，尤其是社会福利的主要条款，针对残疾人的特别需求制定了详细条款。社会福利政策中专门列出了对残疾人特别保护的条款，他们的社会福利分类和包含内容如下：

1. 残疾人福利：残疾生活津贴、交通津贴、护理津贴。

2. 国家保险计划：待业福利、寻找工作津贴、退休金、产假津贴、失业配偶津贴。

3. 平均津贴福利：收入支持津贴、以收入为基础的寻找工作津贴、退休金补贴、房租津贴、人头税减免。但据介绍，残疾人要想获得相应的社会保障需填写50页的各类申请表，复杂而又冗长，以致一般残疾人难以单独完成，需有残疾人组织协助填写。

1995年，英国又通过了《反残疾人歧视法案》，明文禁止在就业、贸易、教育等方面歧视残疾人。此后，残疾人具有了"无障碍平等通行权"。在英国，因不能进入某公共空间，残疾人会把企业、政府推上被告席。无论企业还是政府，一旦在法律规定的场所、区域不能给予残疾人通行或使用的便利，将可能被法院判处强制改造，甚至巨额罚金。某些企业违反无障碍环境标准，英国政府也会通过诉讼程序解决。

英国的无障碍环境建设居于世界前列，在机场设置专门低位小便池、低位洗手台、低位书写台，为听力障碍者设计的显示屏也随处可见。机场还设置了低位公用电话方便残疾人随时拨打电话。除此之外，在公共交通系统也实现了无障碍。伦敦巴士都备有升降机及固定的轮椅装置，而在 2000 年伦敦出租车行业实现 100%的无障碍化。在威尔士，每一个地区都有政府提供的残疾人专用的体育设施。目前整个威尔士有五六家残疾人健身俱乐部，残疾人可以无障碍参与运动。

日本无障碍化比较高，国家专门针对残疾人无障碍设计了法律法规。建筑物在建设过程中都会有专门部门来验收无障碍的设计标准。日本要求建筑面积大于 1500 平方米的大中型商业建筑实现不同等级的无障碍设计。日本大多数电动扶梯都是无障碍化的，当残疾人乘坐自动扶梯时，电梯三个台阶合并为一个比较宽的台阶，残疾人可以无障碍搭载。日本还设置低通道公交车，可以协助残疾人自由上下。

第四节　迈向无障碍发展战略社会的途径

1982 年 12 月 3 日，联合国大会表决通过《关于残疾人的世界行动纲领》，对缺陷、残疾和障碍三者做了如下区分："缺陷是指在心理上、生理上、人体结构上，某种组织或功能的任何异常或丧失。残疾是指由于缺陷而缺乏作为健全人以正常方式从事某种正常活动的能力。障碍是指一个人由于缺陷或残疾，而处于某种不利地位，以至限制或阻碍该人发挥其年龄、性别、社会与文化等因素所能发挥的正常作用。"由此可知，生理上的缺陷并不一定构成残疾，真正意义上的残疾是障碍所导致的。这彻底颠覆了传统的残疾观，把人和外在环境紧密结合起来，主张应对社会进行调整，而不是对残疾人进行调整。在这一观点指导下，残疾人的权益实现和需求满足被提高到前所未有的高度，残疾人真正获取了社会成员的资格而融入社会。

由此可知，一部残疾观的演变史就是一部"障碍"的发展史。从排斥到接纳再到包容，残疾人逐渐由社会外围进入到主流社会之中，那些导致"残疾"的制度与结构障碍逐渐显现在公共视域中，成为急需去除或扭转的目标。

无障碍是残疾人作为独立个体的前提。无障碍会给残疾人带来更多发展机会，通过理念无障碍化会让整个社会接纳残疾人，从而实现一种最广义上的福利。制度上的认可为残疾人带来了发展机会，残疾人福利由被动性福利制度走向了更为积极的福利制度。

无障碍教育包括残疾人在网络学习中无障碍获取信息的权利。加强网页、视频资源、交互工具等进行无障碍设计，残疾学生才可能便于使用网络教学资源。一方面通过合理科学地设计网页，加入无障碍设计，通过不同颜色、网页的设计、声音的布置可以让残疾人无障碍地获得信息。

小　结

无障碍化与社会福利通过社会福利模型研究可得到，通过无障碍化提升了作为整个社会最弱势群体的基本力量，为残疾人带来一种全新的发展机会。一方面可以通过无障碍化提升整个社会制度上的整合，另一方面，通过无障碍化的获得，使得残疾人重新融入正常人生活中，提升残疾人内心的获得感，从而增加社会福利，通过无障碍的实施成功地将消极福利转化为积极福利，提高了整个社会的福利水平。

第七章

无障碍战略与残疾人教育

　　我国残疾人数量较多，根据第六次全国人口普查和第二次全国残疾人抽样调查数据结果推算，2010 年末我国残疾人总人数为 8502 万人，其中重度残疾人 2518 万人，中度和轻度残疾人 5984 万人。根据 2006 年全国第二次残疾人抽样调查数据显示，全国具有大专及以上学历的残疾人共 94 万人，高中程度（含中专）406 万人，初中程度 1248 万人，小学程度 2642 万人，文盲率为 43.29%。教育是提高个人素质的主要途径，一个人接受的教育和培训程度越高，其生活能力越强，获得工作的机会越多。残疾人受教育程度低不利于其脱贫和改善生活状况。作为社会弱势群体的一部分，良好的教育对于帮助残疾人回归主流社会，促进残疾人提高参加社会活动的能力有重要意义。发展残疾人教育首先要实现残疾人教育资源的无障碍获取，一方面让残疾人和普通人享受同等受教育的权利，另一方面要提供无障碍的学习环境，增强其学习的便利性。

第一节　无障碍战略与残疾人教育现状

　　由于先天或后天因素，残疾人存在着听、说、读、写或出行的障碍，无法与正常学生一样进行普通教育学习，残疾人教育不仅是提高残疾人的生存能力和学习能力，更重要的是帮助他们更好地融入社会，共享经济发展成果。

一、无障碍与残疾人教育

　　根据联合国残疾人文件的定义，"残疾人"是指由于先天或后天的身心缺陷而不能保证个人可以获取正常的个人生活或社会生活中的一切或部分必需品的人。由于残疾，他们不能像健全人一样从事某项活动或工作。而残疾的形式多样，存在着智力、听力、视力、肢体、言语、情绪等发展障碍。在教育方面来说，因为信息接受能力的差异，无法像健全人一样接受全部统一的义务教育。残疾人接受教育方面并不乐观，仍存在一些学校拒绝接受残疾人学生的现象。"无障碍"概念包括物质环境无障碍和制度环境无障碍，目的是为所有人都能提供安全、方便、平等的社会生活环境。以前人们认为残疾人主要是机体缺陷和存在生理功能障碍，并从障碍的角度去分析他们在生活中遇到的困难。一方面人们将残疾人标签化，将其看作社会边缘人；另一方面残疾人自己对自身产生"无用"的价值认同后也会对自己的评价标准降低，从而形成了"健全人"对残疾人在日常生活中和社会制度中的"排斥"。随着无障碍理念发展，人们对残疾人教育的认识也不断深化，从原来对"个人悲剧"的关注转向对社会制度、环境和文化的关注。这种转变为残疾人更好地融入社会带来了新的视角，让残疾儿童平等地享受受教育权利。物质环境的无障碍主要是在城市道路、公共基础设施建设、居住区的规划建设和设计中应有配套的方便残疾人出行使用的设施，包括盲道、无障碍电梯、无障碍厕所、盲人站牌等。制度环境的无障碍则是在法律法规层面为残疾人营造一个平等参与社会生活的制度环境，消除制度层面和政策层面的社会排斥。美国在残疾人无障碍行动中特别重视法律法规的制定和实施，减少了无障碍建设的障碍。无障碍战略目的是让残疾人公平地参与社会生活，尽可能达到与"健全人"相同的生活状态。在残疾人教育层面，以往的研究多以残疾人职业教育、特殊教育研究为主，本章从无障碍视角出发，分析发展残疾人教育存在的障碍，并在无障碍战略的指导下，突破残疾人教育在公众认识、制度环境和物质环境方面的障碍，为残疾人营造更加平等地参与公共教育的机会，增强其教育资源的可及性，帮助残疾人满足自我发展的需要。

二、残疾人教育的实践演进

我国近代残疾人教育从 19 世纪中期开始，主要由慈善机构和私人机构创办残疾人学校，国民政府于 1927 年在南京创办的"市立聋哑学校"是第一所公立特殊学校，但时局动荡，战争不断，残疾人教育发展缓慢，教育类别简单，经费来源主要依靠社会慈善团体。1949 年中华人民共和国成立后，我国进入了人民当家作主的时代，在党和政府的领导下，残疾人教育被纳入新中国教育体系，成为人民教育事业的重要组成部分。残疾人教育与国家的稳定和文化发展密不可分，根据 1949 年以来我国不同的发展时期，残疾人教育大致分以下三个阶段。

（一）残疾人教育的形成阶段（1949—1965 年）

1949 年后，政府接管了旧有的残疾人学校，残疾人教育的主权回归到政府手中，不再受外国宗教和思想的影响，1951 年 10 月中央人民政府公布《关于改革学制的决定》，指出"各级人民政府设立聋哑、盲等特殊学校，对生理上有缺陷的儿童、青年和成年人进行教育"。这一时期的特殊教育主要针对聋哑和盲两类残疾儿童，确立了各级政府对特殊教育组织管理中的主体地位。1953 年，教育部成立了盲哑教育处，专门主管全国残疾人教育工作的管理机构，改变以往残疾人教育无主管部门的局面。到 1953 年全国共有视、听和语言残疾学校 64 所，针对视力和听力残疾学校工作，教育部先后颁布过三个教学指示，分别是 1955 年 9 月发布的《1955 年小学教学计划在盲童学校中如何变通执行的通知》、1956 年 6 月发布的《关于聋哑学校使用手势教学的班级的学制和教学计划问题的指示》和 1957 年 4 月发布的《关于聋哑学校口语教学班级教学计划（草案）的通知》，办学的基本任务是培养盲童和聋哑儿童具有一定的文化知识，掌握一定的劳动技能，具有共产主义建设品质，使其自觉成为社会主义的建设者和保卫者。同时，教育部为了改革旧教育，建立与我国相适应的新的特殊教育学校课程体系，又为聋哑、盲学校出版和编写了语文、数学等教材。这一时期我国特殊教育发展较快，到 1965 年，全国已有聋盲学校 266 所，在校人数达 2.28 余万人。但是教学类别只局限于聋哑人和盲人教育，并没有单独的弱智学校，也没有培养特殊教育师资的特殊师范院校。

这一时期的残疾人教育立法过程较为缓慢，残疾人教育主要以政府主导，建立了残疾人学校，注重在党的领导下贯彻教育为无产阶级政治服务，体现了民主、社会主义人道主义精神。在管理方面注重自上而下地组织动员力量。

（二）残疾人教育的停滞阶段（1966—1976 年）

"文化大革命"的十年是我国教育发展受到阻碍的十年，特殊教育也不例外，许多特殊学校解散，教师被迫改行。但是党和政府依然关心着残疾人的教育工作。1971 年，周恩来总理和叶剑英同志曾先后到聋哑学校视察工作，并对聋哑学校的教育工作做出了指示。残疾人教育恢复发展是在彻底粉碎"四人帮"之后，到 1978 年，全国共有聋盲学校 289 所，其中 9 所盲人学校，217 所聋校，既招收视力残疾又招收听力残疾学生的学校 63 所，共收学生

29340 名。这其中有 31 所学校属于民政部开办，共招收学生 2931 名。

20 世纪 50 年代是残疾人教育立法的主要时期，但是这一时期有关残疾人教育的立法、保障残疾人享有教育权利等规定都是以"决定""指示"等文件形式提出，并未上升到法律层面。有关残疾人教育的对应词汇则是"应设立""帮助安排""供参考"等，这些词语缺乏强制性，并且带有帮助、救助的含义。在 1966 年"文化大革命"爆发后，残疾人教育立法不仅全面停顿，1949 年以来制定的教育规章也遭到破坏，残疾人教育陷入了停顿期。

（三）残疾人教育发展期（1978 年至今）

1978 年以来，我国残疾人教育发展速度提高，取得了显著成绩。随着经济的发展，社会文明程度的不断提高，我国残疾人教育的进步为世界残疾人教育的发展做出了重大贡献。"实践是检验真理的唯一标准"这一口号提出后，中国社会发生了翻天覆地的变化，进行了全面的社会变革，进入了经济改革开放的新时期。思想的解放和经济的发展将残疾人教育也带入了蓬勃发展的阶段，随着社会观念的改变、相关法律法规的颁布和政府各部门的通力合作，残疾人教育朝着更加专业、更加平等的方向迈进。

改革开放以后，残疾人教育的立法进程进入了新时期。1982 年第五届全国人民代表大会通过的《中华人民共和国宪法》第二章第四十五条规定："国家和社会须帮助安排盲、聋、哑和其他有残疾的公民的劳动、生活与教育。"残疾人教育、生活和劳动问题第一次纳入了国家根本大法，为发展残疾人教育事业奠定了基本法律基础，也标志着特殊教育法制化进入了快速发展时期。1985 年 5 月 27 日中共中央会议通过的《中共中央关于教育体制改革的决定》中明确指出，实行九年义务教育的同时，努力发展盲、聋、哑残人和弱智儿童的特殊教育，这次会议首次将弱智儿童纳入残疾人教育体系。1986 年《中华人民共和国义务教育法》指出："县级以上地方人民政府应为盲、聋、哑和弱智儿童少年举办特殊学校（班），实施义务教育，特殊学校应具备适应残疾儿童学习、康复、生活特点的场所。"1987 年《全日制弱智学校（班）教学计划（征求意见稿）》出台，作为具体的课程政策规定了弱智儿童在特殊教育中的主体地位和具体教学安排。这一时期，我国基本形成了三类残疾儿童为主的特殊教育体系。根据特殊教育的实际情况，只依靠政府办学能力有限，还需要多方力量支持。因此，1989 年《关于发展特殊教育的若干意见》中指出多种渠道办学，在国家办学的同时，积极鼓励各社会团体、工矿区、林区、垦区集体经济组织、个人办学或支持教学，同时欢迎海外侨胞和国际友好人士捐资助学。为了进一步保障残疾人受教育的权利，1990 年全国人大通过《中华人民共和国残疾人保障法》，其中第三章第二十一条指出："国家保障残疾人享有平等接受教育的权利，各级人民政府应该将残疾人教育作为国家教育事业的重要组成部分……"第二十二条指出："残疾人教育实行普及与提高相结合，以普及为重点，保障义务教育，着重发展职业教育，积极开展学前教育，逐步发展高级中等以上教育。"该法案对国家的职责、办学渠道、师资等做出了规定。这一时期，虽然特殊教育立法进入了快速发展阶段，但是并没有专项立法。1994 年《残疾人教育条例》颁布，标志着我国特殊教育进入了专项立法阶段，对残疾人特殊教育的组织机构、学制体系、教育形式、教育师资等内容进行了详细规定。

随着社会文明的发展，国家对于残疾人教育的质量和公平越发重视。2008 年《关于促进残疾人事业发展的意见》和 2009 年《关于进一步加快特殊教育事业发展的意见》，将接受义务教育的残疾人群体范围扩大至重度肢体残疾、重度智力残疾、孤独症、脑瘫和多重残疾儿童少年。党的十七大提出，教育是以改善民生为重点的社会建设，是人的全面发展的根本途径。由于我国特殊教育还存在着发展不平衡、教育水平不高的问题，2014 年教育部等部门颁布了《特殊教育提升计划》，使残疾人更好地融入社会，共享经济发展成果。该计划的目的是全面推进全纳教育，为了提高普及水平，针对实名登记未入学的残疾儿童的需求，采用多种形式安排其接受义务教育，积极发展学前教育，大力发展高等教育，提高义务教育阶段残疾学生的公用经费标准，为了提高教学质量还制定了针对盲、聋和智力残疾学生的教育课程标准，健全适合残疾学生的教材，加大特殊教育师资培训力度，并且建立各部门相互配合的工作机制，加强督导检查和评估，保障残疾人教育的公平和质量。2016 年教育部下达《普通学校特殊教育资源教室建设指南》，指出特殊教育资源教室基础薄弱、数量不足、设备配备较差、师资缺乏等问题。指南要求遵循残疾学生身心发展规律，充分考虑残疾学生潜能开发和功能补偿的要求，建设资源教室，为残疾学生的学习、康复提供全方位支持。2017 年国务院常务会议通过的《残疾人教育条例》指出，残疾人平等地接受教育是增进公平正义的重要内容，是社会文明进步的重要标志，草案对防止各类教育歧视、规范残疾人教学等内容做出了要求。

这一时期残疾人教育立法发展迅速，残疾人教育处于普及阶段。改革开放后，处于经济建设、市场经济体制改革背景下，残疾人教育也以普及义务教育为重点，发展高等教育，以达到提高全民素质的目的。此外，残疾人受教育目标群体得到扩大，从最初的聋哑、盲人到包括重度肢体残疾和智力残疾人群。并通过立法将残疾人接受教育的义务上升到法律层面，为残疾人平等地接受教育提供了保障。《中华人民共和国残疾人保障法》指出，国家有保障残疾人平等享有教育的权利。此外，1998年《特殊教育学校暂行规程》也表示，要根据学生的身心特点和需要施教，体现出对残疾人教育的人文关怀。随着社会文明的发展，残疾人教育更加关注教育公平、教育质量和对个体生活幸福的关注，强调了特殊教育在改善残疾人民生、促进社会公平中的重要作用。与此同时，注重教育主体的多元结构，强化了教育部与残联、卫生部等部门的协同配合作用，并吸纳民间团体共同办学，满足残疾人教育多样化的发展需求。继续实施《特殊教育提升计划》，到2016年全国约1.4万余人次家庭经济困难的残疾儿童得到普惠性学前教育资助，全国共有特殊教育普通高中班（部）111个，在校生7686人，残疾人中等职业技术学校（班）118个，在校生11209人，其中2206人获得职业资格证书。高等教育也取得显著进展，全国共有9592名残疾学生被高等院校录取，1941名进入高等特殊教育学院学习。残疾人教育发展迅速，成果显著，越来越多的残疾学生顺利接受高等教育，促进了残疾人自身发展和全民素质的提高，更好地实现了社会公平。

第二节　残疾人教育面临的问题及原因分析

从人的尊严和发展的角度来说，残疾人对教育的需求要远高于健全人，它能弥补残疾人生理上的缺陷，在残疾人掌握基本生活技能、确立正确人生态度和生活规范中起到重要作用。更为重要的是，残疾人可以通过学习掌握自己的命运，更好地生活而不是简单地活着，从社会的负担变为社会发展的动力，残疾人也是我国不可或缺的人力资本要素。教育能增加残疾人的就业机会，提高收入水平。"知识改变命运，教育传播知识"，增强本领，提高素质的关键途径在于教育，如果缺乏教育，残疾人很难摆脱对于国家和社会的依赖。我国残疾人教育目前虽然取得了显著的成就，然而由于我国残疾人数量众多，各地区经济发展不平衡，残疾人教育状况并未达到理想水平。

一、特殊教育师资队伍有待优化

一方面，特殊教育教师素质有待提高，教师能力水平不足。教师是培养人才的关键因素，目前我国新建特殊院校的教师大多来自上世纪末中等师范特殊教育人才培养基础上升格或并转而来，没有高等师范特殊教育人才培养的经验，例如绥化学院特殊教育系、南京特殊教育职业技术学院、南昌师专幼特教育系等。特教教师的学历整体偏低，其中专科毕业学历教师约占总人数的48.96%，专科和高中及以下学历教师占总人数的63.95%，具有本科及以上学历的教师只占总人数的36.05%。这与我国师资培养机构有着密切联系，目前我国具有特殊教育硕士研究生培养点的高校只有14所，具有硕士研究生学历的特殊教师仅占总比例的0.6%，而美国2000年已有数百个特殊教育师资研究生培养基地，获得硕士学历的特殊教育教师达59%。同时，我国特殊教育专业起步较晚，培养的特殊教育教师数量有限，一些教师则是学习汉语言文学、物理、数学等专业出身，后通过职业进修、培训转岗从事特殊教育工作，并没有接受过严格的特殊教育训练。而对特殊教育教师与普通教师的要求是不同的，特殊教育要结合残疾学生的心理、生理的特殊性实施教育，由于教育对象的不确定性，对于特殊教育教师的专业成长是复合型、多学科的，针对不同类型的儿童诊断评估，和对课程标准的解读，教学通用设计的执行，都体现了特殊教育教师专业性的必要性。

另一方面，教师年龄结构比失衡。以黑龙江省70多所特殊教育学校为例，35岁以下的年轻教师不到总人数的10%，50岁以上的老教师占30%，35岁到50岁的中青年教师占比最高，达到60%，一线教师平均年龄在40周岁以上，由于师资力量紧张，多数学校的教学管理者都亲自带班上课，工作任务繁重。同时，近几年特殊教育学校入学的残疾儿童情况与以前有了很大的改变，因为医疗水平和科技的发展，听力障碍儿童可以通过手术治疗或佩戴助听器进入普通学校学习，听力障碍和视力障碍儿童逐渐减少。反而智力障碍的残疾儿童入学率增加，但是智力障碍儿童的形成原因复杂，需要教育工作者投入的精力和时间更多，但是学校在教师人员配比上仍然按照以前的政策比例，就导致特殊教育学校多年不能增加新的师资力量和专业教师。

二、残疾人教育公正性缺失

首先，在基础教育方面，残疾人的入学机会相对于普通孩子而言处于不公平的状态。较之普通儿童，残疾儿童入学率较低。第二次全国残疾人抽样调查数据显示：在6—14岁的246万名学龄残疾儿童中，正在普通教育或特殊教育学校接受义务教育的占63.19%，这一比例大大低于全国适龄儿童接受义务教育的平均水平（97%以上）。而且，完全未接受教育的残疾人仍有很大一部分，和1987年相比，15岁及以上残疾人文盲率虽有下降，但仍有3591万人，文盲率为43.29%，而全国人口的文盲率是6.72%。中国残联副理事长程凯在接受采访时也指出，与其他教育的投入相比，目前我国对残疾人教育的投入明显不足，残疾人教育投入和需求之间还存在明显距离。此外，残疾人接受高等教育的机会也远远低于普通学生，根据第二次全国残疾人抽样调查数据显示，具有大学程度（指大专及以上）的残疾人只占全部残疾人口的1.13%，不仅低于我国当前的高等教育毛入学率水平（2005年全国平均水平为21%），也低于全国人口中具有大学程度的比例（5.18%）。绝大部分残疾人还没有跨入大学的门槛。另外，即使残疾人考上了大学，也面临着被拒收、被歧视的情形。虽然《中华人民共和国残疾人保障法》中明确规定，高等院校必须招收符合国家规定录取标准的考生入学，不能因其残疾而拒收，但在实际中情形并不容乐观。一些高等院校在录取残疾考生时仍然瞻前顾后，拒收符合国家录取标准的残疾考生的现象仍层出不穷。2001年，国务院办公厅转发了教育部、国家计委、民政部等九部委颁布的《关于"十五"期间进一步推进特殊教育改革和发展的意见》，其中明确提出："普通高等学校在招生录取工作中，不得拒绝录取符合规定条件的残疾考生。国家有关部门要研究并首先在若干普通高等学校进行放宽残疾考生录取体检标准的试点，进一步完善高等学校招收残疾考生的政策。"而也就在这一年，有关媒体报道了多起残疾学生考上大学却因为残疾的缘故被拒收的例子，最为典型的就是湖南考生谭里和在高考中取得了理科 513 分的好成绩，超出投档线 7 分，然而当他拄着拐杖询问自己的录取情况时，湖南中医学院却以"情况特殊，难以如愿"为由将他拒之大学门外。其实，通过相关新闻媒体，我们每年都会目睹像谭里和这样上线的残疾考生不被高校录取，即使被录取，大多也是降格录取。这些不公平的现象，违反了国家的相关法律，侵害了残疾人受教育的权利，损害了残疾学生的身心健康。

其次，残疾人教育城乡之间差距较大。城市 6 周岁以上残疾人口文盲率为 27.68%，农村 6 周岁以上文盲率高达 50.26%，农村各年龄段文盲比率均高于城镇，表明农村义务教育普及程度与城镇相比仍有较大差距。城市人口相对集中，因此特殊教育学校大多设在城市，城市残疾儿童进入学校学习的机会相比农村儿童更加便利，这也许就成为城乡间残疾人受教育差距大的原因。

最后，不同地域间残疾人教育发展差距大。经济发展水平是影响残疾人教育水平的重要因素之一，由于我国地域辽阔，地区间经济发展不平衡，各地方政府对残疾人教育的重视程度差异等原因，造成了残疾人地域间教育水平的差异。2010 年国家颁布的《国家中长期教育改革和发展规划纲要（2010—2020 年）》第二十九条明确规定，完善特殊教育体系，到 2020 年基本实现市（地）和 30 万人口以上、残疾儿童少年较多的县（市）都有一所特殊教育学校，全面提高残疾儿童义务教育普及率。但是在全国 1246 个符合条件的县中，目前仍有 496 个县没有建立起自己的残疾人学校，其中西部地区占比较高。全国 15 岁以上文盲比率较高的地区主要集中在西部，即云南、贵州、甘肃、青海、西藏和宁夏。而北京、浙江、江苏、重庆和湖北残疾人受教育水平高于全国平均水平，河北、山西、内蒙古、黑龙江、四川等地残疾人受教育水平处于全国平均水平。可以看出，残疾人受教育水平与经济发展水平大体呈正相关关系，但并不是完全同步，政府对于残疾人教育的关注程度对残疾人教育水平的高低有重要影响。

三、残疾人教育经费投入不足

残疾人是一个庞大的社会群体。据世界卫生组织估计，截至 2015 年底，全球有超过 10 亿人处于不同程度的残疾状态，约占世界总人口数的 15%。与普通人相比，残疾人需花费更高的教育成本，也就要增加更多的教育投资。虽然我国特殊教育学校学生人均预算内经费在逐年增加，但是残疾学生的数量也在逐年增多，从特殊教育学校经费投入占国家教育经费投入比例来看，投入不足仍然是制约残疾人教育发展的主要原因。

首先，政策缺乏刚性约束。2014 年颁布的《特殊教育提升计划 2014—2016》首次对义务教育阶段特殊教育学校在校生人均预算内的公用经费标准做出了规定，并考虑到残疾人学生多样化的需求，这一政策将随班就读、送教上门的学生覆盖在内，相比之前只说明"加大对特殊教育的投入力度"有了很大进步。但是，残疾人教育仍然存在着刚性约束不足的问题，对具体的实行措施没有明确要求，例如"安排一定比例的残疾人就业保障金"这里对于一定比例是多少并没有明确标准，各地区政策灵活性较大。

其次，对义务教育阶段投入的关注比例过高。残疾人教育涉及各个学龄段，不仅是基础义务教育需要重视，婴幼儿时期的早期干预、高等教育和职业教育也是不容忽视的一部分，目前我国义务教育阶段形成了相对完善的投入机制，但是其他阶段的教育经费投入并没有引起足够的重视，既缺乏政策支持，也没有相应的长效保障机制。

最后，我国特殊教育经费来源仍以财政拨款为主，社会力量参与不足，这是违背福利多元主义理论的。2011 年，特殊教育经费收入 790438.5 万元，其中国家财政性教育经费 766926.5 万元，占总收入的 97%，社会捐赠经费 5220.7 万元，仅占总收入的 1%，事业收入 7732.9 万元，占总收入的 1%，民办学校投入经费 173.9 万元，其他教育经费收入 10384.5 万元，占总收入的 1%。数据显示，我国特殊教育经费来源渠道单一，主要依靠财政拨款，不利于特殊教育事业的长远发展。

四、残疾人教育面临社会排斥问题

根据全国第二次残疾人抽样调查统计，残疾人接受义务教育的比例为

47.48%，接受过高等教育的残疾人仅占 1.49%，我国有约 50% 以上的残疾人没有接受过正规教育。残疾人受教育权利得到保护，但是在现实生活中还存在着来自各方的排斥现象。

首先，残疾人主观方面存在自我排斥。残疾人主观认为自己身体残缺是耻辱的体现，认为自己不是正常人，有强烈的自卑感。中国传统一些关于残疾人的字眼和一些与残疾人有关的玩笑也常常伤害残疾人的自尊心，久而久之给他们造成自卑心理。加上残疾人由于自身身体条件的缺失，在学习过程中会比健全人面临更多困难，根据习得性无助理论，如果他们无力改变自己的困境，多次失败就会使他们产生无力感，那么残疾人很可能因此将残疾和无能画等号，自暴自弃，进入恶性循环，在心理上对自我产生排斥。残疾人不仅对自我感到排斥，还会对他人排斥，因为残疾人比健全人会面临更多的困难，其不幸的心理和生理上的痛苦是常人无法理解的，因此残疾人有着更敏感、更强烈的自尊心，对于他人的帮助存在心理排斥。对于残疾人来说，来自健全人的帮助往往带有同情和怜悯的色彩，所以他们有时不愿意接受他人的帮助，甚至出于自卑心理不愿意与他人交往，将自己封闭在自己的世界，不敢出门，不愿意与他人一起读书。

其次，教育方面的政策和制度也在客观上造成了对残疾人教育的排斥。虽然我国出台了多项法律法规和政策保障残疾人接受教育的权利，但是却造成了社会排斥残疾人进入学校学习的条件。一方面普通中小学教育仍以升学率作为考核教育质量的指标，而高等教育学校则以就业率为考核指标，而受传统观念影响，残疾学生往往被认为是"废"的，被认为学习能力差，会对学校的升学率和就业率产生不好的影响。校方受应试教育和自身形象的影响不愿意招收残疾学生入学。另一方面，教育部每年公布的高考招生体检标准则给了许多不愿意招收残疾学生的高校拒收的理由，高考前的体育达标测试，测试成绩计入考试总分，这从制度上将残疾学生挡在高等学府门外，造成了对残疾学生的变相排斥。例如 2014 年福建省考生刘婉玲因双腿残疾高考 549 分却被江夏学院因"体检不合格"而被退档，后经省教育厅和省考试院积极协调，被厦门大学嘉庚学院会计系录取。

第三节　残疾人教育的国际经验借鉴

残疾人教育已经成为国际广泛关注的话题。人们对残疾人教育的观念也从带有施舍、同情的心理转向对于人权的关怀，更注重教育的平等和质量。教育已经逐渐成为人们生存和发展的必需品，教育是一个人获得社会生存能力和实现发展的必要条件。1948 年 2 月联合国颁布了《世界人权宣言》，指出不分种族、肤色、性别、语言、宗教、政治或其他见解、国籍或社会出身或其他身份等任何区别，人人都有接受教育的权利。1966 年联合国通过了《经济、社会文化权利国际公约》，其中规定缔约各国承认人人有受教育的权利。

一、美国残疾人教育经验

（一）发挥法律的强制力作用

20 世纪 70 年代，美国的残疾人教育情况并不乐观，一些残疾儿童被排斥在公立学校之外，没有入学接受教育的机会，为了解决教育中的不平等，又受到黑人民权运动的冲击和利益集团的呼吁，随着残疾学生家长在一系列诉讼案中获得胜利，人人享有平等的受教育权在美国越来越深入人心。为了更好地保护残疾人受教育的权利，1975 年国会通过了《所有残疾儿童教育法》，该法案主要目的在于保护所有残疾儿童都能接受免费的满足需要的公立教育，保护残疾儿童和其监护人或父母的权利，帮助州和地方政府更好地为所有残疾儿童提供教育，更重要的是该法案可以有效地评估为残疾儿童所做努力的有效性。该法案共有六大组成部分，首先，必须向所有残疾儿童开放免费的公立教育，"零拒绝"原则，确保所有儿童都能接受教育；其次，教师和监护人必须为每一个学生制订特殊的教育计划，包括当前学习能力、年度学习目标和与之相应的教学目标、提供的教学服务等内容，并有明确的评估程序以判断教学目标的完成情况；第三，为父母或监护人提供保护，并规定其享有获得机密档案、单独评估的权利，并且当子女在教育计划上产生争端时可以得到公平听证的权利；第四，规定残疾儿童最大程度内与非残疾儿童一起学习，对残疾儿童的安置必须与其学习需求相一致；第五，残疾儿童在入学前必须经过多学科团体的评估，该评估不能有任何种族、语言和性别上的歧视，任何一项单独评估都不能作为教育计划和安置的依据；第六，要求父母必须积极参与学生的教学过程，对教育起到影响作用。这一时期的立法主要目的是为了解决残疾儿童的入学问题。

随着对残疾儿童认识的不断深入，美国国会发现婴幼儿时期的早期干预对于残疾儿童的发展有重大意义，1986年美国国会通过了《残疾婴幼儿法》，10月8日宣布生效。该法案要求各州逐步建立州范围内综合的、多学科、多部门合作的早期干预计划，满足0—2岁残疾儿童家庭的教育需要。该法案的目的主要是促进残疾婴幼儿的发展，认识到儿童3岁前脑发育的重要性，降低儿童发育滞后的可能性，并且通过早期干预减少特殊教育需要来节约教育成本。婴幼儿时期的早期干预在满足特殊家庭需要的同时能最大限度地提高残疾人今后在社会上独立生存的能力。该法案规定如果婴幼儿存在认知发展迟缓、身体发展迟缓、言语发展迟缓、心理发展迟缓、适应性发展迟缓中的一项或几项，或者已经被确诊为生理或心理状况容易导致发展迟缓的婴幼儿，均是该法案的服务对象。

为了进一步推动残疾人教育，1990年美国国会对《所有残疾儿童教育法》和《残疾婴幼儿法》进行修订，将其合并为《残疾人教育法》（IDEA），该法案将专业术语进行更改，最突出的是用残疾（disability）取代障碍（handicapped），残疾一词能更好地体现残疾人的状态，残疾是由损伤导致的个体以正常方式完成特定任务能力上的限制，而障碍则是有残疾或损伤的人在与环境互动时遇到的不便或问题。该法案将残疾和障碍分开，开始从更人性的角度看待残疾人问题，首先看到的是人，其次才是残疾，反映了政府对于反对残疾人歧视的态度，追求人人平等的人本观念。该法案增加了残疾人类别，将自闭症和创伤性脑外伤纳入其中。此外，国会认识到残疾人教育的最终目的是让其独立适应社会，因此该法案规定每名学生在16岁之前都要有一个"个人转衔计划"（ITP），包括相互协调的计划和多部门之间的联系，培养学生在毕业后所需要的生存能力和工作能力，更加关注残疾人的生存和发展的需要。

针对《残疾人教育法》存在的问题，1997 年通过《残疾人教育法》修正案，意在提高每一位残疾学生的教育质量。该法案对残疾学生的行为做出了规范，规定如果残疾学生持武器入学或有携带毒品等危害其他学生的行为，只有在依法进行听证会后才能被学校开除。被开除的学生仍然可以依法享有个别教育计划获得免费的公立教育，为了不使残疾学生过度被保护而损害学校正常教学秩序，该法案还规定如果残疾学生违反校规而且情节严重，且不是由于他们身体残疾所造成的，可以依照校规给予处分。此外，针对残疾儿童教育期望值较低的问题，该法案要求学校重新制定残疾儿童的教育目标，提高对残疾儿童的期望值。2004 年《残疾人教育促进法》又对 1997 年的《残疾人教育法》进行修订，进一步完善了特殊教育体系中语言和文化的差异，对非歧视性评估的内容也进行了修改。上述法律的颁布和实施对美国特殊教育起到了促进作用。

（二）特殊教育经费的多元化

美国特殊教育实行地方分权政策，美国学区制的一大特点是教育财政独立，特殊教育经费约 90% 来自州和地方财政，只有大约 8%—9% 来自联邦补助，有些地区部分经费来自私人捐助，大概占到 27% 左右。美国联邦政府从宏观上对特殊教育进行管理，法律规定各州可使用补助款 50%，其余的则交由当地教育局管理，需要注意的是该款项必须专款专用，不得与州教育费混用。

根据《残疾人教育法》规定，特殊教育经费的使用对象为从出生到 21 岁的残疾人，残疾种类共包括学习障碍、听觉障碍、视觉障碍、聋盲双重、智能障碍、言语语言障碍、多重障碍、外伤性脑损伤、重度情绪障碍、肢体障碍、自闭症和其他健康障碍与发育迟缓等共 13 类。因为特殊教育是为了满足残疾儿童的教育需求，且残疾儿童家庭是全免费的，所以要求美国的特殊教育资助范畴涵盖残疾儿童教育的所有方面。主要包括：评估和个别教育计划的费用；根据个别教育计划为残疾学生提供保障其接受特殊教育所需要的任何相关服务（交通工具、咨询、物理治疗等）和辅助技术（助听器、助视器等）；为在家、学校、医院或其他养护机构中的残疾少年提供适合他们发展需要的教育教学，例如改造校舍环境、为接受残疾学生的学校提供支持等；对于提供特殊教育的教师和学校其他管理人员的费用也来自特殊教育经费，并对残疾儿童家长提供相关培训和咨询。

为了保障教育经费的有效合理使用，监督环节则必不可少，只要州政府按照法律执行法规，联邦政府就会给予财政资助，但是联邦政府的拨款并不能取代地方政府的财政拨款，只能是起到补充作用，因为这项补助往往是日常特殊教育经费之外的补助，并且只由当州政府同意执行特殊教育法案并做出贡献时才会获得专款补助。

（三）专业化的教师队伍

教师是决定教育改革成败的重要因素，"违背教师意愿或没有教师参与的教育改革从来没有成功过。"而提高整体教师专业水平很大程度上取决于已经成为教师的人的教育水平的提高。美国的残疾人教育发展过程中，提高教师的专业化水平一直是残疾人教育的重要战略的重要组成部分，美国对于残疾人教师的专业性要求非常严格。1992 年美国特殊儿童委员会提出了特殊教育教师任职资格标准，1995 年该委员会将这一标准命名为《每个特殊教师必须知道什么——有关特殊教育教师培养和资格证书的国际标准》，并规定成为特殊教育教师必须符合以下标准：具有学士学位及以上学历；修满师范教育鉴定合格的教师课程，并取得大学院系的必要学分和评价；取得教师资格证书；至少先做一年的辅导教师；具备特殊儿童委员会规定的特殊教育教师和特定年龄组从事特殊教育的工作应掌握的专门知识技能；每年必须参加至少 25 小时以上的专业继续教育，以对知识持续更新。

美国对特殊教育教师首先要求高学历，最低标准是要获得学士学位。此外，还要具备较高的专业素养，不仅要有较高的特殊教育理论，还要有较高的专业能力和技能，以及熟知必要的法律知识和特殊教育政策。特殊教育对象属于社会中的弱势群体，从事特殊教育是一项高尚的职业，特殊教育教师不仅需要教书育人，还需要维护残疾学生的切身利益，因此，教师恪守职业道德是必须具备的品格。

二、日本残疾人教育经验

（一）完善的法律法规

日本向来注重立法先行，特殊教育规范有法律强制力做保障。注重把握先进教育理念的推广与运用，把"融合教育""特别支援教育"等充分体现人权的词汇纳入法律，以推动特殊教育的发展。此外，完善细致的法律法规具有更强的操作性，可以强化约束力，刚性推动特殊教育的发展。

1946年颁布的《日本国宪法》是日本最高法律，也是其他法律的源头，该法案第二十六条规定，全体国民都有依其能力所及接受教育的权利，都有使受其保护的子女接受免费普通教育的义务。该法案从最基本的层次保障了全体儿童接受教育的权利，当然这也包含了有特殊教育需要的残疾儿童。2006年12月，日本国会审议通过新的《教育基本法》，对日本教育的目的、理念和基本事项做了明确规定，明确了国家和地方团体的责任。为了使残疾人能够适应残疾状态，充分接受教育，该法案规定国家和各地方团体必须采取必要的教育援助。2007年新修改的《学校教育法》，其中第八章对"特别支援教育"进行了详细的阐述，对各阶段的服务对象、教育安置、鉴定、课程教材、教学、辅导、升学等事项做了明确规定，并出台了《学校教育法施行规则》以确保学校教育法案的有效落实。特别支援教育与残疾人教育相比不仅对在普通班和特殊学校就读的学生给予更多关注外，还对在普通班级学习的需要特别的、积极的、相应教育的学习障碍儿童、注意力欠缺或多动性障碍的儿童给予特别援助。特别支援教育的提出，表明了日本政府对残疾学生的人权的关注，针对每一个学生个体提供个性化的教育和帮助，真正体现"以人为本"，并且教育对象范围更广泛，教育形式更加丰富灵活，教育效果也更好。同年，日本对1954年颁布的《特别支援学校就学奖励相关法律》进行了修订，为实现教育机会均等，国家及各地方团体对特别需要学生给予必要援助，以普及特别支援教育为目的的法律。充足的教育经费是特殊教育顺利实施的前提条件，该法案规定了国家和地方财政分担的特别教育经费比例。日本将特殊教育涉及的方方面面都以法律的形式确定下来，包括服务对象、科教团队、课程教材、教育经费、奖励标准等，使残疾学生的权利有法可依。

（二）充足的特殊教育经费

日本法律规定，残疾学生到普通公立学校就学不得拒收，即便是大学的入学体检不合格，只要是残疾学生的分数能够通过考试，就能入校读书。残疾人教育经费由国家负担50%，县、市町村各负担50%，日本对于特殊学生的教育经费投入力度要高于普通学生，1987 年特殊教育学校每名学生的平均教育费用是 516 万日元，相当于普通小学生 54 万日元的 9.5 倍，普通中学生的 9 倍。此外，学生的住校费用、交通费、吃饭等费用都由国家负担。特殊教育经费的使用对象除了残疾学生还包括家长、科研人员和教师。日本对特殊教育经费的使用范围做出明确规定，对公立学校新建的学生宿舍和室内运动场和养护学校的建设依法负担二分之一到三分之二，特殊院校的全体教职工的薪资由国库负担二分之一，特殊教育所需要的设备特殊教育经费也给予补助，例如盲人教材制作设备、盲人阅读设备等。

（三）专业的师资培养

教师是教育的灵魂，同样日本也非常重视专业教师的培养，并形成了一套从培养到任用完善的运行体系。

首先，特殊教育师资按照不同的专业进行培养，分为视觉障碍、听觉障碍、智能障碍、病弱和肢体障碍五种，专门领域的师资培养制度有助于培养教师的专业技能，了解不同残疾类型学生的特殊需要，更好地为残疾学生提供特殊教育服务。为了提高教学质量，日本还规定特殊教育教师在本科毕业后两年内还应接受硕士课程学习，并且学分不得低于 20 分。

其次，师资培养机构多元化。日本特殊教育教师的培养以师范大学为主，同时还包括一般的公立大学、国立和私立大学，通过课程认定的方式来培养教师。日本目前有两百多个大学科系及研究所提供包括短期大学、专科、大学和硕士各个阶段的关于特殊支援教育的课程培养。对于那些持有普通教师资格证想要转为特殊教育教师的人群，日本还通过各都道府县教育委员会或大学共同开办的讲座帮助其学习并获得聋、盲、养护学校教师基础资格证。研究生院也是培养特殊教育教师的重要途径，从 1973 年开始取代过去的临时养护课程，而开设一年制的特别专科，并增加了特殊教育的硕士课程。多元化的师资培养模式为日本培养了高职业素质的特殊教育教师，为残疾学生获得较高的教育质量提供了保障。

最后，对于教师的任职具有严格的资格条件限制。1949 年颁布的《教师任职资格法》中明确规定特殊教育的师资培养采取资格证制度。目前日本的特别职员教育教师证有三种，分别是普通教师证、临时教师证和特别教师证。普通教师证永久有效，其又分为一种教师证、二种教师证和专修教师证。临时教师证有效期三年，并且需要教育职员检定，使用范围只限制在固定的都道府县范围内。特别教师证有效期十年，持证教师可以在授予资格的都道府县内从事特别支援教育工作。盲、聋、养护教师除了具备基础教师资格证以外还应具有与上述类别相对应的教师资格证，以保证教学质量。由于日本的教师人数有限，因此临时教师和特别教师都是为了保证师资数量而制定的临时教师证制度，既能补充特殊教育教师的数量，又能促进有专业知识的社会人士投入特殊教育事业。

第四节　残疾人教育无障碍路径探析

残疾人教育发展的水平是衡量一个国家一个民族文明程度的重要指标，从我国残疾人教育发展历程来看，经历了从带有社会救助性质的教育向社会福利性的"人人都有受教育的权利"方向发展。随着国家对残疾人教育的重视，将残疾人教育纳入社会教育体系，并用法律的形式确定了残疾人接受教育的权利。在无障碍理念的引导下，我国残疾人教育事业还需不断完善，打破物质的、心理的障碍壁垒，为残疾人提供更加平等、高质量的教育。

一、提升无障碍的公众意识

新制度主义认为正式约束只有在同非正式约束协调一致的前提下才能发挥作用。首先要注意在残疾人保障立法中确立平等理念，以平等理念作为开展各项工作的指导才能确保残疾人用法律的武器来保卫自己的权利和尊严。从法律上维护残疾人获得社会资源的有效性，政府可通过向非政府组织购买服务的方式提高残疾人的服务质量，一方面民间组织可以在接受政府购买的情况下利用其专业优势保持服务质量，又能促进残疾人机构的发展。另一方面，可以减轻中央政府和地方政府在社会福利方面的资源投入。

要改变人们传统上对于残疾人视为"负担"的观念，政府对照料残疾人的家庭应给予关怀和帮助，不让残疾人的家人视他们为负担是提升无障碍意识的重要环节。亲人的态度往往是一个人性格形成的主要影响因素。在立法过程中要充分意识到家庭照料者的特殊地位，综合美国和日本的经验，对监护人或者父母要给予必要的技能培训和心理培训，关注监护人或父母的心理健康状况，通过心理辅导减轻他们的心理负担和负面情绪，增强其心理应对能力；对监护人或父母提供必要的技能培训，提高其对残疾人的照顾技巧与能力，并对其提供一定的物质帮助，充分发挥家庭照顾的有效功能，促进残疾人更好地融入社会。

残疾并非是残障者本身的问题，而是社会环境或制度不完善带来的问题，外部环境的障碍是残疾人残疾经验的来源，构建"无障碍"文化，使广大群众接受"全纳"的教育理念，有助于消除对残疾人的社会排斥。残疾本身并不是问题，社会结构的问题才是残疾人产生问题的根源，由于残疾人是社会群体中的小众人群，同时又处于弱势地位，话语权并不强，社会的制度、公共基础设施等一直以健全人的意志为转移，人们在无意识的情况下忽略了残疾人的需要，才给残疾人带来了社会生活、社交、学习和工作的障碍。因此，改善社会环境、社会价值观、制度和公共政策对残疾人的偏见和歧视，从而消除外在环境与制度障碍，使残疾人平等地参与政治、经济、文化和社会生活，更好地融入社会。

二、提供充足的特殊教育经费

充足的特殊教育经费是保障和提高特殊教育质量的前提条件，虽然我国特殊教育经费的投入量在逐年增加，但是对于需要特殊教育支持的学生来说这些经费只能满足学校最低运转的开支，并不能满足其发展的需要，保证高质量的教育，而对于随班就读的学生，其获得的特殊教育经费则更低。教育经费的不足则会导致学校无法配备足够的满足残疾学生需要的教学设备和基础设施建设，专业教师数量不足，从而无法为学生提供高质量的教育。此外，各地区间残疾学生受教育程度差异大，主要原因还是经济问题，残疾学生由于身体残疾，其家庭困难程度要高于少数民族儿童，受教育程度也更有限，因此，必须加大对残疾儿童的经费补助，提高残疾儿童的教育率。

不仅要加大对特殊教育学校场地、师资、教学设备的经费补助，还要注重对随班就读的残疾学生的人均补助费用，因为特殊教育经费资助的对象主体上是学生，并不是学校，而我国目前残疾学生还是以随班就读为主，且教育部也指出"随班就读"是未来残疾人教育发展的方向，因此，加大对普通学校就读学生的经费投入是合理的。对于农村特殊教育投入不足的现状，国家和地方财政要通过进一步加大经费投入，优先考虑。程凯在2017年赴德州调研座谈会上也曾指出，农村残疾儿童接受康复教育的困难及对家庭的影响已成为贫困残疾人家庭致贫的主要原因，加快提升农村特殊教育保障和服务水平是打赢农村贫困残疾人脱贫攻坚战的应有之义。保证残疾人教育的健康发展，可以学习美国和日本的经验，采取多元化的筹资模式，吸纳民间资本的力量，并且对中央的拨款要有一定的监督机制，保证每一笔资金都能专款专用，且"钱要花在刀刃上"。

特殊教育经费的使用对象年龄应扩大至学前婴幼儿和高级中等教育。婴幼儿时期的早期干预对残疾儿童的恢复和发展有重要作用，并且国际上特殊教育经费的资助范畴是以残疾儿童"特殊需要"为依据。高级中等教育是残疾学生从学校进入社会转型的关键阶段，这一阶段的学习可以帮助他们掌握良好的生活和工作技能，增加对这一时期的经费投入可以有效地帮助残疾人掌握一技之长，独立适应社会，更好地融入社会。我国的特殊教育经费在资助对象的年龄维度上可以适度放宽，从出生至高级中等教育，并且可以适当放宽资助范围，将教育评估、个别化教育计划定制、交通费用等包含在内，满足残疾学生的教育需求。

三、大力发展残疾人职业教育

残疾人的职业教育作为残疾人自我发展的重要途径，不仅能提高残疾人的劳动生存能力，还能促进残疾人智力、德育等其他方面的共同进步，促进社会的和谐发展。目前我国现有的残疾职业培训学校数量有限，并且受到师资水平、教学设备等软硬件的限制教学质量不高。发展残疾人职业教育首先要通过法律法规对职业教育进行规范，明确办学条件、学生入学标准、教育考核指标等，这是残疾人享受教育的基础。除了法律的强制力外，国家还可以采取其他措施鼓励残疾人教育事业的发展，例如树立典型学校，对教学质量评估结果较高的学校给予表扬和肯定，以增加资金奖励等方式提高学校的办学积极性和竞争性，通过奖励和惩罚并举的方法来提高残疾人职业学校的教学质量。加大残疾人职业学校的资金投入，采取多元化的资金筹集方式，鼓励职业学校扩大规模进行质量升级。国家可以通过对接受残疾人对口实习的企业进行税收减免的方式来帮助残疾人进行实操训练，并为其以后就业打基础，保证其理论联系实际，能够学有所用。

我国残疾人职业教育机构单一，目前主要以公立学校为主，办学并不能满足市场多样化的发展需求，要提高残疾人职业教育质量，引入社会多方力量必不可少。政府要在政策上鼓励企业、社区、各级教育部门等各大机构通过多样化的形式参与或支持残疾人职业教育的发展。市场是对职业教育需求反映最灵敏的地方，因为职业学校的培训最终目的是以就业为导向的，而市场最清楚其需要什么样的人才，通过社会各界的力量可以帮助残疾人更好地明确职业方向，接受更好的职业训练。民间组织具有贴近公众和基层的优势，而这种优势让其对残疾人职业教育充满热情，其可以承担那些政府做不好而企业又未必适合的社会性事务，因此，在发展职业教育的过程中要积极发挥企业和民间组织的作用，丰富办学机构的多元化。根据残疾人身心发展的需要设置合理的残疾人职业教学课程，结合当地的资源和市场需求开办多样化的专业，例如针对残疾人的美容美发、花艺、茶艺、种植、面点、计算机等灵活性的专业，让残疾人职业教育更好地与市场接轨，让残疾人更好地接触先进的教育和科技，才能真正地改变其人生轨迹，在培训过程中与实习相结合，利用实习机会增强残疾人的社会责任感，学会如何与他人合作，并且通过实习让社会也更了解残疾人。良好的职业技能培训可以帮助残疾人不断地自我激励，提高其市场竞争能力，通过不断的学习和努力来追求高质量的生活，提高自身的社会价值。

四、完善特殊教育教师队伍

根据国外已有经验，良好的残疾人教育必须有一支数量充足、高素质、高质量的特殊教师队伍，而我国特殊教育教师的师资数量缺口较大，且现有教师的职业素养、学历和职称水平较低，教师是教育工作的灵魂，这种情况下残疾人教育的教学质量也会受到影响，因此，完善特殊教育教师队伍是当务之急。首先对于数量不足的问题可以采取多种方式进行培养、补充。我国特殊教育培养按照学历可分为研究生、大学本科、专科培养机构、中等师范培养机构。我国目前特殊教育学院和开设特殊教育系的学校并不多，因此，要鼓励有条件的地区和院校开办特殊教育专业研究生点和本科专业，同时还要对现有的教育机构增加投入，适当增加特殊教育专业的招生名额，培养更多的特殊教育工作者。在当前就业竞争压力大的环境下，特殊教育教师这一职位社会缺口却很大，国家可以通过薪资奖励、精神奖励等方式吸引更多的特殊教育专业、心理学、师范类和医学类的毕业生投身到残疾人教育当中。还可以通过转岗、培训等方式从其他行业引入优秀的特殊教育教师。

随着残疾人教育的发展，对特殊教育教师能力的要求也在不断提高，教师培训课程需要更加丰富和多样化。要构建应用型的特殊教育体系，因为教育对象复杂多样，每个残疾学生的特点和性格都是不同的，与医学类似特殊教育也需要很强的临床型和实践性，对专业知识和技能要求很高，面对不同的残疾学生要求老师制定个性化的教学方案，并对大量的个性化案例进行总结形成教学经验。结合特殊教育基层对人才在质量上的要求，培养适合特殊教育发展的师资，必须对传统的特殊教育课程体系进行改革。随着无障碍理念的深入人心，全纳教育作为未来残疾人教育发展的方向，这就要求普通教师也要具备特殊教育知识，能针对普通班级的残疾学生提供个性化的教学计划。而特殊教育学校的教师则要拓展其教育职能，转变教育角色，不仅是教师，更是合作者和协调者，与普通教师共同解决随班就读学生在学习过程中出现的各种问题，保障残疾学生随班就读的教育质量。师资力量的培养要使之成为既具有普通班级教学能力又掌握特殊教育基本理论知识和技能的复合型教师，且经历更多的专业知识和专业能力的训练。

教师是不断学习的职业，特殊教育教师也一样，要促进特殊教育教师提升学历和职称晋升，一方面这有益于教师自身工资水平和福利待遇的提高，另一方面也是提高教学质量的有效途径。目前特殊教育教师的职称评价是和普通高校放在一起的，并没有单独的评价系统和特殊的评价标准，没有体现特殊教育的特点，无形中损害了特殊教育教师的利益，用统一的标准考核普通教师和特殊教育教师，也将特殊教育带向了错误的评价方向。因此，应该建立一套标准的，适用于特殊教育教师的职称晋升考核体系，由于特殊教育比普通教育要投入更多的时间和精力，所以也可以考虑适当提高其待遇标准，相应地工资与职称水平挂钩，在评优、奖励等方面优先照顾。国家应提供丰富的途径和政策方便特殊教育教师进行学历提升，例如可以通过函授、自考、脱产和在职进修等途径提升学历。值得注意的是，提升学历的最终目的是为了更好的教育，而不是单纯地获得高学历，这需要考核系统对学校的考核标准进行规范，防止出现唯学历论英雄的现象。在提高教师学历的基础上提倡入职前和入职后教育的一体化，这是促进教师专业成熟度的重要保障，教师的专业发展并不是终结的，而应该具有持续性、发展性。

五、完善残疾人教育法律法规

目前我国涉及特殊教育的法律可以总结为五个层次，分别是宪法、教育法律、教育行政法规、部门规章和地方性法规。我国特殊教育的法律法规已经基本形成以《宪法》《教育法》《残疾人教育条例》、地方条例为纵向和《义务教育法》《高等教育法》《职业教育法》为横向的完整的法律体系，基本覆盖了残疾人教育涉及的各个领域和层次。虽然现有的法规极大地推动了我国特殊教育的发展，但是特殊教育的法制建设仍存在诸多问题。首先，专项性的特殊教育方面立法层次低、体系不完备，没有居于核心地位的《特殊教育法》；其次，现行的特殊教育法律条例规范过于笼统、内容宏观，不具有可操作性；此外，特殊教育制度不完善，缺乏体现特殊教育法本身的原则和特点的制度。

我国特殊教育发展相对缓慢，在立法层面上与发达国家相比也存在差距。完善特殊教育立法首先要加强对特殊教育法律的研究，分析我国国情的同时要具有国际视野，形成具有中国特色的特殊教育立法理论，在立法过程中要认真听取相关专家学者的意见，从专业的角度思考，建立专业性强的法律体系。同时，应吸纳残疾人群体参与法律的制定，特殊教育直接反映了残疾人的教育需求，而法律的制定与其切身利益相关，在立法过程中除了专家学者的参与，更重要的是残疾人群及其亲属的参与，可以反映基层的声音，这样的立法更加民主。例如美国的特殊教育立法充分听取了残疾人家长的意见，不断完善残疾儿童家长的参与权、知情权、个别化教育参与权和监督权等，残疾人家属的参与使得美国特殊教育法得到修正完善。要保证法律的稳定性，同时根据最新的理论和实践成果的需要及时更新，满足特殊教育发展的需要。

特殊教育的立法要充分吸收国外的先进经验和新思想，对残疾人教育进行专项立法，例如美国《残疾儿童教育法》、中国台湾的《特殊教育法》；在基本教育法中设立独立章节，例如日本《学校教育法》中第六章"特殊教育"；抑或如英国在基本教育法中设立条款。借鉴国外的立法经验，我国首先要改变对残疾人的观念，随着人类文明事业的发展，残疾人已经不再是过去从"机体受损"这一生物医学概念上的残疾，更多的是社会模式，从社会、制度环境给残疾人生活发展带来不便的角度考虑残疾人的生活和发展需求，突出法律保障和教育公平对残疾人的意义。

完善残疾人教育法律体系，要增强法律的实用性和可操作性。现有的法律条文不利于残疾人教育的具体实践，应增加和细化各项规定，一方面要具体明确各项具体内容，如对特殊教育保障经费和特殊教育师资的培养和培训方式都做出详细规定。另一方面，增加对残疾学生的评估鉴定，残疾学生在不同教育阶段之间以及离开学校后的衔转服务等方面的规定，明确政府和教育机构的责任。强化各方法律责任，对特殊教育所涉及的各方面的责任义务明确规定，并设立督导制度，对实施情况和教育完成质量进行监督反馈，切实保障法律得到贯彻。

小结

我国残疾人教育事业的发展已经取得了显著的进步，到2016年全国约1.4万余次家庭经济困难的残疾儿童得到普惠性学前教育资助，越来越多的残疾人接受高等教育，残疾人教育的公平性、可及性增强。但是还存在着一些问题，首先，特殊教育行业的师资队伍并不完善，一方面教师整体素质不高，另一方面教师年龄结构比失衡，年轻教师人数占比例较少，导致教师队伍缺乏活力。其次，虽然残疾人享有公平接受教育的权利，但是仍存在着残疾人教育公平性不足的问题，相比普通儿童，残疾儿童接受教育的比例偏低，部分学校还有拒收的情况。此外，我国地区间由于经济发展水平的差异造成教育水平存在差距，残疾人教育尤甚，农村和城市间差距也比较大，因此，残疾人教育事业应朝着更加公平的方向迈进，解决在同一个国家因为生活在不同地区而造成的教育差异问题。第三，教育经费投入不足则主要反映在政策的刚性约束力不强、对义务教育阶段投入比例过高和经费投入社会力量参与不足三个方面。残疾人教育事业的发展需要无障碍意识的引导，而我国的残疾人教育还存在着社会排斥问题，既包括残疾人对自身的排斥，也存在着现存的教育政策、制度对残疾人造成的客观排斥现象。

学习美国和日本的先进经验，并结合我国自身的实际情况分析，本文认为残疾人教育事业的发展第一要提升公众的无障碍意识，在无障碍的理念下指导实践，一方面用法律的手段维护残疾人获得教育资源的有效性，另一方面改变传统上将残疾人看作"负担"的社会观念。第二，提供充足的教育经费，延长教育经费的发放时间，并适当放宽教育经费的资助范围，在经费的来源上可以采取多元化的筹资方式，吸纳民间资本。第三，教育的目的是为了让残疾人有一技之长，更好地融入社会生活和工作，因此，要大力发展残疾人职业教育，课程的设计应顺应社会发展的趋势，跟随时代的发展需要，同时要结合残疾人所在地区的地理环境和社会环境，开设能够更好地与市场接轨的课程。第四，要完善现有教师队伍，培养既具有普通班级教学能力又掌握特殊教育基本理论知识和技能的复合型教师，且经历更多的专业知识和专业能力的训练，同时完善教师的培训和晋升机制，鼓励特殊教育教师队伍的发展壮大。最后，任何一项事业的发展和完善都需要法律的强制力做支撑，发展残疾人教育让残疾人更好地共享社会经济、文化发展成果离不开法律制度的完善，切实增强相关法律的实践性和操作性，保障残疾人平等接受教育的权利。

第八章

无障碍战略与残疾人医疗卫生服务

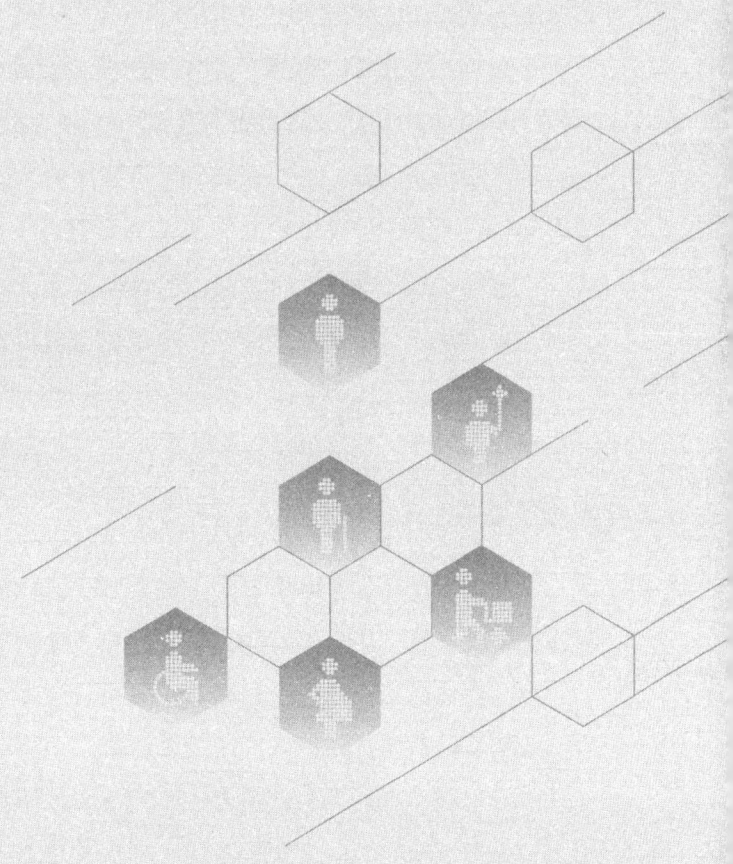

我国残疾人数量众多，对残疾医疗预防、医疗卫生服务、康复医疗服务、医疗保障等医疗康复需求强烈，是残疾人重要的民生问题，重要的公共服务问题。"十二五"时期特别是党的十八大以来，残疾人权益保障制度不断完善，基本公共服务体系初步建立，残疾人生存发展状况显著改善。当前我国进入残疾人规模增大、结构变动、风险提高的关键时期，残疾人医疗卫生服务体系面临巨大挑战。残疾不仅是个体身心功能的受损，关键在于社会层面的排斥阻碍了残疾人社会资源的获取，进而影响医疗卫生服务的获取，有必要从社会层面打破残疾人医疗康复障碍壁垒，使其积极融入社会，让残疾人像健全人一样享有医疗卫生服务，实现无障碍战略下残疾人医疗卫生服务的目标。

第一节　无障碍战略与残疾人医疗卫生服务现状

纵观人类历史，人们对残疾问题的认识不断发展、完善，残疾人观念从陈旧走向文明，从负担走向社会无障碍。根据更加深刻、更高层次的残疾人观念，我们应从残疾人社会制度、社会政策公平角度，实现残疾人残疾预防、医疗卫生服务、康复医疗以及医疗保障无障碍战略。

一、无障碍与残疾人医疗卫生服务

随着社会经济发展水平的不断提高，科技不断进步，残疾人观念逐渐从陈旧走向文明，从负担走向社会无障碍。在前工业化社会，残疾人观念受到巫术、迷信思想、宿命论的影响，残疾人通常被认为是不祥的征兆。同时由于生产力的落后，生活资源的匮乏，医疗技术的不成熟，残疾人的生产、生活能力受到巨大的限制，成为其他社会成员的负担。"残疾"等同于"残废"，残疾人被视为"废人"，被其他社会成员所无视和排斥，残疾人的社会价值和生存意义受到了威胁。

随着人类社会步入工业化社会，在工业化前期，由于机械化生产、战争等原因，残疾人数量激增，残疾人观念发生转变，认为残疾人与健康人之间可以相互转换，残疾人通过一定的治疗、康复能够恢复健康功能，健康人存在各种残疾风险，具有成为残疾人的可能性。这一时期强调残疾人致残后的医疗康复，是"个体式医疗模式"残疾观。

随着社会经济进一步发展，在工业化后期，对残疾人观念的认识进一步完善成熟，社会因素被引入残疾人观念之中。代表观点包括，纳吉（S. Z. Nagi）指出，残疾就是因生理、心理功能的损伤以及社会对正常人的规范价值及其投射，对个体行动与扮演社会角色的能力产生限制。迈克尔·奥利弗（M. Oliver）指出，应由"关注于加在某个个人身上的限制，转变为关注自然环境与社会环境施加于某些团体或某几类人的限制"；《关于残疾人的世界行动纲领》，对缺陷、残疾和障碍三者做了如下区分："缺陷是指在心理上、生理上、人体结构上，某种组织或功能的任何异常或丧失。残疾是指由于缺陷而缺乏作为正常人以正常方式从事某种正常活动的能力。障碍是指一个人由于缺陷或残疾，而处于某种不利地位，以至限制或阻碍该人发挥年龄、性别、社会与文化等因素所能发挥的正常作用。"由此可知，生理上的缺陷并不一定构成残疾，真正意义上的残疾是障碍所导致的。

一个时代、一个社会对残疾人权利重视程度同样是时代和社会残疾观的重要表现。工业化社会时期对残疾人权利的关注和重视经历了从无到有、从间接到直接的过程。在2006年之前，联合国已经通过了若干人权公约，在这些人权公约之中，间接地反映了残疾人权利，但是并没有专门反映残疾人需求，并不能很好地保障残疾人权利，残疾人被排除在主流社会之外。2006年联合国通过《残疾人权利公约》，彰显了残疾人权利，为残疾人权利保障提供依据。《残疾人公约》在序言中就指出，"残疾是伤残者和阻碍他们在与其他人平等的基础上充分和切实地参与社会的各种态度和环境障碍相互作用所产生的结果"，指出社会和公众对残疾人的偏见和歧视是残疾人面对众多障碍的根源。

通过对残疾人观念的梳理，可见对残疾的认识从最初的有形障碍，包括残疾人机体受损所导致的机体功能障碍、残疾人心理障碍、公共设施使用障碍，上升为无形障碍，包括社会成员对残疾人的排挤和歧视，社会制度、社会政策制定不公平为残疾人带来的障碍。无形障碍的残疾观是我们对残疾更深刻、更高层次的认识，是解决残疾问题的关键。我们应从社会制度、社会政策残疾人公平角度，实现残疾人无障碍战略。这和《残疾人权利公约》所提出的"无障碍"相契合，即："无障碍不是一种行为，也不是一种状态，而是在遇到某种情形时在进入、应对、沟通和利用上的选择自由。"

按照残疾人需求来划分，残疾人医疗卫生服务体系主要包括残疾医疗卫生预防、残疾人医疗卫生服务、残疾人康复医疗以及残疾人医疗保障。导致残疾的因素多种多样，其中包括遗传、疾病、药物等在内的医源性因素是主要致残因素之一，在残疾发生之前，通过医疗卫生手段介入，提前阻止或减缓医源性致残因素，从而达到减缓或消除残疾的目的，是为残疾医疗卫生预防。残疾人和健全人一样，有和残疾无关的疾病发生，有正常的医疗卫生服务需求。残疾人康复是针对残疾状况尽量补偿、提高或者恢复其丧失或削弱的能力，增强其能力，包括医学的、教育的、职业的、社会的和其他措施，其中康复医疗是残疾人康复重要组成部分。残疾人医疗保障残疾人正常医疗风险及康复医疗风险，影响残疾人医疗卫生服务的可及性，是残疾人医疗卫生服务重要组成部分。

残疾人医疗卫生服务无障碍战略，就是残疾医疗卫生预防、残疾人医疗卫生服务、残疾康复医疗以及残疾人医疗保障社会制度、社会政策的公平性，彰显了残疾人健康权利的实现，是全面建成小康社会的必由之路！

二、残疾人医疗卫生服务体系实践演进

通过对我国残疾人医疗卫生服务体系历史的梳理，我国残疾人医疗卫生服务实践经历了萌芽阶段，逐渐恢复、蓬勃发展、步入正轨阶段，不断完善、深入实施阶段，砥砺前行加快残疾人小康进程阶段四个阶段：

（一）萌芽阶段（1949—1977 年）

新中国建立之初，残疾人事业就得到了党和政府的关注，建立了盲、聋哑学校和社会福利院、福利工厂、荣军疗养院、精神病院等机构。重点针对盲人和聋哑人，先后成立了中国盲人福利会和中国聋哑人福利会，协助政府开展生产自救、特殊教育、康复医疗、文化体育等社会工作。1960 年，我国将两个协会合并，成立中国盲人聋哑人协会，经过不断发展，逐渐形成了省、

自治区、直辖市和地、市、县盲人聋哑人协会系统，成为推动我国残疾人事业实施发展的重要组织。残疾人生产自救、特殊教育是这一阶段的重点工作，虽然康复医疗被提及，但并不是主要工作，残疾人医疗卫生服务实践处于萌芽阶段。这一阶段残疾人事业得到毛泽东、周恩来等国家领导人的重视，但在随后的"文化大革命"中遭到严重破坏。

（二）逐渐恢复、蓬勃发展、步入正轨阶段（1978—1990 年）

这一阶段，我国修改《宪法》确定国家和社会残疾公民责任，在全国上下建立中国残疾人联合会，接受联合国残疾人世界行动纲领，进行全国残疾人第一次抽样调查，制定并实施残疾人事业发展规划纲要，通过《中华人民共和国残疾人保障法》，我国残疾人医疗卫生服务逐渐恢复并得到蓬勃发展，已经步入正轨。

自 1978 年开始，全国上下盲人聋哑人协会系统恢复工作。1982 年全国人大修改后的《宪法》，从宪法层面确定了国家和社会对残疾公民的责任。1984年我国成立中国残疾人福利基金会，为改善包括残疾人康复医疗在内的康复活动提供资金保障。1986 年我国成立联合国"残疾人十年"（1983—1992 年）中国组织委员会，为实现《关于残疾人的世界行动纲领》总目标而努力，行动纲领倡议对残疾人给予社会、营养、医疗、教育和职业等方面帮助，提供伤残康复服务。1987 年我国首次进行全国残疾人抽样调查，对我国残疾人基本情况进行摸底，党和政府掌握我国残疾人基本情况，在此基础之上为我国残疾人提供医疗卫生服务。1988 年我国在中国盲人聋哑人协会和中国残疾人福利基金会基础上成立了中国残疾人联合会，成为推进我国残疾人医疗卫生服务发展的重要力量。在中国残疾人联合会第一次全国代表大会闭幕式上时任卫生部副部长顾英奇首次指出，在残疾人康复医疗方面，要坚持预防为主的方针，努力减少致病、致残、致伤，抓好小儿麻痹后遗症、白内障两病的康复治疗，抓好两病手术治疗等工作。加强社区康复的建设。为和我国社会经济协调发展，我国残疾人事业开始编制残疾人事业发展规划，以《中国残疾人事业五年工作纲要（1988—1992）》为起点，制定实施《中国残疾人事业"八五"计划纲要》，为我国残疾人医疗卫生服务工作指明方向。1990 年我国通过《中华人民共和国残疾人保障法》，为维护残疾人合法权益，发展残疾人事业，保障残疾人平等地充分参与社会生活，共享社会物质文化成果提供法律保障。

（三）不断完善、深入实施阶段（1991—2010年）

这一阶段，根据社会经济发展水平、残疾事业发展阶段，我国完善残疾人保障法，出台文件深入促进残疾人事业发展。出台系列残疾人事业发展纲要。制定配套实施方案，不断完善残疾人康复体系，逐步扩大残疾人康复范围，将残疾人纳入社会保障体系。

党和政府对残疾人事业认识得到进一步提高，将残疾人事业提到人权保障、人类解放的高度，为认识和解决残疾人问题提供了理论指南。为适应我国社会主义市场经济体制建设，残疾人医疗服务必须为适应建立社会主义市场经济体制的需要而服务。2002年出台《关于进一步加强残疾人康复工作的意见》，提出到2015年，实现残疾人"人人享有康复服务"的目标。2008年国家出台《中共中央国务院关于促进残疾人事业发展的意见》，提出"加强残疾人医疗康复和残疾预防工作，要保障残疾人享有基本医疗卫生服务；健全残疾人康复服务保障措施；建立健全残疾预防体系"。2009年颁布《中共中央国务院关于深化医药卫生体制改革的意见》，提出要"加强对严重威胁人民健康的传染病、慢性病、地方病、职业病和出生缺陷等疾病的监测与预防控制"，"注重预防、治疗、康复三者的结合"，将残疾人纳入医疗保障体系。2010年出台的《国务院办公厅关于加快推进残疾人社会保障体系和服务体系建设指导意见的通知》，提出到2020年，残疾人人人享有基本医疗保障和康复服务。

出台系列残疾人事业发展纲要，制定配套实施方案。建立康复医疗体系，在二级及以上综合医院设立康复科（室）。进一步加强康复医疗力度，康复医疗服务范围逐步扩大，从白内障复明、小儿麻痹后遗症矫治手术、聋儿听力语言训练和低视力康复，扩展至精神残疾、智力残疾等康复内容，满足日益扩大的康复医疗需求。将残疾人纳入社会保障体系，促进城镇残疾职工参加医疗保险，扩大自由执业残疾人医疗保险覆盖面，建立和完善社会医疗救助和社会救济等制度，帮助无业贫困残疾人的基本医疗问题。2010年颁布《关于将部分医疗康复项目纳入基本医疗保障范围的通知》，将治疗性康复为目的的运动疗法等9项医疗康复项目纳入基本医疗保障范围。

此外，为保障残疾医疗卫生预防的实施，我国分别出台了《产前诊断技术管理办法》《疫苗流通和预防接种管理条例》和《新生儿疾病筛查管理办法》等文件。

（四）砥砺前行加快残疾人小康进程阶段（2011年至今）

自2011年以来，尤其是党的十八大以来，是加快残疾人医疗卫生服务小康进程阶段，为更好地保障残疾人权益，确保2020年残疾人共同迈入小康生活，我国出台了一系列政策文件。2015年1月，国务院印发《关于加快推进残疾人小康进程的意见》，提出到2020年，残疾人社会保障和基本公共服务水平明显提高的主要目标。2016年8月，国务院印发《"十三五"加快残疾人小康进程规划纲要》。在医保方面，2015年4月，国务院办公厅转发民政部等部门《关于进一步完善医疗救助制度全面开展重特大疾病医疗救助工作意见的通知》，2015年8月，中国残联等部门联合印发《关于加强残疾人社会救助工作的意见》。2015年7月，国务院办公厅印发《关于全面实施城乡居民大病保险的意见》，将残疾人纳入大病保险。2016年3月，人社部等部门颁布《关于新增部分医疗康复项目纳入基本医疗保障支付范围的通知》，将康复综合评定等20项医疗康复项目纳入基本医疗保险支付范围。在残疾人医疗卫生服务方面，在全国卫生与健康大会会议精神指导下，在深化医药卫生体制改革的工作背景下，我国先后颁布了《关于进一步做好重度残疾人医疗服务及保障工作的通知》《国务院医改办下发通知将各级残联纳入当地深化医药卫生体制改革领导小组成员单位》等政策文件，促进残疾人医疗卫生服务体系更加完善。在残疾预防和残疾康复医疗方面，我国先后出台了《国家残疾预防行动计划（2016—2020年）》《关于开展职业院校残疾人康复人才培养改革试点工作的通知》《残疾预防和残疾人康复条例》《关于开展职业院校残疾人康复人才培养改革试点工作的通知》《残疾人精准康复服务行动实施方案》等文件，进一步加强残疾医疗卫生服务预防，加强残疾人康复人才培养，加强精准康复服务。

第二节　残疾人医疗卫生中面临
的问题及原因剖析

一、残疾人医疗卫生服务需求并未得到满足

当前我国残疾人医疗卫生服务主要问题之一就是残疾人医疗卫生服务需求并没有得到满足。一方面残疾人和健全人相比，医疗卫生服务需求更大，一方面残疾人医疗卫生服务可及性还有待提升。

残疾人和健全人相比，疾病发病率更高，更需要相应的医疗卫生服务。残疾人由于机体功能障碍等原因，无法像健全人那样接受教育、参与社会活动，残疾人活动范围、频率受限，心理负担重，生活自理能力较差，无法很好地保持健康的饮食生活习惯，残疾人老龄化问题，这些均导致残疾人疾病发病率比健全人更高。残疾人健康水平和残疾严重程度相关，对于多重残疾人而言，健康指标更不容乐观。不少研究对残疾人体检数据进行分析，发现残疾人是一些慢性疾病的高发人群。

医疗保健支出是残疾人家庭的较大开支，反映出残疾人医疗卫生服务需求很大。根据 2013 年度残疾人状况及小康进程监测报告数据，城镇残疾人家庭人均消费性支出排在前三位的依次是食品支出、医疗保健支出和居住支出，分别占 48.4%、18.5% 和 13.1%，比上年度分别增加了 439.6 元、198.7 元和 139.9 元。2013 年度，农村残疾人家庭人均消费性支出排在前三位的依次是食品支出、医疗保健支出和居住支出。食品支出占总支出的48.5%，比上年度增加了 288.1 元；医疗保健支出占总支出的 17.8%，比上年度增加了 148.4 元；居住支出占总支出的 16.0%，比上年度增加了66.3 元（见表 8-2-1，表 8-2-2）

表 8-2-1　城镇残疾人家庭分项人均消费性年支出　　　　单位：元

	2007 年	2008 年	2009 年	2010 年	2011 年	2012 年	2013 年
合计	5484.4	6257.0	6206.2	6576.0	7585.2	8730.2	9674.5
食品	2400.8	2954.6	2774.4	3051.2	3706.2	4244.1	4683.7
衣着	257.4	293.1	292.4	306.1	383.7	449.2	502.7
设备用品	122.7	113.6	119.8	146.7	153.6	166.1	207.9
医疗保健	1127.2	1150.0	1241.3	1333.9	1512.7	1590.7	1789.4
交通和通信	327.0	346.3	359.9	355.1	420.4	544.2	550.1
教育和文化	390.0	374.1	352.3	335.6	328.2	420.4	455.8
居住	746.8	882.7	932.8	904.8	922.9	1127.8	1267.7
杂项商品	112.4	142.8	133.3	142.7	157.4	187.7	217.2

数据来源：2013 年度残疾人状况及小康进程监测报告

表 8-2-2　农村残疾人家庭分项人均消费性年支出　　　　单位：元

	2007 年	2008 年	2009 年	2010 年	2011 年	2012 年	2013 年
合计	2791.6	3225.4	3584.5	4051.5	4595.6	5203.6	5788.8
食品	1332.4	1660.2	1686.4	1918.8	2313.6	2521.6	2809.7
衣着	141.8	154.9	171.4	184.1	230.9	253.7	281.6
设备用品	40.4	47.5	54.7	69.4	75.3	74.4	75.8
医疗保健	465.1	449.1	551.1	602.0	771	884.4	1032.8
交通和通信	177.2	198.3	221.8	248.5	271.8	305.2	326.2
教育和文化	176.0	158.8	182.7	181.6	201.2	208.6	230.0
居住	402.2	492.0	645.6	772.2	648	860.1	926.4
杂项商品	56.6	64.6	70.7	75.0	83.9	95.4	106.4

数据来源：2013 年度残疾人状况及小康进程监测报告

　　残疾人医疗服务需求很大，但残疾人医疗卫生服务可及性还有待提升。一方面残疾人经济较为困难，收入较社会平均水平而言较低；一方面残疾人医疗保险、医疗救助还需要进一步完善，残疾人医疗保险、医疗救助范围、水平还需提高，导致残疾人医疗卫生服务可及性还有待提升。根据 2013 年度残疾人状况及小康进程监测报告数据，2013 年城镇残疾人至少参加过一项康复服务的比例为 64.8%，参加治疗与康复训练服务的比例为 27.1%，农村残疾人至少参加过一项康复服务的比例为 56.1%，参加治疗与康复训练服务的比例为 22.1%，无论是城镇残疾人，还是农村残疾人，参加康复服务的比例并不高，与"人人享有康复"的目标还有很大的差距。（见表 8-2-3，表 8-2-4）

表 8-2-3　城镇残疾人家庭救助需求情况　　　　　　　　　单位：%

	2007 年	2008 年	2009 年	2010 年	2011 年	2012 年	2013 年
医疗救助	57.8	54.3	56.3	54.3	54.9	52.7	52.5
生活救助	41.4	40.6	49.5	48.7	50.3	45.2	41.8
康复救助	30.1	27.9	26.5	24.1	24.8	25.6	26.0
教育救助	10.4	10.3	7.6	7.0	5.8	7.6	7.8

数据来源：2013 年度残疾人状况及小康进程监测报告

表 8-2-4　农村残疾人家庭救助需求情况　　　　　　　　　单位：%

	2007 年	2008 年	2009 年	2010 年	2011 年	2012 年	2013 年
医疗救助	69.1	66.8	66.2	63.5	63.6	62.3	59.7
生活救助	60.2	61.8	65.0	66.2	66.6	68.6	65.6
康复救助	37.9	35.6	32.0	30.5	29.4	29.8	27.5
教育救助	14.7	12.7	13.9	13.2	11.3	10.2	9.3

数据来源：2013 年度残疾人状况及小康进程监测报告

二、残疾人康复医疗服务专业性不强

残疾人康复医疗尽管已经开展，但以专业机构康复为骨干、社区康复为基础、残疾人家庭为依托的康复服务网络还远未建成，残疾人康复医疗服务缺乏专业性，距实现"人人享有康复服务"的目标还很遥远。提供康复医疗服务的组织形式主要包括专业机构康复医疗卫生服务和社区康复医疗卫生服务。综合医院康复科、康复中心、康复医院等机构提供专业机构康复医疗卫生服务，专业机构拥有完善的设备、专业的康复医师，能够提供高水平、高质量的康复医疗卫生服务。尽管我国《残疾人保障法》等法律、文件明确在二级及以上综合性医院开设康复科，作为我国残疾人康复中心，但效果并不理想。一方面，不少医院康复医学病区并未开展早期的康复介入，并且科室之间并没有实现统筹协调，管理协调不到位，使康复效果大打折扣，形同虚设；一方面，我国优质医疗资源往往集中于大城市的大型三级医院，在康复医疗领域同样存在这样的问题，在少数医疗卫生资源相对集中的医院，康复医学专业水平很高，康复医疗专业性水平并不均衡，并且这样的医院工作重点仍然偏重于医疗。有学者在调研中发现，不少综合医院的"康复科"仅仅是个"挂牌康复科"，治疗手段以推拿、针灸、拔罐等传统治疗手段为主，或偏重于各种理疗仪器，或只有药物治疗，康复医学特色不明显，相当数量的医院出现了"康复科"与中医科、针灸推拿科或理疗科重叠。

社区康复医疗利用社区资源进行康复医疗卫生服务，具有方便、快捷、价格低廉、便于宣传康复医疗卫生知识、和残疾人关系密切、有利于残疾人回归家庭和社会的优势。在社区康复医疗方面，康复医疗卫生服务是薄弱环节，社区康复医疗存在重治疗、轻康复和重一般慢性病医疗、轻残疾人保健等问题，并没有将社区康复医疗卫生服务优势发挥出来。此外，我国康复医疗卫生专业人才不足，由于各个康复机构、医院和社区卫生服务中心严重缺乏康复技术人才，因此为残疾人群提供康复服务的能力非常有限，还达不到20%。

在残疾医疗卫生预防方面存在并未得到重视的问题，当前我国医疗卫生体制并未很好地解决医院补偿问题，医院的利益驱动性比较强，更加注重收益更好的治疗服务，对于残疾医疗卫生预防工作并未重视，存在医疗服务挤占残疾医疗卫生预防的现象。此外，由于残疾预防的宣传不够，社会成员残疾医疗卫生预防意识不强，导致本可以避免的疾病后遗症发生，最终导致残疾发生。

三、康复医疗卫生服务三级协作网络还不成熟

我国残疾人康复医疗卫生服务三级协作网络还不成熟，主要表现为：社会康复医疗服务能力不强，康复医疗早期介入机制还未形成，康复医疗双向转诊不顺畅，我国康复医疗卫生服务资源分布不均。

社区康复医疗服务能力不强。社区康复医疗理论研究还不充分，在功能定位上还没有明确界定。社区康复医疗人才队伍建设滞后，由于待遇、职业发展等方面的原因，社区康复医疗很难招聘到优秀人才，并且已招聘到的康复医疗人员流失问题严重。现有全科医师康复知识不够，缺乏康复治疗的经验。社区康复医疗经费投入不足，设施、设备落后缺乏，社区康复医疗服务能力不强。此外，从管理体制上看，当前社区康复发展的主要推动力来自残联，而卫生、民政、劳动和人社部门介入较少，多部门协作的长期机制尚未形成。

还没有形成康复医疗早期介入机制。在患者患病后，只要生命体征稳定、

神志清楚，48 小时后即可进行功能康复，康复医疗早期介入是保证康复疗效的一项基本措施。在美国等发达国家，就建立了康复医疗早期介入的急诊医疗机构。由于临床意识不强，受经济利益驱动等原因，临床医师可能无法及时开出康复医疗会诊单，一方面使患者错过了最佳康复医疗介入时机，一方面加重后期康复医疗卫生服务工作的压力。

康复医疗双向转诊不顺畅。我国综合医疗机构康复医学科常常处于超负荷运转状态，患者在医疗机构康复医疗住院周期长，床位周转率低，滞留的住院患者难以转出，大量早期患者无法得到及时的康复医疗服务。社区康复医疗机构服务能力较弱，对患者吸引力不大，由于没有激励约束机制，很多患者从入院诊疗到完全康复都在综合性医院进行，造成了效率的损失。

我国康复医疗卫生服务资源分布不均，地区之间存在显著差异，经济发达的东部地区比经济相对较差的中部、西部地区拥有更为丰富的康复医疗卫生服务资源。城乡之间存在显著差异，城市集中了大量优质康复医疗卫生资源，农村存在短缺问题。优质康复医疗卫生资源在三级医疗机构集中，而二级和一级医院康复医疗卫生资源相对匮乏。

四、社会力量办康复医疗薄弱

我国鼓励社会资本投资兴办残疾人康复服务，发展残疾人事业，但在实践中由于配套制度的缺乏、缺乏专业化配置、存在发展新障碍等问题，我国当前社会资本兴办残疾人康复医疗薄弱，还没有形成多元格局。相关政策尽管提出社会资本办残疾人康复机构与公办残疾人服务机构享有同等主体资格对待，但由于缺乏相应配套制度支持，使支持社会资本办康复机构政策的实施效果并不理想。在税收优惠方面，由于没有中央或省级层面的操作性文件，导致政策规定的税收优惠政策无法落到实处。社会资本在建设用地和运营水、电费等方面的主要支出无法享受和公办机构一样的待遇，对社会资本办康复机构的支持多以项目带动，政府所给的专项补贴对于微利运营但却按照市场企业来对待的社会办机构而言属于杯水车薪。在政府购买服务的具体实践过程中，由于缺乏明晰的政策支持体系，民办机构受到政府机构影响很大，难以按照机构自身发展规律经营、发展。

当前社会资本办康复机构缺乏人财物专业化配置。在人力资源方面，国家并未出台社会资本办康复机构服务人员制度化的职业发展规划，使社会资本办康复机构服务人员无法进行职业资格认定以及职称发展，不利于社会资本办康复机构人才的培育与发展。社会资本办康复机构资金主要靠个人收费，政府支持和慈善捐助的比例较低，社会资本办康复机构资金压力巨大。政府购买服务总体投入不足，导致社会办康复机构难以有大的发展。社会办康复机构存在场地主要依靠租赁、不稳定及设施设备落后等问题，这些都制约着社会办康复机构的专业化、职业化发展。

在社会办康复机构中存在不少发展性障碍。社会办康复机构意识不足，一方面，残疾人事业是党和政府领导下的社会事业，容易落入政府办社会事业的老套路；另一方面，社会办康复机构缺乏社会宣传意识，这些都导致社会缺乏办康复机构意识。有些地方虽然具有社会办康复机构的意识，但由于考虑到管理的便利性、可操作性、风险性等原因，不愿意推进社会办康复机构实施。此外，我国残联自身没有执法检查权，社会办康复机构容易脱离政府的监管和督查，存在安全隐患。

总之，虽然专门促进民办残疾人服务机构发展的政策文件已经出台，但是提出的同等主体对待、实施项目支撑、落实人员待遇、享受税费优惠、鼓励社会捐赠、实现资源共享等发展举措并没有落地或落地效果不佳，原则性较强缺乏具体执行层面的细节，需要进行精细化、制度化、常态化、系统性的改革才能突破现有发展瓶颈与障碍。

第三节　国外发展经验借鉴

一、完善三级康复医疗卫生服务体系，以患者为中心

国外将康复医疗资源进行整合，建立完善的三级康复医疗卫生服务体系，医疗机构、康复医疗中心和社区康复医疗机构之间建立了完善的双向转诊制

度，重视医疗机构和康复机构有机结合，在康复机构环境设计、康复服务提供上全方位为患者着想，做到了以患者为中心。

资源合理配置，英国国家健康体系（NHS）在国家卫生部的统一领导下，合理统筹分配各级医疗机构资源，为居民提供较为完善的康复医疗服务。英国所有残疾人患者在接受社区康复治疗服务前必须经过"全科医生"的首诊处理，全科医生不仅要了解残疾人及其家庭的工作、生活情况，还要与其他部门联络，以帮助残疾人解决其健康、教育、谋生、社会、赋能的问题；美国社区康复将服务送到残疾人家中，并定期进行家庭访视；印度的社区康复模式强调将社区康复与初级健康保健相联系。

日本分工明确，康复医疗师与治疗师职责分明，医师的工作是会诊病人，解决临床诊断与治疗，并做功能评定，确定障碍的程度，而治疗师的工作是根据医生的处方进行相关专业的功能评估及治疗，严格执行医师处方。

在澳大利亚，残疾人的社区康复有着完善的双向转诊制度，医院、社区卫生服务中心和康复护理之家等机构间有着明确的分工和密切的联系，可以确保不同健康状况的病人及时被送到合适的康复机构，较为经济地获得医疗康复服务。

国外的医疗康复，重视医疗与康复的有机结合。美国的残疾人医疗服务并不是由专门的残疾人医疗机构提供，而是由普通医院提供护理，美国残疾人福利主要制度就是"访问护士制度"。瑞典出台相关法律，规定地方政府和社区有为社会成员提供康复医疗服务和医疗服务的义务。病人在医疗机构诊疗之后，根据病情转到康复医院或社区进行康复。在康复医院病情好转之后，患者可以转至社区继续进行康复训练。

英国以患者为中心，同整个 NHS 系统的其他组成部分相一致，康复医疗服务同样坚持以患者为中心，致力于提高患者满意度，如血友病治疗中推广运动治疗方法，有利于提高患者的生活质量；将医院营造为更为温馨舒适的环境，减轻患者压力，设立影院，调节患者心理健康，辅助治疗；对幼儿、老人等特殊患者的康复更具反馈性，进行家访以保障患者及时得到康复医疗服务。此外，在康复机构设计时充分考虑了患者康复的需求，楼层设计不高，楼宇设计不分散，建筑物内部色调、地面防滑处理、无障碍设施的配置均体现了以患者为中心的理念。

二、强调学科融合，人才培养提高康复专业性

发达国家将各种临床科室与康复医学相结合，强调学科融合，提高康复医疗的专业性。一方面在康复专业人员个体层面体现学科融合，康复专业人员都经过多学科医学教育，自身拥有多学科的医学知识和技能；一方面在科室层面实现学科的相互融合，在各临床科室安排康复治疗师，比如英国在神经内科、骨科、外科等科室派遣了康复医疗师，从早期就对患者进行康复介入。另外，从纵向上来看，全科医生与康复治疗师之间进行转诊活动，同样体现出学科之间的融合。通过个体层面、临床科室横向层面、医疗流程纵向层面实现多学科融合，大大提升康复医疗服务专业性，提高服务质量和效率。

发达国家根据先进的康复理念，建立了成熟、稳定、系统的康复医疗教育培育机制系统，为他们培养了大批专业的康复医疗人才。发达国家根据"国际功能、残疾和健康分类"标准，以医学、教育学、心理学、社会学等交叉学科综合康复观念为康复医疗教育先进理念。在专业设置上，需要学习医学基础知识、临床医学专业知识以及康复评定、物理治疗、作业治疗、语言治疗、临床康复等康复医学专业知识。不少国家对康复治疗师专业进一步细分，加入世界物理治疗师联盟（WCPT）和世界作业治疗师联盟（WFOT），培育康复专业人员达到国际统一标准。许多国家的康复人才培养形成了专科、本科、硕士和博士研究生等多层次的较完善的培养体系。另外，许多国家要求毕业后的康复专业人员要在全国性专业学会注册登记，获取执业资格后方可从事康复治疗工作。在课程和教学方面，许多国家按照国际标准进行设计，本科4年需要完成3000以上学时的课程，其中理论和基础技能占2000学时以上，实习占1000学时以上，教学周数达到90周。美国、加拿大等欧美国家都非常重视临床经验，一般从第2学年开始便分段进行临床实习。实习科室分必修科室和选修科室，骨科、儿科、神经科、心脏科为必修科室，假肢矫形器具、运动损伤中心、社会健康部等作为选修科室安排。日本4年制学士学位康复人才培养规定需要分阶段接受临床实习，其中一年级见习，二年级评定实习，三、四年级临床实习，并且实习机构并不局限在医疗康复机构，还包括保健与福利机构。澳大利亚4年制学士学位康复人才培养规定40%的学习时间用来参加临床实习。

三、更为充分的医疗保险及补贴，体现公平性

残疾人由于机体功能等缺陷，其劳动能力、收入水平、生活自理能力都比健全人平均水平要差一些，为保证残疾人在享有医疗卫生服务上的公平性，国外为残疾人建立了充分的医疗保险及补贴，来弥补残疾人与健全人之间享受医疗卫生服务的差距，体现公平性。

美国设计了专门覆盖残疾人的残疾人保险。残疾人保险具有保险性质，需要被保险人缴纳保险费用，体现保险义务，对保费水平、投保时间都有规定，投保需要满十年或者每年至少投保一个季度。只有提前退休的伤残职工才有资格参加残疾人保险。除了残疾人保险，美国的社会救助制度也是为贫困残疾人提供了一定的保障。

英国作为福利国家代表，政府财政为残疾人和疾病患者提供了大量的补贴项目，是英国社会保障预算仅次于养老金的一大部分开支。英国残疾人的财政补贴范围非常广泛，按照其涉及的领域，可分为主要生活津贴、健康和独立生活方面的津贴、雇佣与就业方面的帮助、与工作收入相关的津贴、特殊群体支持等九大类，几乎对残疾人需求全覆盖。但是财政补贴的获得也体现权利与义务的对应。例如部分补贴受到残疾人的收入和储蓄情况的影响，还有一部分补贴类似于保险性质，需要申请人按照国民保险计划进行缴费。

德国针对残疾人的福利是残疾年金。分为法定事故保险年金、劳动能力降低年金、残疾人养老年金和社会赔偿年金。分别对于因工作、道路事故或职业病造成健康损害者，丧失职业能力和劳动能力者等提供不同种类的年金以确保其生活可以持续下去。但是残疾年金申领的权利与个人的缴费等义务是相联系的，"社会医疗保险的所有被保险人都必须同时参加强制保险"。

瑞典作为高福利国家之一，其社会保障制度相当完善，其高福利水平、广泛的覆盖面以及多元的保障项目，为人们所向往。残疾人除了同其他公民一样享受医疗保险、失业保险外还可以获得特别社会保障，包括残疾补贴、车辆补贴以及护理补贴、帮助补贴。对于重度残疾人，可以聘用私人助理，其费用由政府全部买单。

日本是一个社会福利制度比较完善的国家。国民年金为残疾人提供了较完善的社会保障，尤其对重度残疾人家庭给予特殊的福利津贴。残疾人康复

疗养费用的 90% 由政府出资补贴，而对于家庭困难无力承担者则全部由政府来承担。此外，符合一定要求的困难残疾人每月可以领取政府的补助金。补助金额视保障者的收入而定，收入低者发放额度高，收入高者发放额度低。

四、法律体现残疾人医疗卫生平等权

国外发达国家在残疾人相关法律中体现残疾人医疗卫生平等权。德国《康复与参与法》规定残疾人康复医疗责任的主体由社会承担，各个主体之间能够很好地衔接，《康复与参与法》的目标就在于促进残疾人平等地享受到医疗卫生服务。《康复与参与法》作为针对残疾人社会保障的一般法，对残疾人医疗卫生服务承担主体有所规定，针对残疾人医疗卫生服务承担主体制定了一般性条款，当其他专门的法律在残疾人相关问题上缺乏规范或者不明确的情况下，以《康复与参与法》为准。德国制定《康复与参与法》这样一部残疾人特别法，促使残疾人平等参与社会并融入社会的目标和理念，体现残疾人医疗卫生服务的平等权。

《康复与参与法》同时也强调残疾人自主选择权和期待权，体现残疾人医疗卫生服务的平等权。该法强调残疾人个人责任意识和自主意识，将自主选择权和期待权纳入法律当中，让残疾人在医疗卫生服务中尽量体现个人责任，让残疾人通过自身努力来实现自身价值。《康复与参与法》第九条规定："通过资助措施的确定和实施，残疾人士对其权利能力产生的适当的期待权，该权利应受到法律保护。同时个人的生活状况、年龄、性别、家庭以及宗教信仰上的合法需要也应被考虑在内。"《德国社会法总则》第三十三条规定："如果权利或义务的范围或种类的内容不能被明确，那么在不违反法律的情况下考虑个人的需要和能力以及当地的条件，人与人之间的权利或义务关系则可以被扩大，此时对权利和义务有相应的期望是适当的。"

《康复与参与法》强化残疾人自主选择权和期待权，将残疾人对合法的权利能力的期待用法律来兑现，并且将这些权利作为残疾人基本权利加以优先保护，是残疾人平等享受医疗卫生的法律基础，对康复医疗救助措施的有效实行起到了辅助作用，对残疾人康复医疗责任的担负、援助措施的实施义务以及其自主选择权和期待权在法律上予以确认，加以保护，为残疾人平等权的实现提供了法律保障。

此外，《康复与参与法》没有单独成法典而是被纳入社会法典中，也是表明了对残疾人平等权的重视，表明了残疾人和健康人是一样的社会成员，从立法技术上体现了残疾人在医疗卫生服务方面的公平性。

第四节　促进残疾人医疗卫生服务发展路径探析

一、以残疾人权利保障理念推进残疾人医疗卫生服务发展

随着残疾观念的不断深入，残疾人权利保障日益重要，成为推进残疾人医疗卫生服务发展的先进理念。1975 年联合国大会发布《残疾人宣言》，指出"残疾人有权接受医药、心理和机能治疗"，"残疾人有权享有经济和社会保障"。2006 年第六十一届联合国大会通过的《残疾人权利公约》，提出"缔约国确认，残疾人有权享有可达到的最高健康标准，不受基于残疾的歧视。缔约国应当采取一切适当措施，确保残疾人获得考虑到性别因素的医疗卫生服务，包括与健康有关的康复服务"。2008 年 6 月，中国第十一届全国人大常委会批准了《残疾人权利公约》。可见无论是国际还是国内，都体现残疾人权利保障理念，成为我国推进残疾人医疗卫生服务法发展的重要理念。

二、残疾人医疗保障无障碍

（一）从普遍性和特殊性两个层面为残疾人提供医疗保障

根据国际经验，各国残疾人医疗保障既满足残疾人和健全人一样的普遍性需求，同时更加注重残疾人的特殊需求。我国残疾人事业还不成熟，社会经济发展正处于转型期，因此我国残疾人面临着更多的困难和障碍，因此应从普遍性和特殊性两个层面来为残疾人提供医疗保障，普遍性医疗保障包括医疗救助、社会医疗保险。特殊性医疗保障包括专门针对残疾人的各种医疗补助、医疗福利等。

（二）尽快提高残疾人普遍性医疗保障水平，普及残疾人特殊性医疗保障

我国医疗保障发展迅速，覆盖范围、保障水平不断提高，但对于残疾人而言，他们的普遍性医疗保障需求还未得到很好的满足，根据 2013 年度残疾人状况及小康进程监测报告数据，城镇残疾人医疗救助需求为 52.5%，农村残疾人医疗救助需求为 59.7%，无论是城镇残疾人还是农村残疾人，他们的医疗救助需求都未得到很好的满足，还需进一步提高。而残疾人特殊性医疗保障还未很好地得到普及，应该加快普及残疾人福利津贴制度，对重度残疾人、老年残疾人、女性残疾人、儿童残疾人等特殊残疾人群体给予纯福利型津贴，提高他们的医疗保障水平，增加他们医疗卫生服务的可及性。设定好普遍性医疗保险项目之间、特殊性医疗保险项目之间、普遍性医疗保险项目与特殊性医疗保险项目之间的衔接。

（三）完善残疾人医疗保障体系的配套支持措施

大力推进残疾人社会保障事业法制化，为残疾人医疗保障发展提供法律保障。我国应当专门建立具体、可操作的残疾人社会保障法律或法规。就立法模式而言，既可以依照《残疾人保障法》的方式颁布实施多举并行的福利，也可以在制定综合性的《社会福利法》的基础上，分别制定适用于残疾人福利项目的相关配套法规。科学界定残疾人医疗保障的责任分担，明确好政府、社会、残疾人个人在医疗保障制度建设中、资金投入中的相互作用。发挥好社会力量在残疾人医疗保障制度中资金和福利服务输送的补充作用。积极开展残疾预防工作。根据世界卫生组织的技术报告和各国的实践经验，今后加强一级预防、不断完善二级和三级预防，以形成整体合一、高度集成的残疾预防体系。制定和颁布国家残疾分类和分级标准以利于残疾评定工作的标准化、制度化。

三、三级康复医疗卫生服务体系

建立三级康复医疗服务体系，实现残疾人在不同级别康复医疗机构之间上下转诊。

（一）提高社区康复医疗服务能力是构建三级康复医疗服务体系的关键

根据国外经验，70%的康复需求可以通过社区康复解决，社区康复医疗机构在残疾人康复医疗卫生服务体系中具有重要的作用，通过加强社区康复医疗机构服务能力，完善残疾人医疗卫生服务体系，为三级康复医疗卫生服

务体系建设提供必要条件。根据疾病转化转归理论、系统理论医学模式，基层医疗机构根据社会—心理—生物模式为残疾人提供基本医疗卫生服务、残疾预防、残疾康复医疗和康复护理等服务，社区康复医疗机构是三级康复医疗卫生服务体系建设的重要一环，强化社区康复医疗机构医疗卫生服务能力是实现三级康复医疗卫生服务建设的必要条件。只有提高了社区康复医疗机构的康复医疗服务能力，才能够吸引残疾人到社区康复机构进行康复治疗。可以在社区建立线上、线下信息化平台提高社区康复医疗卫生服务能力。

（二）三级康复医疗服务体系建立上下联动机制

建立有效运转的三级康复医疗服务体系，需要在三级康复机构、二级康复机构和社区康复机构之间建立利益驱动机制，形成上下联动机制。三级康复医疗服务体系中的三个主体由于自身发展目标、利益目标不一致，在康复医疗中的功能定位可能会相互冲突，导致三级康复医疗服务体系无法正常运转。在建立残疾人三级康复医疗服务体系过程中，需要对三级康复医疗服务体系不同主体利益、目标进行分析，在三个主体之间建立好上下联动机制，为三级康复医疗服务体系顺利运转提供动力。

（三）在三级康复医疗服务体系中建立配套绩效评价体系

三级康复医疗服务体系需要建立起配套的绩效评价体系，在三级康复医疗服务体系运转之后，根据三级康复医疗服务体系总体战略目标，根据不同主体功能定位的不同，将康复医疗相关指标纳入评价体系，对三级康复医疗服务体系不同主体的活动进行激励，根据绩效评价的结果来进行财政、医保等收入的分配。

（四）鼓励社会资本办康复机构

在省级层面出台社会资本办康复机构实施办法，在税收、人员、财务、基础设施等方面与公立康复机构相一致，促进社会资本办康复机构。

四、残疾人康复医疗人才培养

（一）以国际功能、残疾和健康分类（ICF）理念为指导培养残疾人康复医疗人才

根据ICF理念，康复医疗需要考虑"生物—心理—社会"模式，不再单纯考虑身体生物因素，而是综合分析身体、心理、社会和环境等因素，

以及这些因素之间的相互联系和作用。重视康复服务过程中的身体功能和结构、活动与参与、环境与个人因素等多项关系。未来包括医学康复、心理康复、职业康复、社会康复、教育康复等在内的各种康复将不断融合，医院、家庭、社区、学校康复将不断整合，这是我国康复人才培养未来的趋势。

（二）不断细化康复人才专业培养

我国康复发展处于初级阶段，康复人才培养实践性不强。由于康复人才缺口较大，康复从业人员实际承担着综合康复、全面康复的职责，承担着多方面的工作。这些都导致我国康复人才专业性不够。未来需要不断明确和细化康复人员分工，康复人才专业培养也应该适应未来形势发展，不断深化和细化。根据国外先进经验，进行多学科合作康复人才培养，培养集合医学、教育、心理学、社会学等多学科知识的应用型人才。

（三）康复人才资格认证

我国在康复人才培养方面还没有进行明确的职业划分，康复人才多在综合性医院、康复机构、保健机构、疗养院、社区等从事综合性工作。由于没有明确的职业划分，导致康复人员专业性不强。根据国际经验，我国应该尽快建立康复人才资格认定及考核制度。有关专家建议对在正规院校康复治疗专业学习 3 年以上，考试合格并毕业或者在正规医学院校学习毕业，接受系统康复医学培训 1 年以上并考试合格，以及在国外学习获得康复治疗师资格或证书的人员给予资格认定，并且每 2 年考核注册一次。

（四）不断提升康复人才培养质量

我国当前康复人才培养教学计划还不成熟，课程体系还不科学，教学质量水平还不是很高。我国康复人才培养要重视应用技能学习，建立规范、有效的实习制度，让康复学员能有合理的实习课时安排，到康复机构、医疗机构实习，从干中学，保障学生有足够的实践时间，提高学生解决问题的能力。针对特定人才紧缺岗位，可以学习国际上流行的模块教学方法，有针对性地来组织相关课程与教学。

小 结

　　随着社会经济发展水平的不断提高，科技不断进步，残疾人观念逐渐从陈旧走向文明，从负担走向社会无障碍。残疾人医疗卫生服务无障碍战略，就是残疾医疗卫生预防、残疾人医疗卫生服务、残疾康复医疗以及残疾人医疗保障社会制度、社会政策的公平性，彰显了残疾人健康权利的实现，是全面建成小康社会的必由之路！我国残疾人社会医疗卫生服务体系实践并不是一帆风顺的，先后经历了萌芽阶段（1949—1977年），逐渐恢复、蓬勃发展、步入正轨阶段（1978—1990年），不断完善、深入实施阶段（1991—2010年），砥砺前行加快残疾人小康进程阶段（2011年至今）四个阶段。当前我国残疾人医疗卫生服务体系存在残疾人医疗卫生服务需求并未得到满足，残疾人康复医疗服务专业性不强，康复医疗卫生服务三级协作网络还不成熟，社会力量办康复医疗薄弱等问题。国外在残疾人医疗卫生服务体系方面，完善三级康复医疗卫生服务体系，以患者为中心，强调学科融合，人才培养提高康复专业性，更为充分的医疗保险及补贴，体现公平性，法律体现残疾人医疗卫生平等权。针对我国残疾人医疗卫生服务体系现存问题，借鉴国外经验，我国应该以残疾人权利保障理念推进残疾人医疗卫生服务发展，构建残疾人无障碍医疗保障制度，建立成熟三级康复医疗卫生服务体系，建立残疾人康复医疗人才培养科学体系。

第九章

无障碍战略与公共文化服务

第一节　残疾人公共文化发展现状

一、公共文化及公共文化服务供给

公共文化是指由政府主导、社会参与形成的普及文化知识、传播先进文化、提供精神食粮，满足人民群众文化需求，保障人民群众基本文化权益的各种公益性文化机构和服务的总和。公共文化的外延可以分为物质层面、制度层面、价值观念层面三个层次。物质层面的公共文化是指公共文化的物质载体和物质表现形式，包括公共文化设施、公共文化产品等。制度层面的公共文化是指公共文化精神和公共文化意识的制度表现形式。公共文化的价值观念层次是指公共文化意识形态和公共文化精神导向，主要包括理想信念、价值取向、伦理道德、团队精神、习惯传统等，表现为人文知识和人文精神两种形态。公共文化自形成以来，始终随着人类社会的发展呈现动态演进的过程。我国公益性文化事业单位是由国家财政支撑的公共文化生产、供给和服务机构，而以民俗传统存在的公共文化是由民间自发组织生产并共同分享的形态。

公共文化服务是指以政府部门为主的公共部门提供的、以保障公民的基本文化生活权利为目的、向公民提供公共文化产品与服务的制度和系统的总称，包括公共文化服务设施、资源和服务内容，以及人才、资金、技术和政策保障机制等方面内容。公共文化的本质决定了公共文化服务的性质和方向。一般认为，公共文化服务既是政府公共服务的要求，也是文化建设的新领域。公共文化服务一般由服务出资人、服务生产者、服务对象、服务中介等组成，具有公有性等重要特征，对于社会发展具有重要功能。公共服务的供给系统是指公共文化服务体系中公共文化产品的生产部门，直接作用于服务对象的服务机构。公共文化服务的供给方式一般包括以下种类：

(一) 政府主导型

在政府主导型模式中，政府的角色包括政策制定者、资金供应者及具体生产者。为了提供有效公共文化产品，政府的首要职责是制定并不断完善公共文化政策，促进公共文化发展。与此同时，政府有能力贯彻其出台的相关政策，使之付诸实施。出台相关配套措施获得相关支持也是政府重要工作之一。作为资金供应者的政府既可以是唯一出资方，也可以是多个出资方中的一员。政府根据经济形势和发展目标决定对公共文化的投入规模，保证公民基本文化权利的实现，逐步加大对公共文化的投入。除此之外，政府还要承担起资金筹集者的责任，引导社会资金发展公共文化事业。作为具体生产者，政府履行其职责的形式包括：(1) 直接经营。政府机关、事业单位或者国有企业以公共预算为基础直接生产并向服务对象提供公共文化产品，如国家图书馆、国家博物馆等。(2) 委托生产。政府和公共文化服务机构根据公众需求，委托私营部门生产公共文化产品，由政府供给。(3) 特许经营。政府出让公共文化服务的经营权，引进私人部门参与公共文化基础设施建设和经营，满足社会公众的公共文化需求。政府主导型公共文化供给模式能够发挥政府优势，在较短时间内为公众提供基本公共文化服务，推动公民文化权利实现。然而，这种模式工作效率低下，无法满足公众对公共文化的多元化需要。

(二) 市场主导型

在市场主导型模式中，政府主要负责制定相应政策，公共文化产品则主要由市场主体按照市场规则进行生产。公共文化服务市场化主要表现在以下几个方面：(1) 决策与执行分开。政府负责行使决策职能，具体执行则由市场或社会力量提供；(2) 通过市场主体间的竞争，实现多元化公共文化服务供给。市场主导型公共文化供给模式下，政府主要行使监管职能，提高公共文化产品供给的有效性，满足不同层次的社会公众的公共文化需求。市场主导型公共文化供给模式对市场经济的成熟程度、公民社会的发展以及公民对文化权利的意识有较高要求，能够满足不同层次的公众文化需求，避免政府直接提供所带来的效率损失。

(三) "一臂之距" 模式 (Arm's Length Principle)

"一臂之距" 模式是政府与公共文化具体事务保持一定距离，只对公共文化供给进行宏观政策指导和财政拨款，而不直接插手具体事物。政府设立中介机构，负责向政府提供文化政策建议和咨询，同时，接受政府委托财政拨款决策并对其执行情况进行评估。"一臂之距"原则具有"垂直"和"水平"两种分权向度。"垂直分权"涉及中央政府与其所属行政部门和各级地方政府的纵向分权关系；"水平分权"是指各级政府与文化方面的非政府公共组织的横向分权关系。"一臂之距"模式政府机构不直接与文艺团体发生关系，有利于监督，避免产生腐败，有利于满足公众多层次的文化需求。

近年来我国公共文化服务体系建设取得了显著成效。初步建成覆盖城乡的公共文化设施网络。在建设高水平大型公共文化设施的同时，统筹推进城乡基层公共文化设施网络建设，基本实现"县县有图书馆文化馆、乡乡有综合文化站"的建设目标。创新运营管理体制，激发公益性文化单位活力。积极推进公共文化设施向社会免费或优惠开放。全国 2780 个公共博物馆、347 个爱国主义教育示范基地及 43510 个公共图书馆、美术馆、文化馆（站）已实现免费开放，服务人次大幅增加。基层公共文化服务资源总量明显增加。截至 2014 年底，广播电视节目综合人口覆盖率分别达到 97.99% 和 98.6%。全国文化信息资源共享工程已建成 3.55 万个乡镇（街道）基层服务点、70 万个村（社区）基层服务点，基本实现覆盖所有乡镇、行政村。农村电影放映工程建设数字院线 252 条，放映队约 5 万支，年放映 800 万场，年观众人次约 15 亿。全国县级城市拥有数字银幕超过 7200 块，已有 10 个省（区、市）实现了县城数字影院全覆盖。农家书屋工程建成 60.1 万家书屋，为边远地区建成 1.6 万家卫星数字农家书屋。特殊群体和老少边穷地区公共文化服务水平得到明显提升。开展"边疆万里数字文化长廊"建设，在边疆 10 个省份建设了 810 个乡镇服务点、3104 个数字文化驿站。加强盲文读物的生产，推进盲人移动数字图书馆建设，全国盲人持证读者达到 35846 人。

二、残疾人公共文化服务

（一）总体状况

改革开放以来，国家对残疾人事业高度重视，从多方面加强残疾人工作，残疾人事业发展取得了举世瞩目的成绩。国家对残疾人事业投入大幅增加，残疾人"两个体系"建设扎实推进。残疾人收入水平和生活质量明显提高，残疾人参与社会的环境显著改善，扶残助残的社会氛围更加浓厚，广大残疾人的文化权益得到了更好的保障。根据需求层级理论，当生存需求满足之后，人类会追求更高层次需求，所以当残疾人基本生存问题得以解决之后，更高层次的文化需求就会提上日程。尽管残疾人某些身体功能存在缺失，但是他们在精神上和普通人一样，需要通过学习文化启迪心智，需要通过文化参与得到精神上的满足与依归。从渠道看，我国残疾人文化服务工作主要通过社区进行。残疾人文化服务是社区工作主要内容之一，各地区结合自身特点，开展了形式多样、内容丰富的残疾人文化服务工作，一定程度上满足了残疾人精神需要。与此同时，残疾人社区文化服务是各级残联指导残疾人文化服务工作的重要载体。社区残疾人文化服务虽然建设时间短，但是已经取得了较大成就。图9-1-1显示了2007—2013年我国残疾人参与社区文化和体育活动的基本情况。我国残疾人参与社区文化和体育活动比例有所提高。2002年经常参加社区文化和体育活动残疾人比例为4.7%，而到2013年这一比例已经上升到8.2%。与此同时，很少参加社区文化和体育活动的参加人比例也出现较大幅度增加，由2007年的20.1%增加到2013年的34.9%，增加了14.8个百分点。由此可以看出，随着残疾人事业发展，残疾人相关文化和体育设施数量逐步增加，越来越多的残疾人能够参加到社区文化和体育活动之中。与之相对应，从不参与社区文化和体育活动残疾人比例则快速下降，从2007年的75.2%下降到2013年的57%，下降了18.2个百分点。尽管越来越多残疾人能够参与到社区文化和体育活动中去，但是从不参与人的比例仍然超过一半。大部分残疾人从不参加社区文化和体育活动部分原因是残疾人身体条件限制，部分原因则是由于残疾人文化和体育设施不足，不能满足残疾人需要。

（二）残疾人图书馆建设现状

为了推动我国公共图书馆向残疾人提供服务，我国相继出台了《中华人民共和国残疾人保护法》《残疾人教育条例》《中国残疾人事业》和《中共中央关于促进残疾人事业发展的意见》等相关法律和文件，明确公共图书馆为残疾人服务的基本职责。1988年11月，上海市盲人有声读物图书馆正式成立，它是我国首批为残疾人服务的图书馆之一。经过不断完善，公共图书馆为残疾人服务的意识得到有效增强。据统计，目前在 31 个省级图书馆中，有 29 个开展了不同内容、不同形式的残疾人阅读服务。1994 年中国残疾人联合会与中国盲文出版社共建的中国盲文图书馆正式对外服务。中国盲文图书馆占地面积 2.8 万平方米，内设典藏借阅区、盲人阅览区、文化研究区等。按照视障人士的年龄、视障程度等，阅览区又分为盲文社科与文艺阅览区、有声读物阅览区等 8 个阅览区。2011 年国家图书馆开通"中国残疾人数字图书馆"网站。由此可以看出，我国正在逐步建立起由公共图书馆和专门图书馆组成的为残疾人服务的图书馆网络。截至 2016 年底，全国省地县三级公共图书馆共设立盲文及盲文有声读物阅览室 850 个。

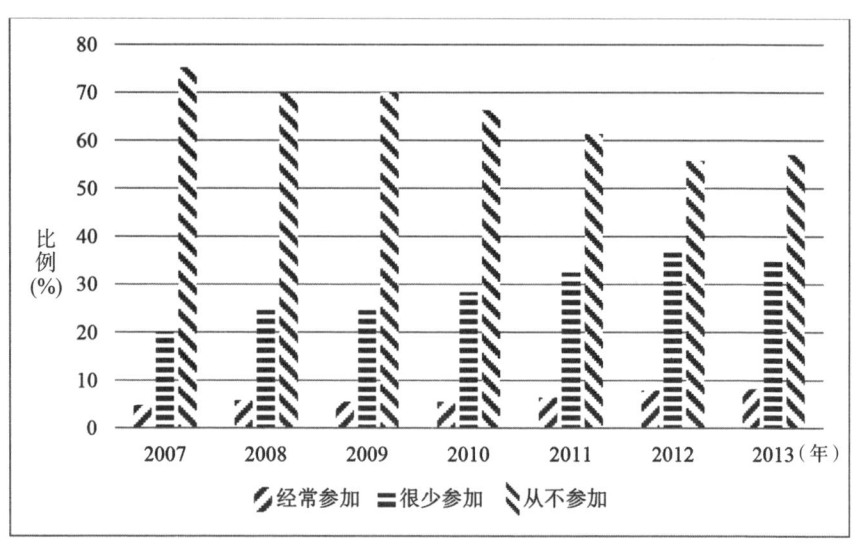

图 9-1-1　残疾人参与社区文化体育活动情况

数据来源：2013 年度中国残疾人状况及小康进程监测报告，http://www.cdpf.org.cn/sjzx/jcbg/201408/t20140812_ 411000. shtml。

目前，公共图书馆为残疾人读者建立的阅读资源种类呈现多样化特点，其中涉及数字化信息资源、传统纸质文献、盲文图书、有声读物、无障碍电影等。图书馆重视数字资源建设，面向残疾人读者中的少儿群体，精选合适资源内容，为孩子提供在线阅读、书籍推荐等服务。有声读物是图书馆专门为视障读者配置的资源，能够方便视障读者享受阅读。一些公共图书馆的网站还增设了语音模块，使视障读者增加了获取知识的渠道。与此同时，公共图书馆根据残疾人读者自身特点及自身资源情况，开展了形式多样、内容丰富的阅读活动，如残疾人才艺展示、播放电影、盲文阅读交流会等。有的图书馆采取送书上门，解决行动不便残疾人的困难。随着新技术发展，多媒体技术和数字信息技术被广泛应用于图书馆各种服务中，为残疾人享有图书馆服务开拓新途径。公共图书馆残疾人服务重视无障碍信息的建设，发展图书馆残疾人公共信息系统，为不同类型的残疾人读者提供书刊借阅服务。

第二节　残疾人公共文化服务发展中所面临的问题及其成因

一、我国公共文化服务中面临的问题

尽管公共文化服务体系建设取得了一些成绩，但仍然存在不足之处，有待于进一步改进，主要表现在：

（一）公共文化供给方式单一，效率低下，无法满足人民群众需要

我国公共文化供给以政府为主，缺乏其他社会力量参与。一方面，政府特别是基层政府对公共文化建设重视程度不够，导致公共文化工作弱化。另一方面，相关管理部门不了解群众需要，把公共文化服务简化为文化送温暖工程，流于形式。政府包办所有的公益性文化事业，过多地干预文化事业，扭曲了公共文化服务的本质。公共文化产品种类数量少、质量不高的问题比较普遍。一些公益性文化单位活力不足、效率不高。

（二）公共文化服务发展不平衡

公共文化供给不平衡既包括地区之间发展不平衡，也包括城乡之间不平衡。杨秀云等于 2016 年计算了 2003—2013 年我国 31 个省市的公共文化服务发展指数，显示 31 个省市的公共文化服务水平划分为三个层次：第一层次公

共文化服务指数水平远超其他省份，包括上海和西藏；第二层次公共文化服务指数水平高于全国平均水平，如浙江、北京、青海、宁夏、新疆、内蒙古、福建、天津、海南；其余省份公共文化服务指数均位于第三层次。高于全国平均水平的 11 个省、市、自治区，东部区域占 6 个，西部区域占 5 个，而中部地区均属于第三层次。按照东中西部三大区域的平均水平，东部地区略优于西部地区，而东、西部地区显著优于中部地区，我国公共文化服务水平呈现"中部凹陷"的局面。从城乡看，县级以下基层公共文化体育资源仍然比较匮乏，农村公共文化服务设施建设、网点分布、服务能力比较落后。2013年在我国 2712 个县级公共图书馆中，无购书经费支出的有 580 个，占到县级公共图书馆的 21.4%。

（三）财政资金投入不足，制约公共文化服务水平提高

尽管各级财政对文化建设的投入不断增加，但财政投入的增长仍然不能满足人民群众日益增长的对公共文化的需要。我国的公共文化服务事业由于基数较小，欠账较多，增长仍然缓慢，文化事业总量偏少、比例偏低的局面未得到根本改观，基层公共文化设施建设严重滞后于经济建设的发展和人民文化生活的需要。尽管用于公共文化服务方面的经费投入逐年增加，但占国家财政总支出、文教科学卫生事业费支出的比重仍然相对较低。全国文化体育与传媒支出占全国财政支出的比重长期保持在 1.8% 左右。2014 年，文化体育与传媒支出为 2683 亿元，占全国财政总支出的 1.77%。

（四）队伍建设落后，缺乏专业人才

地方政府对公共文化建设投入不足，其中包括人才建设，成为制约文化服务体系建设的"瓶颈"。特别是基层公共文化体育机构专职人员数量严重不足、队伍不稳定、服务水平参差不齐的问题比较突出，制约了公共文化服务质量的提升。由于对文化工作的地位和重视程度不够，文化站工作人员大部分都是兼职，乡镇文化站工作人员"在编不在岗"和"专干不专职"等现象普遍存在，文化站的站长和干事经常调换，业务水平难以得到提高，专业化程度偏低；农村文化管理人员普遍缺乏，农家书屋的管理人员都是业余人员，农家书屋难以找到真正热爱岗位的人来管理；农村文化工作人员待遇普遍偏低，有不少地区的农村文化站工作人员甚至没有任何待遇。

二、残疾人文化生活面临的问题

（一）文化服务渠道单一

我国残疾人文化服务的主要渠道是社区党政组织和具有行政化倾向的社区居委会组织，其他的非政府组织等服务渠道比较少，社区残疾人文化服务基本上是政府部门单向度管理，由此带来渠道单一、服务质量较低等问题。社区的残疾人服务一般注重硬件建设，如康复工作，对残疾人的文化需求重视力度不够，一些社区没有专业的文化负责人，或者对文化服务工作不熟悉，导致残疾人文化服务范畴狭窄，仅停留在满足其基本的文化娱乐层面，未能很好地起到文化精神建设的作用。

（二）文化服务的形式和内容有待创新

从总体来看，社区残疾人文化服务的形式比较传统，以集体组织、定期举办为主要形式，如作品展、文艺演出等，内容方面也以传统的书法、绘画、读书、棋牌、摄影等为主，起到愉悦、康复残疾人身心的作用，在一定程度上满足了残疾人的文化需求。然而，随着残疾人受教育的程度不断提升，他们对文化服务的要求也在不断提升，尤其是青年残疾人，不再满足吹拉弹唱等传统形式，更渴望与社会文化接轨，这对社区文化服务的质量提出了新要求。在保持传统文化服务的同时，社区应结合残疾人的需求改革创新，提出新方法、探索新思路，以满足不同年龄层次、不同类型残疾人的精神文化发展要求。

（三）文化服务意识和水平有待提升

从社区建设的进程看，硬件设施的配备是社区建设的重点，文化软件的建设虽然也设有考核指标，但在社区的管理中，普遍存在文化软件建设力度偏小的现象。从社区残疾人文化服务看，不少社区是按照考核要求定时定式地举办活动，相关部门主动服务的意识不强，未能充分了解和吸纳残疾人自身的需求，导致残疾人参与的力度和深度不够。

（四）公共文化服务体系制约残疾人文化生活

目前我国公共文化体系建设已经取得较大成就，但是规划和实施过程中并没有考虑到残疾人的特殊需求，信息无障碍设施建设也不到位，致使残疾人并没有享受公共文化服务发展成果。部分地区政府财力雄厚，能够针对残疾人的文化生活需求拨付部分专项资金，配套建设一些专门的文化基础设施，组织一些由残疾人创作或为残疾人创作的文化活动。经济落后地区，尤其是乡镇政府，财政的重点在保单位运转、保职工工资，公共文化基础设施建设和公共文化服务越来越被边缘化。残疾人文化产品供给机制市场化运作起步艰难，依靠国家行政力量自上而下的、强制性的、灌输性的"喂食"式文化供给机制依然占据主导地位，导致文化服务与残疾人需要脱节。

（五）现有公共图书馆服务无法满足残疾人需要

目前公共图书馆设计和建造未达到无障碍标准，大多数设备和设施都是从普通人角度出发，残障读者无法使用这些设备。由于很多地方的公共图书馆修建时间较早，多数图书馆在设计的时候未能较好地考虑建设方便残障人士行为的设施，例如音像导向设置、无障碍通道等。公共图书馆缺乏为残疾人提供服务工作人员，导致对残疾人的服务存在交流障碍，比如聋哑人手语交流等。

三、残疾人文化生活不足的原因

（一）制度层面因素

残疾人缺乏收入保障制度，导致其收入水平较低，部分残疾人收入仅能满足其基本生存需要，不足以支持文化需要等较高需求。社会保障制度缺乏对残疾人的特惠性保障，将许多看似收入超过最低人均收入，但实际将大部分支出用于康复治疗的残疾人家庭排除在最低生活保障制度之外。即使残疾人能够享受最低生活保障制度，其标准也仅能满足最低水平生存问题。针对残疾人的特殊教育仍然存在许多不足，制约残疾人文化水平提高。残疾人教育没有考虑不同残疾类型在接受教育时的特殊需求。大部分的智力残疾、听力残疾、视力残疾都需要教育与救助、福利、康复融于一体特殊教育形式，方能取得成效。特殊教育内容不合理。长期以来，残疾人教育往往把目标定位于帮助残疾人脱离"文盲"状态，偏重于对基础文化知识的传授，而认知能力、表达能力、组织协调能力、心理健康等方面的内容却被忽略。

（二）社区层面因素

目前，城市和农村社区承担着大量行政管理工作，忙于处理各类行政事务，对文化建设的重视程度不够，精力投入不足。与此同时，由于基层文化部门条件差、待遇低，无法吸引新的优秀文化工作者加入，原有人员大都年龄老化、缺乏专业知识，特别是对于直接服务农民文化生活的乡镇文化站。专业文化工作者的缺乏，使得社区组织的公共文化活动对残疾人的特殊性及残疾类型的多样性针对性不足。社区的硬件设施是残疾人社区文化生活的关键所在。经济条件较好的城市社区会建有诸如"图书阅览室"等文化基础设施及方便残疾人出行的无障碍设施，便于残疾人参与公共文化活动。然而，绝大部分农村社区文化基础设施落后，服务残疾人的无障碍基础设施及辅助器械缺乏，限制残疾人参与社区文化活动。

（三）残疾人自身因素

残疾人生理缺陷将他们更多地固定在家庭这个私人空间内，利用自有文化资源，开展一些"力所能及"的文化活动，很少有机会参与到公共文化生活中去。尤其是广大农村地区，村庄布局分散，距离城镇远，交通不便，很多残疾人特别是有视力障碍、肢体障碍的残疾人被长期封闭在村庄里，而村里一般又不具备组织文化活动的条件，即使有条件的村组织一些文化活动，也多是围绕健全人的需求，缺乏对残疾人群体的特殊关照和考虑，致使很多农村残疾人参加公共文化活动的权利被变相剥夺。心理因素也是制约残疾人参加文化活动的重要因素。由于长期处于生理残疾状态，伴随着生活不能自理、经济拮据、社会排斥等困难，导致残疾人群体多有自卑、敌对、自我否定等负面情绪，这些心理，使残疾人更愿意待在家里，不愿意与人交流或者参加文化活动。

第三节 国外残疾人文化事业发展经验借鉴

一、美国残疾人图书馆服务

从 1868 年美国波士顿公共图书馆为盲人提供相关服务开始，美国图书馆便致力于为盲人提供服务。1987 年美国国会图书馆正式设立盲人阅览室，此后针对盲人的图书馆服务种类逐渐完善，极大丰富了残疾人文化生活。在促进残疾人享有图书馆服务的工作中，美国图书馆协会（ALA）和国会图书馆发挥了重要作用。美国通过相关法律保障残疾人能够享有图书馆相关服务。例如，1973年通过的《康复法案》（Rehabilitation Act）要求确保残疾人平等享受图书馆设施和服务的权利；1990年通过的《美国残疾人法案》中的相关条款规定了图书馆为残疾人服务的责任。

（一）残疾人图书馆网络

为了给残疾人提供相关图书馆服务，美国形成了覆盖全国的残疾人服务国家图书馆网络。美国残疾人服务国家图书馆网络以国会图书馆盲人及其他残障人士服务中心（NLS）为中心，囊括4个州中心图书馆、56个地区图书馆及45个副区图书馆和101个县图书馆，为残疾人提供书刊、音频设备等相关服务。国会图书馆盲人及其他残障人士服务中心是残障人士国家图书馆网络协调机构，其具体服务职责包括：为盲人和残障人士选择和采购有版权许可的阅读材料；直接或通过州和地方合作网络库分配相关书目信息；音频复制设备的设计、开发和采购及其直接或通过合作机构分发；建立标准和质量保证的产品和服务；培训、指导和协调志愿者增加国家和地方图书馆资源；管理全国馆际合作项目；为盲人和身体残疾人士准备目录和其他出版物的印刷和其他媒体，以确保充分利用国家计划；在各方面为盲人和身体障碍人士提供全国参考和推荐服务；以特殊格式开发、维护和流通全国的音乐乐谱和文本馆藏；监控网络图书馆以便在每个站点有效利用。根据NLS与美国邮政局的协议，NLS为残疾人提供免费邮寄服务，盲文书和杂志都可以免费送到读者家中，还书也可以通过免费邮寄系统实现。除此之外，NLS还为美国海外公民提供服务。读者只要在离开美国之前在图书馆注册，当其在海外需要图书馆服务时，他只需将他所需的资料名称及海外地址告知负责海外服务的图书馆员，NLS便会将读者需要的资料免费寄送给读者。NLS每月都会出版新书刊等其他资料目录，介绍图书馆新录书刊等信息，并免费邮寄给海外读者。

除了NLS以及它通过邮寄系统为残疾人提供图书馆服务之外，美国各地图书馆也为残疾人提供相应服务。犹他州图书馆盲人及其他残障人士服务中心、内布拉斯加州图书馆盲人及其他残障人士服务中心、马萨诸塞州图书馆盲人及其他残障人士服务中心、北卡罗来纳州图书馆盲人及其他残障人士服务中心是全国4个为残疾人提供图书馆服务的州中心，除了为本州残疾人提供服务之外，也为其他临近州残疾人提供图书馆服务。例如，马萨诸塞州图书馆盲人及其他残障人士服务中心除了为本州残疾人提供服务之外，还为缅因州、新罕布什尔州等州残疾人提供图书馆服务。基本馆藏为光盘、盒式磁带、盲文文献，各地区图书馆根据各自情况分别收藏相关资料，如本地专题及本地作者资源、大字本儿童图书。州立图书馆一般会提供盲文打字机、盲文记录机、盲人复印机等相关辅助设备。

（二）数字图书馆服务平台

除传统途径外，NLS逐步引入新信息系统，提高为残疾人服务效率。

1. 盲文音频阅读下载（BARD）系统。BARD已经成为NLS自动化系统不可或缺的一部分，链接到其内部的计划和基于网络的信息系统，以及数字杂志目录和分销系统。BARD系统由用于下载电子盲文图书、杂志、乐谱和材料的盲文网页系统和音频图书合并而成，内容包括电子盲文和音频格式的有声读物、图书、杂志、乐谱和资料。

2. 书目和编目系统。NLS利用国会图书馆"航行者"系统进行所有阅读材料的书目控制。网络图书馆、用户和外部机构通过互联网与"航行者"连接，先输入记录并下载到他们的系统，以供用户和外部机构搜索和查询。

3. 盲人和残障人士详细目录控制系统（BPHICS）。BPHICS是用来跟踪和控制NLS自有的设备通过网络机构借给用户的全国清单。综合性邮件列表系统（CMLS）从最初到现在一直用于分配杂志和出版物的订阅数据，现在已经变成全国用户数据总库。用户通过资格验证后，才能从BARD系统下载图书和期刊、进行用户调查、跟踪最近的有声读物设备分配状况。NLS将以上几个系统合并为一个新系统，并增加一个与用户和设备关联的信息数据库，通过因特网和网络机构信息系统实时对接，及时获取反馈网络机构间的用户传输信息。

4. 读者登记和传递系统（READS）。READS是图书馆自动化系统，是目前被使用的4种程序之一。NLS开发并免费提供给网络机构、跨州中心、NLS音乐部和海外服务中心。READS支持用户管理信息、图书流通、馆藏管理和设备流通控制。

5. 超额和重新分配系统（XESS）。XESS 是 NLS 自有的系统，用于网络图书馆从相对过剩的地区到相对缺乏的地区再分配 NLS 自有的各种格式图书的复本。图书馆剔除没有再分配的过剩复本，由承包商回收或根据 NLS 的指示处理。有声读物从模拟到数字化这一过程中也使用 XESS 系统。

6. 产品库存控制系统（PICS）。NLS 员工和承包商使用 PICS 用于管理项目产品和设备的内部操作系统，逐步增加质量保证、出版物数据输出和网络机构目录等许多功能。

美国残疾人服务以用户为中心，依托于技术进步、制度、管理、资金、人才、需求调查等各个环节之间的相互衔接，构成一个高效运转体。完善的法律制度为残疾人图书馆服务提供了强有力的法律保障，其中包括《残疾人法》《邮政法》和《著作权法》等相关基本法律，辅之以《残疾人权利公约》《图书馆宣言》等。充足的资金保障是美国图书馆能够为残疾人提供相关服务的经济基础。美国联邦、州和地方政府，明确划分责任和费用，为盲人及残障人士提供免费服务。每年国会以项目经费通过财政年度拨款向 NLS 提供资金，这部分资金大部分用于购买书刊、设备和相关材料，少部分用于支付服务费用。州和地方政府以日常经费的形式，为合作图书馆网络的运行提供必要的资金保障。用户需求是图书馆服务的根本所在，是图书馆建设和发展的依据。NLS 设立用户关系部，调查读者需求，建立和维护与个人用户和用户团体活动的联络人。

二、日本残疾人图书馆服务

（一）公共图书馆

日本公共图书馆是为残疾人提供图书馆服务的主体，其针对视觉残疾人服务主要包括以下种类：

1. 面对面朗读。面对面朗读除了已经录制的一般有声读物外，对于有特殊需求的盲人可以提供朗读服务，这种服务在日本公共图书馆普遍存在。面对面朗读需要提前 2—3 天预约，图书馆内设有朗读室，可以对图书馆资料或带来的私人书籍、文件资料做现场面对面朗读服务。面对面朗读服务每次大约 2—3 小时，朗读者由职工或者馆员担任。一般情况下，面对面朗读服务需要读者到馆接受服务。除了盲人之外，有些图书馆接受读者申请朗读，并且可以延伸至馆外。例如，可以定期至老人保健机构等访问，为老人面对面朗读。

2. 音译。音译针对除依赖听觉之外无法利用其他感官获得资讯的人，为保障其基本人权所采取的办法，实施范围包括出版物及演讲时所使用幻灯片的有声化、美术馆绘画及雕刻解说等，也就是将文字或非文字图像等转换成声音。音译的重点在读取视觉资讯，如图表和照片等，并将其用声音表达出来，这跟一般照本宣科式的朗读不同，除了要正确传达图像内容外，表达方式要求越周延越好。因此，从事音译的工作人员需要有专门技能，要将视觉资讯以浅显易懂的方式表达出来。

3. 无障碍资源中心（Barrier-free Resource Center）。无障碍资源中心是通过获得书刊相关数据，然后利用电脑阅读为残疾人提供服务。对于无法阅读而想通过阅读得到相关信息的残障人士，首先要加入会员，这样才能提出申请书刊的相关数据。BRC 根据需求向出版社提出申请，如果出版社能够提供相关数据，则直接转给申请人。如果出版社同意但是却无法提供相关数据，BRC 则代出版社制作相关数据并将其转给申请人。不论由出版社提供还是 BRC 制作相关数据，申请者都必须购买一本原书。

4. 大活字书本。大活字书本主要为弱视者、低视力者和高龄者制作，其目的是为让弱视者、低视力者及高龄者能够获得均等阅读机会。

除了视障残疾人服务之外，日本公共图书馆还为听障残疾人提供相应服务，包括：针对电视和电影，图书馆为听障者准备需要字幕机才能显示详细说明的字幕，有的甚至在画面中加入手语解说。为了使听障者能够较好地获得声音，图书馆在特定区域安装与扩音器相连接的刚硬线圈，方便助听器接收信号。在举办研讨会或演讲时，为让听障者亦能参与，特别在其两旁搭配两名笔记员当场做笔记，一人照着演讲者演讲内容尽量逐字记载，另一人则只记重点。听障者可随时参照两人记载之内容，同步跟上进度。为听障残疾人服务的馆员需掌握手语或者装配手语翻译器。

（二）大学图书馆

在 1972 年日本全国图书馆大会上，日本图书馆协会提出了保障残疾学生利用图书馆的权利，此后，为残疾学生提供图书馆服务的问题引起了大学图书馆界较为广泛的关注。随后，大学图书馆开始对图书馆的设施、设备等硬件进行升级改造，方便残疾学生使用图书馆，例如，在出入口设无障碍坡道、馆内铺设盲道等设置。1986 年，日本大学图书馆开始引进志愿者为残障读者服务，如面对面朗读服务。随着进入大学的残疾学生日益增多、终身教育事业的发展和大学图书馆向社会开放的普及，越来越多的残障者、高龄者等弱势群体利用大学图书馆的资源和服务。为了满足这种需求变化，日本大学图书馆采取多样化服务方式确保残障读者获取信息的无障碍化，如馆际互借服务等。与此同时，大学图书馆加强同其他类型图书馆的协作，进行馆际合作与资源共享。日本大学图书馆为残疾人服务的特点主要体现在以下方面：

1. 无障碍设施与设备。日本大学图书馆具有完备的无障碍设施与设备。图书馆的出入口都设有无障碍坡道；图书馆的门口提供轮椅以协助肢残者进入图书馆；图书馆的室外盲道一直延伸至大厅引导读者到达咨询台；图书馆馆舍楼层平面图增设盲文说明。弱视者可使用具有放大功能的扩大读书器阅读；视障者可通过装有音声合成装置的电脑来查找馆藏等及使用盲文显示器阅读电子图书，需要的部分也可用盲文打印机打印出来；听障者可通过文本电话向馆员咨询，并且还配备有印刷文字扫描朗读系统、DAISY（Digital Accessible Information System，数字无障碍信息系统）播放器、CD 读书器、盲文复印机、盲文打字机、声音放大器等辅助支援设备。

2. 馆藏资源与共享网络。为了满足残疾读者广泛的文献需求，日本大学图书馆积极收入适合残疾学生的资料，包括盲文图书、大活字书、录音图书、CD 图书、DAISY 图书、扩大写本、卡式磁带、带字幕和手语录像带、盲文期刊、录音期刊、盲文报纸及网络数据库等类型。为了弥补馆藏不足，各大学图书馆通过国立情报学研究所的联合目录系统（National Center for Science Information Systems-Catalog，简称 NACSIS-CAT）共享到其他大学的资源，还可通过国立国会图书馆《盲文图书·录音图书全国综合目录》共享到全国公共图书馆、盲文图书馆等收藏的资源。

3. 多样化服务方式。除了提供公共图书馆能够提供的服务之外，如面对面朗读、代读者服务、馆际互借服务等，日本大学图书馆还提供部分特有服务，如学术文献录音服务。2010 年开始实施的《著作权法修正案》为日本大学图书馆开展学术文献录音服务提供了可能。大学图书馆可通过国立国会图书馆为残障读者提供文献录音服务。大学图书馆先向国立国会图书馆申请获得学术文献录音图书接收馆资格，然后读者就可向该接收馆提出学术文献录音申请，接收馆将申请转达国立国会图书馆，由其组织学术文献录音，完成后再通过接收馆借给申请者，使用期限为2个月，到期后返还给接收馆。

日本公共图书馆和大学图书馆向残障人士提供图书馆服务，通过各种技术手段使残障人士能够获得均等的阅读机会，保障了残障人士基本文化权利。之所以能对残障读者提供完善的服务，与政府的财政援助、国家保障残疾人权益相关法案的颁布及任何人提供均等服务的理念是密不可分的。

第四节 促进残疾人公共文化服务发展路径

通过以上分析，特别是与美国和日本公共图书馆提供服务相比较，我国残疾人公共文化生活处于较低状态，无法满足残疾人文化需要，保障残疾人基本文化权利。因此，未来我国要借鉴发达国家发展残疾人公共文化的先进经验，推动残疾人公共文化无障碍设施建设，实现残疾人平等享受公共文化，具体可以通过以下方式。

第一，加强社区公共文化发展，为残疾人参与公共文化提供机会。残疾人文化服务需要投入大量的人力物力，配备与其需求相符的设施与服务人员，必须要创新管理体制，以提升服务能力。改变由行政单一管理的体制，引入社会力量，既能够弥补政府投入缺口不足，又能够通过第三方力量提高文化设施效能。社区形成多渠道、多模式、多角度的管理体制，切实提升残疾人文化服务能力。基层社区残疾人文化活动，首先要促成公共文化场所，如图书馆、文化馆、影剧院等向残疾人开放，配有无障碍设施，使残疾人参与社区文化成为可能。社区要开发和挖掘适合残疾人和健康人共同参加的文化活动，拓展包含文化娱乐、体育、教育和科普活动等在内的文化活动。

第二，政府要为残疾人文化事业发展及其参与公共文化提供制度保障。政府是残疾人公共文化服务得以开展和运作的主导力量，不仅体现在文化发展方向的决定作用,还体现在为残疾人服务的过程中。政府的主要作用表现在:政府要改革公共文化服务体系,推动公共文化服务体系发展,满足包括残疾人在内所有公民的文化需要。完善支持公共文化服务的相关经济政策和引导机制;放宽、降低公益性文化事业的准入门槛,鼓励和支持民间资本和外资进入公益性文化领域,拓宽支持公益性文化事业建设的途径,努力形成公共文化服务发展资金来源多渠道、投资方式多元化的新格局,逐步形成以政府投入为主、社会力量积极参与的公共文化服务投入保障机制。政府应该充分发挥在残疾人文化建设中的主导作用,给予特别安排,特别是要充分考虑残疾人参与文化的特殊性和规律性。开展形式多样、健康有益的群众性文化、艺术、娱乐活动。鼓励和吸纳残疾人或残疾人文化艺术团体参与各项文化活动以及各类文化评奖。

第三,积极推动残疾人图书馆建设,满足残疾人文化生活需要。残疾人图书馆硬件设施要达到无障碍设施,例如进出口、电梯、卫生间都应该达到无障碍标准。只有达到无障碍标准,广大残疾人才能够使用图书馆。借鉴美国经验,中央财政和地方财政分工负责残疾人图书馆运行,中央财政负责残疾人图书馆书刊等资源采集费用、材料费用等;地方财政则负责残疾人图书馆日常维护费用。在对残疾人需求调查基础之上,不断丰富残疾人图书馆馆藏资源,满足残疾人需要。与此同时,残疾人图书馆要为残疾人提供相关配套服务,可以借鉴日本公共图书馆残疾人服务的经验。对于广大农村地区和偏远地区,可以借鉴美国和日本经验,通过邮政系统邮寄残疾人书刊等,为农村和偏远地区残疾人提供图书馆服务。

第四,要激发残疾人文化创业的积极性。政府在资金、技术和市场引导等方面发挥积极作用,推动残疾人创业基地建设,将残疾人的文化作品孵化为文化产品。在实现残疾人文化创业、文化就业的同时,推动残疾人文化事业发展。同时,残疾人文化创业基地能够起到龙头示范作用,带动残疾人事业整体发展。

第五,推动相关配套设施建设,便于残疾人观看和聆听影视作品,丰富残疾人文化生活。影视作品是文化的重要载体,但是由于相关设施建设滞后,制约了残疾人对影视作品的分享。首先,电影院等公共文化场所要进行无障碍改造,便于残疾人出入,使残疾人观看影视作品成为可能。其次,政府或者社会组织对相关人员进行培训，使其具备朗读影视作品的能力，使盲人能够聆听影视作品。

小结

残疾人是社会的重要成员，由于他们自身条件限制使他们不能与健全人一样参与到社会生活之中，特别是公共文化生活之中。文化生活的欠缺制约了残疾人全面发展，对其生理和心理健康都会产生不利影响。因此，本章研究了无障碍战略中如何促进公共文化发展，丰富残疾人文化生活，促进残疾人生活全面发展。结构上，本章首先回顾了我国残疾人公共文化发展所取得的成就，残疾人社会文化服务蓬勃发展，形式多样；残疾人公共图书馆数量逐年增加，服务残疾人次数稳步上升。在回顾成就的基础之上，本章梳理了我国残疾人事业发展存在的不足之处，主要表现为：服务形式单一、服务水平滞后、服务意识不足。然后，本章分析了美国、日本残疾人公共图书馆服务，总结相关经验，供推动我国残疾人公共文化事业发展借鉴。最后，本章提出了相关政策建议，推动我国残疾人文化事业发展，丰富残疾人文化生活，促进残疾人身心健康。

第十章

无障碍战略与残疾人体育健身

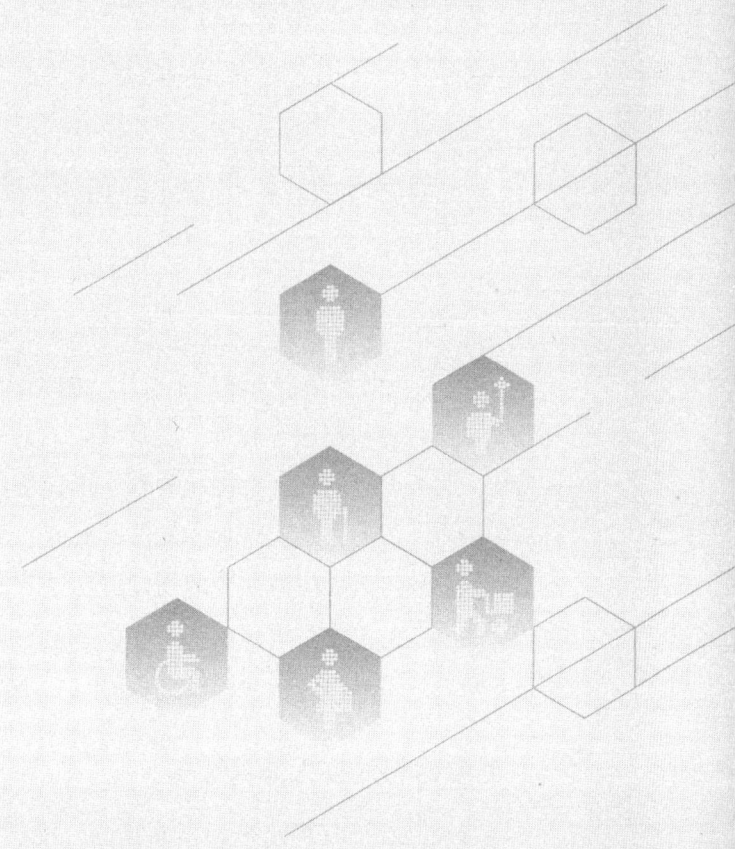

体育健身是残疾人康复、进行人力资本积累的重要手段，多年来国家为改善残疾人体能，健其心智，促其积极参与社会，大力发展残疾人体育事业，尤其是近年以来我国残疾人体育在世界竞技舞台上连创佳绩，但残疾人体育不仅是竞技体育，更是为了让广大残疾群体达到康复身心、融入社会的目的。当前残疾人由于自身及外在因素的影响较少参与体育锻炼，从而导致全民健身的"全民性"实现程度大打折扣，残疾人体育已成为全民健身工程必须面对的社会问题。全民健身要求破除阻碍残疾人参与体育锻炼的种种障碍，因此无障碍战略的构建与全民健身、残健融合的实现息息相关。从体育观念到体育政策及制度安排等对残疾人都是无障碍的，从物理无障碍到心灵无障碍，帮助残疾人打破体育运动排斥壁垒，让残疾人在无障碍社会中能像健全人一样进行体育锻炼，积极参与社会，融入社会，共享发展成果，这才是无障碍战略与全民健身的最终目标。

第一节 无障碍战略与残疾人体育健身现状

"十三五"时期是全面建成小康社会的决胜阶段，必须加快无障碍社会的构建，以期加深残健融合程度，实现残疾人共享改革发展成果。残疾人体育因残疾人自身及外在的社会排斥导致在全民健身计划中较健全人面临更大的挑战和困难，因此残疾人体育的发展状况直接关系全民健身的普及程度及真实实现度。残疾人无障碍社会的构建经历了逐渐被人们认知和理解并尊重的过程，这其中的关键是对残疾人观念的改进，加强对残疾人体育健身工作的重视和研究，全面落实《全民健身条例》，无障碍社会的构建至关重要。

一、无障碍与残疾人体育健身

随着社会经济发展水平的不断提高，残疾人观念逐渐从陈旧走向文明。过去普遍认为残疾人因残而废，甚至是无能的，导致长期以来"残疾"与

"障碍"如影随形，这些错误观念严重地歪曲和损害了残疾人的社会形象，视其为家庭及社会的负担，残疾人自身也对自己产生了消极评价，残疾人在内外共同作用下成为社会排斥的对象。例如早期残疾的生物医学模型将残疾人视为"治疗""矫正"的对象，应对政策的核心是降低疾病后果对人体的影响，而与残疾相关的议题被视为是一种社会负担或社会问题。伴随着残疾人"无障碍"运动的兴起与演进，对残疾的理解逐渐从身心功能受损向由社会制度、结构以及公众认知障碍转变。纳吉（S. Z. Nagi）认为，残疾是因为残疾人身心功能的受损使其扮演社会角色的能力受限，无法完全符合或满足社会对个人的角色期待，进而对残疾人个体造成障碍。工业进程的到来与大规模战争的爆发，使得残疾人数量激增，"残疾"逐渐成为一个社会问题，随着残疾人权利日益受到重视，对"障碍"的理解逐渐由表面的有形障碍向深层的无形障碍转变。1982 年 12 月 3 日联合国大会决议通过的《关于残疾人的世界行动纲领》，对缺陷、残疾和障碍三者做了如下区分："缺陷是指在心理上、生理上、人体结构上，某种组织或功能的任何异常或丧失。残疾是指由于缺陷而缺乏作为正常人以正常方式从事某种正常活动的能力。障碍是指一个人由于缺陷或残疾，而处于某种不利地位，以至限制或阻碍该人发挥其年龄、性别、社会与文化等因素所能发挥的正常作用。"由此可知，生理上的缺陷并不一定构成残疾，真正意义上的残疾是障碍所导致的，特别是社会层面的障碍对残疾人的排斥作用，主张应对社会进行调整，而不是对残疾人进行调整。在此基础上，英国学者迈克尔·奥利弗（M. Oliver）提出了残疾的社会模型（Social Model）。他认为，对残疾的理解应有一个基本的转变，即"由关注于加在某个个人身上的限制，转变为关注自然环境和社会环境施于某些团体或某几类人的限制"，"就社会模型来看，调整是一个对社会进行调整的问题，而不是对残疾人个人进行调整的问题"。综上所述，所谓残疾一方面是指个体身心受损所致的功能障碍，另一方面是由个体所处的外在环境与社会制度存在排斥所形成的障碍，而个体残疾的关键在于后者，因此改善社会观念、制度、服务等对残疾人的偏见与歧视才是残疾人政策的重点。

从生命周期角度来看，人人都有残疾的风险，残疾个体可以通过打破障碍融入社会，健全人也可能因为风险因素而成为残疾人。因此帮助残疾人恢复身心功能，减少社会排斥与障碍，促进残健融合，无障碍战略构建与实施势在必行。《残疾人权利公约》第九条表明，"为了使残疾人能够独立生活和充分参与生活的各个方面，缔约国应当采取适当措施，确保残疾人在与其他人平等的基础上，无障碍地进出物质环境，使用交通工具，利用信息和通信，包括信息和通信技术和系统，以及享用在城市和农村地区向公众开放或提供的其他设施和服务"。我国2012年出台的《无障碍环境建设条例》，将无障碍环境建设界定为便于残疾人等社会成员自主安全地通行道路、出入相关建筑物、搭乘公共交通工具、交流信息、获得社区服务所进行的建设活动。这两个界定基本上是一致的：无障碍即指物质环境和人文环境的无障碍。

二、残疾人体育健身实践演进

残疾人由于先天缺陷及后天失调等因素，使其成为社会中的弱势群体，相当部分的残疾人还处于贫困状态，日常生活可能都需要帮助和照料，那么体育锻炼是否成为其必需品，答案当然是肯定的。发展残疾人体育的重要性包含残疾人个体及社会价值两个方面：一方面体育锻炼是健康的塑造者和维护者，残疾人通过身体活动可以增强体质，促进身心康复，培养残疾人的竞争意识和提高自我价值认同度，而且体育锻炼作为残疾人接触社会的有效方式，可以帮助残疾人积极融入社会；另一方面，残疾人通过体育锻炼不仅能矫治缺陷和促进身心康复，还能为残疾人参与社会积累人力资本和社会资本，提高劳动和就业能力，有助于缓解残疾人贫困，残疾程度的减轻能有效减轻医疗保障和公共服务的压力，节省社会资源，有助于推动残疾人事业发展，维护社会稳定。

新中国成立以来，政府高度重视残疾人体育事业，给予了极大关怀。为了使残疾人体育事业逐步走向正规化、制度化和法律化，国家有关部门先后制定和颁布了一系列法律法规，为中国残疾人体育事业的发展提供了有力保障。1990年出台《中华人民共和国残疾人保障法》，强调"国家和社会鼓励、帮助残疾人参加各种文化、体育、娱乐活动，努力满足残疾人精神文化生活的需要……应当面向基层，融入社会公共文化生活，适应各类残疾人的不同特点和需要，使残疾人广泛参加。"1995年通过的《中华人民共和国体育法》及《全民健身计划纲要》，都提到广泛开展残疾人体育健身活动，各级政府应当采取措施为其提供支持。《残疾人保障法》和《体育法》的出台，为我国残疾人体育事业的发展提供了法律依据和保障，其中为更好地维护残疾人合法权益，《残疾人保障法》于 2008 年修订通过，在保障残疾人平等地充分参与社会生活方面发挥了重要作用。2007 年，国务院颁发的《关于进一步加强残疾人体育工作的意见》，对残疾人群众体育、残疾人体育队伍建设等方面进行了全面部署。2008 年，胡锦涛同志在奥运会、残奥会表彰大会上的讲话，使残疾人体育引起了全社会的广泛关注。2009 年，国务院常务会议通过的《全民健身条例》指出："制订全民健身计划和全民健身实施计划，应当充分考虑残疾人的特殊需求。"2010 年，国务院下发的《关于加快推进残疾人社会保障体系和服务体系建设的指导意见》提出，"积极开展残疾人群众性文化体育活动，公共文化体育设施免费向残疾人开放"，成功举办广州亚残运会、第五届全国特奥运动会，加大为广大残疾人提供体育服务力度，在全社会产生热烈反响，为残疾人事业"两个体系"建设营造良好氛围，积极推动残疾人事业发展。2011 年，国务院颁发的《中国残疾人事业"十二五"发展纲要》指出："加强残疾人群众体育工作，促进残疾人康复健身，提高社会参与能力。""大力推进残疾人体育"纳入《全民健身计划（2011—2015 年）》，成功举办第八届全国残疾人运动会，运动会期间首次开展残疾人群众体育展示活动。同年首次开展残疾人健身周活动，积极推进残疾人群众体育健身工作。2012 年出台实施《无障碍环境建设条例》，为残疾人走出家门参与体育活动奠定物质基础。为提供更加完备公共体育服务、建设体育强国，2016 年颁发《全民健身计划（2016—2020 年）》，提出"进一步加大对国家全民健身助残工程的支持力度，采取优惠政策，推动残疾人康复体育和健身体育广泛开展"。为做好"十三五"期间残疾人体育工作，根据国务院印发的《"十三五"加快残疾人小康进程规划纲要（2016—2020 年）》，相继制定《无障碍环境建设"十三五"实施方案》和《残疾人文化体育工作"十三五"实施方案》，为我国残疾人体育的发展提供了更多的支持与助力，残疾人无障碍体育的发展程度在不断提高。

在党和政府的关怀下，我国残疾人体育事业不断在进步中前进。2012 年是残疾人体育发展历程中具有里程碑意义的一年。我国派团参赛伦敦残奥会再创新辉煌，全面实施"残疾人自强健身工程"取得新突破。2014 年全国累计培养了 719 名国家级残疾人体育健身指导员。在全国 26 个省（区、市）资助了 150 个示范点；为中西部地区配发了 8 套健身器材，并纳入示范点统一管理；累计共资助建设自强健身示范点 397 个。全年举办了 20 项全国残疾人体育赛事，参赛总人数达 6000 多人。组团参加索契冬季残奥会、仁川亚残运会等 19 项国际赛事交流活动，我国轮椅冰壶队在索契冬季残奥会上获得第四名，取得历史性突破。2015 年，按照"夯实基础管理、创新提升服务、提早谋篇布局"的工作思路，促进残疾人康复体育、健身体育、竞技体育协调发展，以成功申办北京冬奥会、冬残奥会为契机，全力推进残疾人冬季项目发展，及时出台《冬季残奥项目振兴计划》，启动冬季冰上项目发展区域布局和国家残疾人冬季项目训练基地调研工作。2016 年在里约残奥会上，中国体育代表团再次位列金牌、奖牌榜双第一。全国经常参加体育健身活动的残疾人比例由 2015 年的 6.8% 提升为 9.6%，残疾人体育的覆盖面和参与率有了较快提升。牢牢把握建设体育强国的契机，以五大发展理念为指导，又好又快发展残疾人体育事业，推动全民健身计划实施更上一层楼。

第二节 残疾人体育健身发展中面临的问题及原因剖析

多年来在党和政府的帮助下，我国残疾人事业不断向前推进，残疾人生存发展状况不断改善，两大基本服务体系初步建立，无障碍环境实现程度稳步提高，不断为残疾人参与体育活动创造条件，残疾人全民健身已取得巨大成绩。残疾人体育作为全民健身的重要组成部分关系全民健身的真实实现度，在实际发展过程中残疾人体育由于"先天缺陷与后天失调"问题而出现经济障碍、观念障碍、制度障碍、服务障碍等重重阻碍，由于这些阻碍的存在，新时期残疾人体育发展中仍有部分问题没有得到解决，无障碍战略的构建与实施刻不容缓。

一、经济障碍阻碍了残疾人参与全民健身

随着扶贫工作的深入，剩余还未脱贫的基本是残疾人或有残疾人的家庭，

我国仍有相当数量的贫困残疾人生活困难，家庭入不敷出，经济负担重。据调查，全国残疾人家庭人均可支配收入仅是全国平均水平的 56.2%，差距明显。而且残疾人家庭医疗保健支出及其占家庭消费支出比例均远高于全国平均水平，2013 年度，城镇和农村残疾人家庭人均医疗保健支出分别是全国城镇和农村居民家庭人均医疗保健支出的 1.6 倍和 1.7 倍，残疾人家庭恩格尔系数为 48.5%，比全国居民家庭恩格尔系数 36.2% 高出 12.3 个百分点。显然，残疾人家庭生活质量明显落后于全国水平，是典型的支出型贫困人群。经济基础决定上层建筑，全民健身计划的普及需要建立在一定经济实力基础之上，从需要层次理论上讲，参与体育活动相对于生存来说属于更高一层级的需要，残疾人自身经济基础薄弱，当许多残疾人及其家庭还在为生存发愁时，即使知道参与全民健身的积极功能，在残疾人的生活水平和经济地位依然相当低的情况下，残疾人参与全民健身虽然必要却未必可行，自然不可能将参与全民健身作为一项习以为常的行为追求。而且从整体国情看，我国残疾人体育事业起步晚、起点低、基础薄弱，总体发展水平不高，成为制约残疾人参与全民健身的基础因素。

二、社会观念障碍严重阻碍了残疾人通过体育活动融入社会

社会观念排斥的叠加共同导致残疾人难以走出家门参与体育活动。

（一）社会上陈腐观念的存在导致对残疾人及残疾人参与体育活动政策及制度建设有着深刻影响

社会传统上对残疾人存在偏见，具体到残疾人体育上，随着社会的发展国家和社会对残疾人的认识逐渐改进，但对残疾人体育重视程度仍显不够，忽视残疾人自身的主观能动性，无形中为残疾人参与全民健身建构了诸多制度与结构障碍。社会对于残疾人的观念上的排斥，是残疾人参与社会和获得平等权益的最大排斥，是其他各种社会排斥的根源，教育排斥、就业排斥等都是在观念排斥的基础上产生或延伸的。

（二）家庭成员对残疾人走出家门的矛盾心理

残疾人社会融入度过低，家庭是残疾人群体的主要活动场所，由于社会上对残疾人的歧视可能会转移到其家庭成员身上，家庭成员为避免这种情况的发生，可能会限制残疾人走出家门。很多残疾人家庭也可能是出于对残疾

人的保护，担心残疾人外出参与体育活动而受到歧视和伤害，进而不主张他们参与体育活动。另外有些残疾人家庭贫困，其他家庭成员为了安心外出工作，不得不将残疾人留在家中。

（三）生理和心理障碍导致残疾人容易产生自我排斥心理

残疾人由于生理上的缺陷，参与体育活动存在着诸多的不便，而且适合残疾人参与的体育项目不多。同时残疾人较易因自身缺陷而产生自卑心理，他们往往不愿在公共场合暴露自己的生理缺陷，担心自己遭到他人的歧视，可能连别人怜悯的眼光也无法接受。再加上社会排斥观念的强化，残疾人更容易产生无用感，更加不愿意积极参与体育活动。

三、残疾人体育政策与制度亟待改进与完善

受残疾人社会经济地位等因素的影响，当前我国残疾人体育发展问题重重：

（一）残疾人体育法律法规问题

法律法规是残疾人体育事业发展的根本保证，而当前残疾人体育立法却不能较好地为残疾人体育事业保驾护航。第一，残疾人体育专项立法欠缺，现有的法律法规指导性强，可操作性差。自新中国成立以来对我国体育事业起主要规制作用的法律法规有4部，即《残疾人保障法》（1990年）、《中华人民共和国体育法》（1995年）、《全民健身计划纲要》（1995年）、《全民健身计划条例》（2009年）。概括而言这几部法律法规都对残疾人体育有所涉及，但都缺乏针对性，法律规章制度的描述偏重于指导性而缺乏可操作性，部分条文过于笼统、抽象，宏观管理较多而微观领域如残疾人体育纠纷解决等方面仍属空白，各层次的法律和政策缺乏明确的配套措施和实施计划，使得法规操作性减弱，残疾人体育的弱势地位没有得到根本改变。第二，在现行有效的体育法规中，针对残疾人竞技体育的立法较多，关于残疾人群众体育的立法较少，呈现出较大的不平衡性。第三，残疾人经费保障性条款尚不够精确。残疾人体育的发展须仰赖一定的经费投入。虽然相关残疾人体育法律法规中有关于残疾人体育经费的规定，并将经费列入财政预算，却并未指明经费占比，而且对残疾人体育经费的具体投向也没有做出统筹安排。第四，部分残疾人体育法律法规缺乏整体性和可持续性。随着残疾人体育的发展，

部分残疾人法律法规已难以适用当前的发展形式，相互之间还存在着不统一、重复甚至矛盾的现象，而这部分残疾人体育法律法规却没有得到及时的清理，不可避免地成为残疾人体育事业发展的羁绊。另外，即使出台相关体育发展计划也缺乏长效机制，目前除了《全民健身计划》做了更新设计，其他体育政策规划仍缺乏系统性和延续性。第五，残疾人体育相关法律法规的实施缺乏必要的监督和审查，惩罚性条款依然不足。残疾人体育立法仅仅是依法治体的第一步，如果制定出来的体育法规不能付诸实施，就如同一纸空文。就残疾人体育立法执行情况来看，尚未建立体育法规的执法监督检查制度，体育法律法规的执行情况得不到及时反馈，极大地影响了残疾人体育执法力度。而且关于残疾人体育的惩罚性规定很不清晰，没有明确损害残疾人体育权利方面的法律责任，对残疾人体育实践过程中的违法乱纪行为缺乏必要的约束力。

（二）残疾人体育呈现重竞技体育轻群众体育的畸形发展局面，违背了残疾人参与全民健身的本质意涵

残疾人参与体育活动的本质是强身健体，积极融入主流社会。与残疾人竞技体育相比，我国残疾人群众体育发展较为滞后，还处在初级阶段。2011年，国务院颁发的《中国残疾人事业"十二五"发展纲要》指出"加强残疾人群众体育工作，促进残疾人康复健身，提高社会参与能力"，残疾人群众体育至此才受到重视。即便如此，残疾人群众体育的规模和水平与竞技体育仍有较大差距。这主要是由于国家和社会对残疾人竞技体育的偏好造成的，当前政府对残疾人体育的拨款主要用于残疾人竞技体育，而用于群众体育健身的费用甚少，这对残疾人群众体育的开展造成了阻碍，也是对全民健身"全民性"要求的违背。大众传媒为了追求经济利益，报道多以竞技体育比赛内容为主，涉及残疾人全民健身方面的内容较少，这种政策与媒体的偏向，曲解了残疾人进行体育锻炼的本质意义，严重影响了残疾人参与体育活动的积极性。而残疾人群众体育发展明显滞后于竞技体育，又反过来导致竞技体育缺乏坚实的全民基础，制约了残疾人竞技体育的可持续发展。

（三）残疾人体育发展呈现出重城市轻农村的"二元分割"局面

长期的城乡二元发展模式，使城乡在各个领域的公共服务差距被拉大，其中就包括残疾人体育基本公共服务。大量的优质资源集中在城市尤其是大中城市，以及少数发达的农村地区，广大的农村地区尤其是中西部农村地区体育基本公共服务资源严重匮乏。城乡体育公共资源占有不均也直接导致了城乡居民体育参与程度有很多不同，表现在城市居民远远高于农村居民。已有调查显示，我国城市残疾人体育人口为 21.9%，农村和欠发达地区的残疾人体育人口为 6.5%，与国外体育发达国家如美国残疾人体育人口 35%、日本残疾人体育人口 30% 相比亦有很大差距，况且我国绝大部分残疾人分布在农村。

（四）残疾人参与体育活动问题

社会保障制度的不完善导致残疾人参与体育活动缺乏完善的保障，不能解决残疾人的后顾之忧，削弱了残疾人经济基础，导致残疾人参与全民健身意识薄弱。

（五）残疾人体育管理体制及组织问题

第一，"强政府、弱社会"的管理格局仍然没有得到改进。受我国政治体制的影响，在我国形成了以政府为主导的残疾人体育管理格局，即使是残疾人体育非政府组织实际上大多数都是有政府背景的半官方体育管理机构，从而对政府形成了资源依赖，对民间组织造成排挤，导致残疾人体育管理社会力量发展不足。第二，残疾人体育管理机构和运行机制难以适应当前残疾人体育的发展需要。当前随着全民健身计划的实施力度加大，逐渐打破以往竞技体育一枝独秀的局面，残疾人群众体育的工作任务和工作力度不断扩大，导致原有的组织机构、管理队伍、管理制度、管理方式和资源配置等方面已然不能适应新的发展形势，特别是我国基层残疾人组织管理不规范、组织化程度低、责任主体不明确、管理职责模糊等，另外还存在着残疾人全民健身工作队伍规模偏小、残疾人体育活动缺乏整体规划等问题，严重阻碍了我国残疾人体育的均衡发展。

四、残疾人体育公共服务发展滞后

2013 年度全国残疾人参与社区文体活动参与率为 43.1%，比上年度略有下降，仍有一半以上的残疾人还没有真正走出家门，融入社会。全民健身计划能否完全普及到残疾人中，残疾人体育支持与服务体系是否完善是关键。近年来我国残疾人体育公共服务体系日益丰富，服务水平显著提高，但与残疾人参与体育健身的需求仍相距甚远。

(一) 残疾人体育健身服务体系建设薄弱

第一，残疾人体育公共服务体系包括组织管理、政策法规、体育指导、志愿培训、体育竞赛、健身活动、体质监测、体育科研等体系，而当前我国残疾人体育公共服务尚处于起步阶段，各级政府对残疾人公共体育服务的重视度不够，基层残疾人体育组织发育不健全，配套设施及服务体系还未跟上；相关专业服务人才缺乏，专门的残疾人体育健身指导员队伍亟须扩大；残疾人体育公共服务供给模式单一，还未形成多元供给的合理格局，市场力量和社会力量过于薄弱，亟待激活；残疾人公共体育服务的资源没有充分利用，残疾人学校体育教育和社区体育建设基础薄弱，亟待增强；另外还缺乏相应的残疾人公共体育服务监督评价机制等。

(二) 残疾人体育无障碍设施亟待完善

我国残疾人体育无障碍设施供给总量不足，无障碍程度低且结构失衡。由于残疾人体育发展较晚，大部分体育健身场地适用于健全人，现有场地的无障碍改造滞后，用于残疾人无障碍参与体育健身的公共体育场地数量远远不足，且适合残疾人特点的专用体育器材和体育活动项目较为缺乏，影响残疾人参加体育锻炼的积极性。在残疾人体育无障碍供给结构方面，存在着重竞技体育轻群众体育、重城市轻农村等畸形发展格局。另外残疾人体育无障碍设施还存在着建设标准不规范、设施管理维护不到位等问题。

(三) 康复、教育、就业等公共服务实施不到位，影响到残疾人社会经济地位，进而影响残疾人体育的参与程度

2013 年度，残疾人康复服务覆盖率为 58.3%，目前为残疾人提供康复服务的总体水平还不高，基层社区服务能力薄弱，残疾人康复专业化组织和专业服务人才相当匮乏；学龄残疾儿童接受义务教育比例为 72.7%，与全国适龄儿童的义务教育平均水平相比，仍有很大差距。在残疾人高等教育方面，院校较少、模式单一、专业少、层次低，教师少、师资弱等方面的问题，造成了残疾人接受高等教育的人数少、比例低的现状；残疾人就业形势严峻，就业岗位供给低层次、低待遇、稳定性差。康复、教育、就业等残疾人维持生存权所需的公共服务水平低下抑制了残疾人参与体育健身的内在推动力。

第三节　国外残疾人体育健身发展经验借鉴

国外发达国家非常关注残疾人体育的发展，通过立法保障、制度安排、公共服务等来支持残疾人体育事业的发展，使得人们尊重和理解、国家和政府重视残疾人参与体育活动，残疾人体育组织发达，为残疾人竞技体育和群众体育的融合做出了重大贡献，而且政府对残疾人体育公共服务供给加强，极大地提高了体育基本公共服务均等化的普及程度。而这些正是我国残疾人体育事业未来要努力的方向，积极向国际残疾人体育事业发展借鉴合理经验，不断推动我国残疾人体育向前发展。

一、健全的制度较好地保障了残疾人体育健身权利，有利于残疾人积极融入社会

社会融合和反排斥的精神贯穿了欧美残疾人体育立法，具有明显的时代性和前瞻性。1992 年，欧盟修改了 1987 年通过的欧盟全民体育宪章的内容，新增了专门的欧盟全民体育宪章残疾人部分，对于残疾人体育权利保护提出了全面多元化的要求，从残疾人竞技体育、休闲康复体育、学校体育教育指导到残疾人体育的科研、财政、媒体、制度支持都提出了明确的原则。虽然欧盟各个国家对残疾人体育相关法律法案的制定和实施表现出了各自特点，但基本上依据欧盟全民体育宪章残疾人参加体育活动原则，积极强调残健融合，改变了社会对残疾人的认知和态度，使得残疾人体育法制保障不断加强。英国为了使全民健身计划真正落实和快速发展，在资金筹集方面采用政府拨款、体育彩票和慈善捐款的方式等为残疾人体育提供优质的运动环境和运动器械，英国政府严格规定这些资金的使用和流向，以及具体使用对象和使用方式，不按照这些要求使用体育专项基金将会追究其责任。在"赛恩斯博学校体育计划"中包含了残疾人竞技体育，把残疾人的身体健康和终身体育习

惯的养成列为重要的一方面，英国青年体育基金会还专门为残疾人学生设置了体育能力发展项目，这个项目涵盖了英国50所中小学，为学校的特殊教育和残疾人学生提供充分发展自身能力的机会和平台。并先后通过一系列法律条文促进社会对残疾人的正确认识和尊重，其中影响力较大的有《反残疾歧视法》（1995），后被完善为《残疾人反歧视法修正案》（2005），2010年，英国政府审核通过《联合国残疾人权利公约》和《残疾人平等法案》，让平等的法律理念惠及全部的英国残疾人，为残疾人体育运动提供法律支撑和制度化保障。日本残疾人体育的发达与其制定和实施的一系列残疾人（体育）政策和法律密不可分。1961年通过的《日本体育运动振兴法》促进了残疾人体育的发展。这部法律的目的是通过参加体育活动改善、促进国民身心的健康状况。1964年举办的东京残奥会提升了国民对残疾人问题的认识，加快了日本政府对残疾人体育采取相应措施和政策的速度。从1965年开始，厚生劳动省每年组织举办一届肢残运动会。另外，政府还会为那些参加国际体育比赛的残疾人提供财政支持。1970年颁布《智力、肢体残疾人基本政策法》，这是日本残疾人事业最基础的法律，也是首部明确将残疾人体育娱乐活动纳入其中的法律。1993年，日本政府将该法正式修改并更名为《残疾人基本法》。该法明确提出要保证提供残疾人参与体育娱乐活动的机会，要求所有地方政府为残疾人的康复、体育、娱乐活动进行战略规划。《残疾人基本法》是日本残疾人体育事业最基础的法律，同时还有诸多相关法律与之配套。这些法律、法规、政策涵盖了残疾人体育的方方面面，为残疾人体育的发展提供了有效保障。

二、发达的残疾人体育组织促进了残疾人体育全面发展

与我国政府主管残疾人体育事业不同，发达国家残疾人体育发展更多依靠社会力量。美国作为体育强国，残疾人体育发展自然也走在世界前列，各级各类残疾人体育组织"功不可没"。美国政府机构中并未设置体育管理部门，非营利性机构——美国奥委会负责推动业余体育的发展，残疾人体育组织与业余体育管理机构与其展开合作，整个残疾人体育组织系统呈现出上、下两个层次。上层是以美国奥委会为核心的残疾人精英体育组织子系统，主要负责残奥精英体育项目的组织与管理，推广并普及残疾人奥林匹克运动，

并搭建了自下而上的残奥精英体育人才输送渠道。下层系统则是由其他未加入到美国奥委会的各级残疾人体育组织组成，为残疾人提供康复、竞技、休闲娱乐、教育性体育活动。从整体审视，在全国性残疾人体育组织与美国奥委会建立合作关系后，美国残疾人体育组织发展在实现从"无序"到"有序"的演化基础上，逐步从"低序"走向了"高序"。截至 2010 年，美国形式多样的全国性残疾人体育组织已超过了 50 个。美国残疾人体育的蓬勃发展得益于对社会资源的充分利用，且无论从制度层面还是从实践领域上都实现了残疾人体育和大众竞技体育的有效结合。

三、残疾人体育公共服务的完善较好地满足了残疾人对体育健身的需求

为了保障残疾人的体育权利，美国在环境无障碍、信息无障碍和交通无障碍、所有设施和服务都必须能够为残疾人所享用等具体规定均能在相关法律中找到，使社会关照残疾人得到法律上的保证，有效地保障残疾人的体育权利。每个社区都有自己的体育休闲中心，充分考虑残疾人健身需求的"合理便利"原则。在各级学校和社区中都配置了无障碍公共设施以方便残疾人活动，并且在体育活动内容和场地上做了不少的努力，确保残疾人和其他公民一样可以享有自己的体育权益。在残疾人体育服务人才培养上，美国以扎实的高等教育为基础，以社会组织、行业组织共同设置的专业资质、资格认定为专业导向，在学校教育、职业教育、职后教育协调发展下，形成了具有现代残疾观指导下的残疾人体育专业服务人才培养结构。美国的残疾人体育人才培养将学校培养与校外资质培训两个不同的体系紧密结合，政府引导与专业协会精诚合作，共同形成了较为完整的残疾人体育服务人才培养建设系统。日本残疾人体育指导者的培训是由相关技术指导部门、医疗领域、相关团体等相互协作完成。日本残疾人体育指导者培训课程主要分为两部分，理论部分主要包括福祉政策、医疗知识、体育理论以及残疾人体育特点等；实践部分则根据指导者资质的不同安排与之相适应的实践指导，从而保证学员在课程学习完成之后能够直接进入工作状态。日本残疾人体育协会认定的残疾人体育指导者共分为 4 类：残疾人体育指导员（分为初级、中级、高级三种）、残疾人体育教练员、残疾人体育医疗指导员、残疾人体育督导员。此外为了让身有残疾的人能够像健全人一样生活，日本政府制定了有关残疾人正

常化的政策，如《无障碍广播法》《无障碍建设法》《无障碍交通法》等，以为正常化政策保驾护航。

综上所述，发达国家发展残疾人体育主要是采取法制保障和社会组织以及公共服务的建设来达到保护和促进残疾人体育发展的目的，归纳得出以下几点启示：（1）从立法和政策导向上引导残健融合，并依法维护残疾人体育权利。社会融合和反排斥理念贯穿国外残疾人立法始终，这有助于加强大众对残疾人体育的认知和理解，特别是我国社会大众对残疾人与残疾人体育还存在误解，这容易造成残疾人心理障碍，必须从立法层面呼吁全社会加强对残疾人体育事业的理解和支持，并需要行之有效的问责制度，进一步完善与残疾人相关的法律制度，切实保护残疾人的合法权益。（2）建立科学高效的残疾人体育管理模式，大力发展我国残疾人体育组织，推动残疾人体育服务供给向多元化发展。在我国，残疾人体育是被排除在大众竞技体育之外的，与健全人完全分割开，各种类型的残疾人体育协会均由中国残疾人联合会管理，这种界限的划分不仅使国内本就有限的体育资源没有得到合理分配，更重要的是抑制了大众体育以外少数特殊群体运动的健康发展。所以，我国可考虑美国的做法，由国家相关部门统一负责残疾人体育运动的组织与管理，实现体育资源在残疾人和健全人之间的共享，强化残疾人体育在主流社会的地位，实现我国残疾人体育事业从根本体制上的突破。在今后的残疾人体育竞赛发展过程中既要充分发挥政府的主导作用，又要注意引入社会力量，通过残疾人组织的建立与支持，完善残疾人竞技体育与群众体育的管理方式，对二者一视同仁，促进残疾人体育竞赛发展的新格局，从而促进残疾人体育的健康、协调、可持续发展。（3）加快无障碍公共体育设施的建设。无障碍设施的建设是残疾人走出家门参与体育活动的现实条件，如美国、日本先后颁布多部无障碍建设法律法规来帮助残疾人积极参与体育活动，像健全人一样正常生活。我国无障碍环境建设起步晚且发展缓慢，无障碍社会的构建必须加快进度，以打破各种横亘在残疾人面前的障碍，最终实现残健融合的目的。（4）加快残疾人体育指导员的培养工作，拓宽残疾人体育专门人才的培养路径。美国和日本在残疾人体育方面都非常重视人才的培养，美国有严格的职前培养和职后培训体系，用先进的残疾观培养全方位的复合型体育人才。而日本残疾人体育指导者的培养注重多部门、多领域的协作，是残疾人体育协会与相关技术指导部门、医疗领域、相关团体等相互协作的结果，依据对残疾人的精细调查，从而为残疾人制定出切实可行的体育培训方案。而我国的残疾人体育指导员培训工作是近年来才开展的，起步晚、速度低且质量有待提高，目前无法满足广大残疾人体育健身的需要，因此必须加快完善残疾人体育指导员的培养工作，建立完整的残疾人体育指导员培养培训制度、入职标准、保障制度、晋升制度等，以吸引更多的体育工作者积极参与残疾人体育事业，为我国残疾人体育提供源源不断的人才支撑。当前我国残疾人体育事业有必要将国外先进合理经验与我国残疾人体育发展现状相结合，制定出符合我国国情的残疾人体育发展对策，以促进我国残疾人体育事业协调、可持续发展。

第四节　促进残疾人体育健身发展路径探析

残疾人参加体育活动是残疾人的一项重要权利，它不仅是单纯的体育竞技，更重要的是对残疾人身心康复、积极融入社会作用重大。无障碍社会的构建关系残疾人全民健身的实现程度，无障碍理念要融入残疾人公共政策制定与实施的全过程。国外残疾人体育发展经验丰富，我们有必要对其进行合理借鉴，并立足国情，通过提高公众助残意识，形成无微不至的"无障碍"；实现残疾人体育制度无障碍，让政策能普惠到每一位残疾人；实现残疾人公共服务无障碍，为残疾人积极参与全民健身提供现实条件，最终实现残疾人体育活动的常态化开展，残疾人能够超越桎梏，积极融入社会，共建共享社会经济发展的文明成果。

一、实现残疾人扶贫无障碍

将残疾人反贫困事业与体育事业相结合，促进二者协调发展。

帮助残疾人脱贫是促进残疾人参与体育健身的前提，但我们不能等到残疾人全部脱贫之后才发展残疾人体育事业，必须将残疾人脱贫事业与体育事业有机结合起来，帮助残疾人摆脱贫困有助于残疾人激发体育健身需求，进而促进残疾人体育乃至全民健身计划的发展，而且残疾人参与体育健身能帮助自身康复，积累人力资本同时增强自身反贫困能力。残疾人脱贫与体育健身二者相辅相成，共同将残疾人事业向前推进。

（一）不断促进经济增长，让残疾人共享社会财富蛋糕

经济基础决定上层建筑，只有解决残疾人的基本生存问题，才可能产生体育需求。继续促进经济增长，不断积累社会财富，深化收入分配体制改革，加大残疾人转移支付力度，一方面增加残疾人收入，另一方面为残疾人事业发展积累资金。

（二）继续完善残疾人开发式扶贫政策，不断创新扶贫治理机制，强化精准扶贫，实现残疾人扶贫政策无障碍

做好贫困残疾人精准扶贫建档立卡工作，利用大数据工具实现动态化、精细化管理，做到"一户一策"，挖掘贫困残疾人群的主观能动性。协调好扶贫开发与社会救助这两种不同性质扶贫方式之间的关系，无缝衔接保障贫困残疾人口，做到既不重叠又不遗漏。协调各扶贫部门之间的关系，形成合力共同为残疾人反贫困群策群力。坚持政府主导，动员社会各界参与残疾人扶贫，完善残疾人扶贫配套服务，创新扶贫脱贫保障措施，千方百计地帮助贫困残疾人摆脱贫困。

（三）健全残疾人社会保障制度，切实保障残疾人民生，实现残疾人社会保障无障碍

针对贫困残疾人的特殊性，必须坚持普惠与特惠原则相结合，在一般性社会保障制度保障其基本生存发展基础上，针对残疾人的特殊困难和特殊需求，为残疾人建立特惠制度，对残疾人进行特别扶助和优先保障。应保尽保、分类施保，逐步提高残疾人社会救助水平。对于特别困难的残疾人及其家庭必要时给予特别生活保障，对于边缘贫困残疾人群体密切关注，必要时提供临时性救助，避免其陷入贫困。全面实施困难残疾人生活补贴制度和重度残疾人护理补贴制度，必须建立低保、两项补贴制度与社会经济发展特别是物价联动机制，增加贫困残疾人口补助金实际购买力。为所有城乡贫困残疾人提供基本养老和医疗保险，"增收"与"减支"齐抓。为符合条件的困难残疾人进行养老保险个人缴费资助，扩大缴费资助范围和提高资助标准，增加贫困残疾人收入，并为残疾人养老做准备。针对残疾人因病致贫、因贫致病的巨额医疗支出，逐步扩大基本医疗保险支付的医疗康复项目范围，提高残疾人医疗报销比例，并充分发挥商业保险在残疾人养老、医疗方面的补充作用，帮助减轻贫困残疾人医疗康复负担。

（四）大力推进残疾人就业，通过就业增收来帮助残疾人摆脱贫困

第一，依法推行残疾人按比例就业。各级党政机关、事业单位、国有企业应当带头招聘和安置残疾人就业，在同等条件下要优先录用残疾人。对超比例安置残疾人就业的用人单位进行奖励。第二，落实优惠政策，帮助残疾人集中就业。福利企业、盲人按摩机构和残疾人辅助性就业机构等残疾人集中就业单位参照社会福利机构享受城市建设与公用事业收费优惠，大力培育残疾人集中就业产品和服务品牌，扶持带动残疾人就业能力强的龙头企业，支持盲人按摩业发展，使其不断规模化、品牌化，以帮助更多困难残疾人就业。第三，多渠道扶持残疾人自主创业和灵活就业。为贫困残疾人普遍提供创业培训和就业创业服务，并依法加强对残疾人劳动权益保护。为残疾人自主创业、灵活就业提供扶持政策，对符合资助条件的，按规定给予税费减免和社会保险补贴。利用"互联网+"平台帮助残疾人在网络上就业创业，并提供相关设备和网络资费补助。

二、实现残疾人观念无障碍

打破残疾人社会排斥壁垒，增强全社会扶残助残意识，帮助残疾人通过体育健身融入社会。

观念障碍是其他社会排斥的根本，观念是行动的先导。我国公众甚至是政府在对待残疾人体育的问题上与发达国家还存在着差距，消除残疾人"污名化"效应有助于社会正确认识残疾人及其价值，观念障碍的破除是推动残疾人体育发展的关键。（1）国家相关部门要转变现有的陈旧残疾人观念，树立一种"全纳"理念，让正确的残疾人观念贯穿所有的政策制定与制度建设。国家在具体的政策制定和资源配置时必须考虑残疾人的需求，应当遵从"零拒绝"原则，确保所有残疾人都能够参与和享有。相关职能机构要转变现有的残疾人体育发展观念，让残疾人竞技体育与群众体育协调发展，扭转以往重竞技轻群众体育的畸形发展格局，回归到残疾人参与体育健身的本质上来，组织好"全国助残日""国际残疾人日""残疾人健身周"等活动。（2）转变社会对残疾人参与体育运动的传统观念，引导公众认识到残疾人参与体育健身的重要性和必要性，构建"无障碍"的社会文化。第一，"无障碍"环境的建设，必须越过物理无障碍到达思想、心灵无障碍，警惕社会残疾。当思想上不能做到残疾人无障碍，那"无障碍社会"就无法完整。在物理无障碍设施建设的基础上，以"平等、参与、共享"的现代文明观念引导全社会进行心理无障碍建设，营造平等的"无障碍"社会氛围。第二，发挥公共媒体引导社会舆论走向，充分发挥新闻舆论社会良心的作用。残疾人具有其自身尊严与诸多优良品质，必须转变对残疾人的不良印象及负面评价，每个人都有残疾的风险，帮助残疾人就是帮助我们自己。要广泛深入地开展宣传残疾人体育健身活动，宣传残疾人体育锻炼及体育竞赛的顽强拼搏、坚韧不拔的优良品质，形成全社会关心支持残疾人体育事业的良好氛围。借助新闻媒体还可以表达残疾人的正当体育健身诉求，强化新闻舆论对残疾人体育事业的监督作用。第三，人道主义、自强与助残教育要从中小学德育课程抓起，帮助社会大众从小树立正确的残疾人观，思想是行动的先导，有助于消除健全人对残疾人的歧视与抵触心理，为残疾人正名。（3）残疾人必须克服自身心理障碍，悦纳自己，积极参加体育健身活动来达到康复身心、残健融合的目的。残疾人对待自身残疾的态度以及对待外部社会的态度是开放抑或封闭，也决定了残健融合的进程顺利与否。残疾人需摆脱自怨自艾的不良心态，自觉学习残疾人体育健身方面的知识，认识到积极参加体育锻炼对自身的好处，进而树立正确的体育观，积极通过体育健身来达到融入社会的目的。

三、实现残疾人制度无障碍

不断完善残疾人体育体制机制建设，实现残疾人制度无障碍。

1. 建设"无障碍"的残疾人法律制度。第一，法律法规是残疾人体育事业发展的根本保证，残疾人参与体育健身的最终目的是康复身心，融入社会，因此在制定残疾人体育法律法规时，必须将社会融合和反排斥即"无障碍"的精神融入其中，从制度和公共政策的源头上消除对残疾人的偏见和歧视。第二，在具体的残疾人体育法律法规修订或新建时，必须增强其完备性和实践性，针对其中基本原则性的规定，可以出台更具体、详细、可操作性强的专项残疾人体育法律法规与之相配套，对残疾人应该享有的体育权利进行确切陈述，如残疾人体育经费占财政预算的比例多大，竞技体育、群众体育各占多少比例等，让残疾人体育权利得到全方位的保障。同时也不能忽视残疾人体育政策对我国残疾人体育事业发展的有力保障，可将已经成熟、定型的残疾人体育政策法律化，残疾人体育法律与政策的兼顾可更好地为残疾人体育健身服务。现存的残疾人体育法律法规必须整合，厘清其中的重复、矛盾等有异议之处，并及时更新以适应残疾人体育发展的新形势。另外必须建立残疾人体育执法的监督检查制度，及时反馈执行情况，依法维护残疾人体育权利。2. 建立科学高效、结构合理的残疾人体育管理机制。第一，深化残疾人体育管理体制改革，健全残疾人体育管理体系。随着全民健身计划的大力推进，残疾人体育被提上重要议事日程。全面深化改革残疾人体育组织机构、管理制度、管理队伍、管理方式和资源配置等，将残疾人体育与健全人体育一视同仁，统一规划，整体安排，促进残疾人康复体育、健身体育、竞技体育协调发展，提高残疾人体育锻炼的参与率与覆盖面，改变过去重残疾人竞技体育轻残疾人群众体育、重城市残疾人体育轻农村残疾人体育的畸形发展局面。实现残疾人冬季体育项目振兴，全面提高残疾人冬季体育项目的普及水平。第二，鼓励和支持残疾人体育社会组织的建立和完善，实现政府与社会组织的协同管理。对照国外残疾人体育发展的经验，发达的残疾人体育社会组织有利于对社会资源的充分利用，并且能有效结合残疾人竞技体育和群众体育，实现其协调发展。"强政府、弱社会"的残疾人体育管理格局必须改变，发展残疾人事业国家明确制定出"政府主导、社会参与，国家扶持、市场推动，统筹兼顾、分类指导，立足基层、面向群众"的基本方针。残疾人体育社会组织的建立，能够发挥自身多元组合优势，能有效满足广大残疾人对体育公共服务的多方面需求，广泛开展形式多样的扶残助残活动，落实残疾人全民健身工作。建立"自下而上"的残疾人优秀体育人才输送机制，在"平等、参与、共享"的现代残疾人观影响下，与政府开展合作，对政府相关行为进行有效监督，实现二者之间对残疾人体育的协同治理。第三，加大残疾人体育资金投入与保障，建立多元化筹资机制。经费保障是广泛开展残疾人体育的基础。除去国家财政与税收的固定支持外，还应该多渠道解决残疾人体育资金问题。县级以上人民政府应当设立残疾人体育专项经费；安排一定比例的国家福利彩票、体育彩票收益用于支持残疾人体育事业；鼓励社会力量投资残疾人体育事业，国家落实财税等各项优惠政策；引导企业、社会公众等为残疾人体育事业进行慈善捐赠，落实好公益性捐赠税前扣除政策，以调动社会力量的积极性。第四，加强残疾人体育健身指导员培训工作，逐步建立残疾人体育人才培养体系。残疾人因其特殊性需要培养专门的残疾人体育指导人员，帮助残疾人健康合理地参与体育锻炼。残疾人体育健身指导员的培训工作近年来才得以展开，目前还不能满足广大残疾人的需求，因此必须加快对现有的社会体育指导员及其他指导人士进行专门的知识培训与进修，具体内容包括咨询指导、项目拓展和活动组织能力等，为提高指导效果，逐步建立残疾人体育指导员分级分类培养体系，并且努力培养适应残疾人体育发展需要的组织、管理、研究、健康指导、志愿服务、宣传推广等方面的人才队伍。第五，开发适合残疾人特点的体育健身项目，积极开展残健融合体育主题活动，并建立残疾人体育健身评价体系。强化残疾人体育健身创新活动，每年创编推广1—2项残疾人康复体育、健身体育项目和方法，研发推广康复体育、健身体育器材，不断丰富残疾人体育服务产品。继续实施"自强健身工程"和"康复体育关爱工程"。在全国助残日、残疾人健身周、全国特奥日、国际残疾人日等残疾人节日和时间节点，因地制宜组织开展残疾人喜爱的体育活动，创新残疾人体育健身激励机制，拓展激励范围，有效推动残疾人积极参与全民健身。制定残疾人体育健身相关规范与评价标准，结合政府及社会组织等多方面力量对残疾人开展体育健身活动进行立体评估，建立残疾人体育健身评价体系，便于及时监督审查改正其中的不当之处，以达到更好地为残疾人体育服务的目的。

四、实现残疾人服务无障碍

让每一位残疾人都能均等享有基本体育公共服务，实现残疾人服务无障碍。

（一）完善残疾人体育健身服务体系，形成多元服务供给模式

第一，加强残疾人体育健身公共服务体系建设。当前我国残疾人体育健身公共服务体系还处于初建阶段，要加强国家对其重视程度，提高资金投入，逐步建立起残疾人体育组织管理、体育指导、志愿培训、体育竞赛、健身活

动、体育科研等公共服务体系，并根据相关法律法规制定配套服务政策，重点加大残疾人体育公共服务体系中薄弱环节的建设力度，残疾人迫切需要的体育服务项目优先建设，建设相应的残疾人公共体育服务监督评价机制等。发展残疾人教育事业，着力普及残疾人体育科普知识，增强残疾人体育维权意识。公园、体育场馆、社区健身路径等公共文化体育设施要有为残疾人提供服务的场地和内容，要免费或优惠向残疾人开放，并提供无障碍服务。重视农村残疾人体育工作，加快农村残疾人体育健身公共服务建设，引导农村残疾人积极参加健身活动。第二，提升残疾人体育组织服务能力，引入市场力量，促进残疾人体育公共服务供给模式向多元化方向发展。残疾人体育公共服务体系的建设，应遵循政府—社会—市场多元服务供给模式，充分发挥各类供给主体在残疾人体育服务中的供给职能，实现三者之间有效协调与联动，才能有效满足残疾人多样化的体育公共服务需求。政府是残疾人均等享有体育公共服务的主导者、提供者、管理者以及最终责任者，政府作为"掌舵人"通过直接或间接向残疾人体育公共服务提供资助，制定相关法律法规对残疾人体育公共服务工作进行指导和管理，对残疾人体育公共服务的供给需求状况进行定期的审查监督和评估并提出整改措施。而具体的运作事务则可交由社会和市场操作，这有助于增强社会和市场的公共服务供给能力，打破政府单一服务供给格局，既有利于减轻政府负担，又有利于激活社会和市场力量，达到充分利用各项资源的目的。同时注重残疾人体育公共服务的规范化建设，制定和完善残疾人体育服务业的行业标准、行业规范，形成残疾人体育服务业行业准入、退出和惩罚并存的约束机制。第三，以社区为依托提高残疾人体育公共服务的水平，帮助残疾人体育公共服务落到实处。社区是残疾人的主要生活环境，在满足残疾人一般性公共服务需求的同时，可将残疾人全民健身融入社区和街道，充分利用社区及周边环境，组织开展社区及街道残疾人体育活动，可以在社区及附近建设残疾人体育活动场所，就近为残疾人提供体育活动的便利，调动残疾人参与体育健身的积极性，以达到康复身心的目的。

（二）加快建设残疾人体育健身无障碍设施，为残疾人积极参与全民健身提供现实条件

第一，全面推进一般性无障碍环境建设，为残疾人走出家门创造条件。

按照《无障碍环境建设条例》的相关规定，确保新建道路、建筑物和居住区配套建设无障碍设施，对原有阻碍残疾人参与社会的物理障碍按照"合理便利"与"通用设计"理念进行无障碍改造，并加强对无障碍设施的日常维护和管理监督，让残疾人能畅享无障碍设施带来的出行便利。在信息无障碍建设方面，大力推进互联网和移动互联网信息服务无障碍，设计开发出页面、资源、交互无障碍的网络信息资源，以方便残疾人获取信息、交流和沟通。稳步推进农村地区无障碍环境建设。第二，加快推进残疾人体育无障碍设施建设，为残疾人体育健身提供基本保障。在残疾人体育健身保障机制的整体性架构中，体育健身无障碍设施的建设与配置占有基础地位，是残疾人体育健身活动得以常态化开展的先决条件。依法开展残疾人体育无障碍设施建设，健全残疾人体育无障碍工作机制，应充分利用高等院校、科研机构的研究优势，针对残疾人的特殊性开发出适用于残疾人的体育健身器材，并根据残疾人的分类分级创编出适合残疾人体育健身的运动项目和运动方法。完善残疾人体育无障碍建设相关政策、标准，加大残疾人体育设施无障碍建设与改造力度，将残疾人体育无障碍设施建设纳入新建设施预算，加强宣传工作，提高全社会对残疾人体育无障碍建设的认识和支持，无障碍建设的目的并不仅是因为残疾人，而是为所有有需要的人提供便利。鼓励和支持社会力量参与残疾人体育无障碍建设，提高资源共享率，为残疾人优惠开放体育场馆、学校体育场地，建设市区体育设施时考虑到残疾人体育无障碍需求。强化残疾人体育无障碍建设监督，必须严格按照规范执行，加强监管，并从"重建轻管"向"建管并重"转变，对占用、破坏残疾人体育无障碍设施的不规范行为，依法依例进行处罚。

小结

近年来我国残疾人体育在国际竞技舞台上大放光彩，硕果累累，但残疾人体育不仅是竞技体育，发展残疾人体育是残疾人康复、改善体能、进行人力资本积累促进其积极参与社会的重要举措。"十三五"时期是全面建成小康社会的决胜阶段，必须加快无障碍社会的构建，以期残健能够深度融合，实现残疾人共享改革发展成果。残疾人体育因残疾人自身及外在的社会排斥导致在全民健身计划中较健全人面临更大的挑战和困难，因此残疾人体育的发展状况直接关系全民健身的普及程度及真实实现度。在实际发展过程中残疾人体育由于"先天缺陷与后天失调"问题而出现经济障碍、观念障碍、制度障碍、服务障碍等重重阻碍，由于这些阻碍的存在，新时期残疾人体育发展中仍有部分问题没有得到解决：经济障碍阻碍了残疾人参与全民健身，当许多残疾人及其家庭还在为生存发愁时，即使知道参与全民健身的积极功能，但在生活水平和经济地位依然相当低的情况下，参与全民健身虽然必要却未必可行，自然不可能将参与全民健身作为一项习以为常的行为追求；来自社会、家庭及残疾人自身等观念排斥的叠加共同阻碍了残疾人通过体育活动融入社会；残疾人体育政策与制度问题重重，受残疾人社会经济地位等因素影响，我国残疾人体育法律不健全，发展格局重竞技轻群众体育、重城市轻农村，残疾人体育管理体制及组织落后等；残疾人体育公共服务发展滞后，包括残疾人体育健身服务体系建设薄弱、残疾人体育无障碍设施供给总量不足，无障碍程度低且结构失衡，康复、教育、就业等公共服务实施的不到位，影响到残疾人社会经济地位，进而影响残疾人体育的参与程度。因此残疾人体育无障碍战略的构建与实施刻不容缓。

国外发达国家非常关注残疾人体育的发展，通过立法保障、制度安排、公共服务等来支持残疾人体育事业的发展，使得人们尊重和理解、国家和政府重视残疾人参与体育活动。残疾人体育组织发达，为残疾人竞技体育和群众体育的融合做出了重大贡献，而且政府对残疾人体育公共服务供给加强，极大地提高了体育基本公共服务均等化的普及程度。这给我国残疾人体育事业发展的启示是：从立法和政策导向上引导残健融合，并依法维护残疾人体育权利；建立科学高效的残疾人体育管理模式，大力发展我国残疾人体育组织，推动残疾人体育服务供给向多元化发展；加快无障碍公共体育设施的建设，以打破各种横亘在残疾人面前的障碍；加快残疾人体育指导员的培养工作，拓宽残疾人体育专门人才的培养路径，为我国残疾人体育提供源源不断的人才支撑。

"世界上没有残疾的人，只有残疾的环境。"无障碍战略不仅将进一步消除物理障碍（设施和软件），而且将进一步消除心灵障碍（普通人和残疾人更加融洽），无障碍战略的实施关系全民健身的实现程度，为残疾人参与体育活动提供无障碍服务，具体包括：将残疾人反贫困事业与体育事业相结合，促进二者协调发展，实现残疾人扶贫无障碍；打破残疾人社会排斥壁垒，增强全社会扶残助残意识，帮助残疾人通过体育健身融入社会，实现残疾人观念无障碍；建设"无障碍"的残疾人法律制度，建立科学高效、结构合理的残疾人体育管理机制，实现残疾人制度无障碍；完善残疾人体育健身服务体系，形成多元服务供给模式，加快建设残疾人体育健身无障碍设施，为残疾人积极参与全民健身提供现实条件，实现残疾人服务无障碍，让每一位残疾人都能均等享有基本体育公共服务，最终实现残疾人体育活动的常态化开展，残疾人能够超越桎梏，积极融入社会，共建共享社会经济发展文明成果。

第十一章

无障碍战略与科学技术

我国是世界上残疾人最多的发展中国家。根据我国 2010 年进行的第二次全国残疾人抽样调查数据推算，中国各类残疾人总数 8502 万人，这类人口对于参与社会行为的渴望是巨大的。所以残疾人需要借助科技的力量使用辅助道具的服务补偿和功能改善或在程度上达到和健全人差距不大的社会参与。残疾人辅助器具功能基本有三项：预防、补偿和代偿。预防作用，是指辅助器具能够预防二次伤害，或者抑制进一步发生和发展。补偿作用，是指通过适当的辅助道具可以增强功能、克服活动障碍。代偿作用，是指原有正常机能减弱或丧失或有肢体缺失情况时，使用辅助器具可以恢复部分机能替代损失减弱的功能部分。现代文明社会残疾人和健全人应享有共同的生活权利和平等的机会，所以配置和使用恰当的辅助工具对于残疾人格外重要。对于大部分残疾人来说，辅助器械是必要的，并且是战略意义上的重要，对于生活来说是不可分割的。

长期以来，旧的对残疾人的观念和歧视抑制了残疾人辅助器具的发展。宿命论者认为残疾人是毫无意义的废人，是社会的负担。但随着社会的进步和人们包容性的变化，残疾人被称为残障人，并且被认为和所有人一样有相同的权利受到尊敬和享受正常的生活，只是需要无障碍的客观条件提供残疾人进入社会正常生活的外部因素，只要有了无障碍的保证，残疾人可以像健全人一样提供自己本身的价值，完成社会价值的贡献。所以残疾人辅助器具就是为了满足残疾人进入社会所产生的，外部的工具可以克服残疾人丧失的功能。残疾人需要辅助工具满足他们正常的生活和工作，并且可以帮助残疾人恢复他们的信心、主观能动性和创造力，让他们身体上接受残疾和辅助器具的配合，心理上恢复健全的状态。

随着社会的不断进步，改善残疾人生活和居住环境的无障碍设计已经成为建筑设计的新关注热点，由于无障碍设计强调在社会公共空间环境、设备的规划设计和各类建筑设施都必须考虑正常活动能力衰退者和不同生理伤残者的使用需求，为其提供能够满足需求的服务功能与装置，为残疾人营造一个舒适、安全、方便的生活环境，既可以帮助残疾人更好地融入社会生活，又是社会物质文明、精神文明提高的标志。无障碍设计的主要目标包括两个方面，一是物质无障碍，二是信息与交流无障碍，其基本思想是将一切为人所用的物质环境和制度环境进行优化，化解使用者在信息、移动和操作环境上的障碍，强调残疾人与健全人一样平等地参与社会生活，最大可能地为使用者提供方便。

残疾人辅助器具是由实体、智能和工艺这三点组成，实体部分包括工具、机器、设备。残疾人辅助器具作为一种康复和功能性的工具机械，是一个跨学科跨领域的产品。它是由若干零部件设计、制作、安装来的，所以被包括在机械制造行业范畴内。但是随着人们需求的变化，残疾人辅助器具变得越来越智能，零部件会有感应器、微型处理器等元器件，随时上传每个部分的数据，让工具更智能、功能更多，所以也被包括在 IT 行业内。研发残疾人辅助器具的过程是复杂的和艰难的，跨学科和跨行业的客观事实让残疾人辅助器具的发展过程充满了挑战。

残疾人辅助器具是个异性的，由于残疾情况不同，所以残疾人群体对于辅助器具的需求极为不同，并且需求的功能性很具体。即使是手臂残疾，但安装的手臂假肢的长度、形状、尺寸都不会相同。所以根据市场的需求，残疾人辅助器具变化方向越来越精细，尽量做到让每一个人都满意。残疾人的辅助器具是多样性的，按残疾类别分为肢体残疾、听力残疾、言语残疾、视力残疾、精神残疾、智力残疾六类，针对不同残疾群体分为肢体型、听力型、言语型、视力型、精神型、智力型不同种类的辅助器具。残疾人辅助器具还可以分为高技术和低技术两类，高技术辅助产品是指技术含量高、复杂的辅助产品，例如智能假肢、智能轮椅、增强和代替沟通产品；低技术的是指无电子的辅助器具，例如握笔器、轮椅等物品。但是高科技和低科技并不是评判辅助器具好坏的标准，无论科技含量高低都要做到适用技术、适用思路、适用质量的标准，为残疾人提供个性化的合适的辅助器具。

第一节　我国残疾人辅助器具发展现状

残疾人辅助器具对于残疾人的康复、就业、就学有重要意义，是残疾人克服身体障碍、平等参与社会生活的重要手段。近几年党和政府进一步重视残疾人事业，残疾人辅助器具的发展取得了巨大的进步，众多残疾人从中受益。

一、残疾人辅助器具历史起点

我国辅助事业发展初期对其认识还仅仅是限于肢体残疾等有限的产品类别，如假肢、轮椅、拐杖等。新中国成立后民政部建立了第一批假肢装备厂，这些工厂主要生产假肢等提供给伤残军人，但是带动了拐杖和轮椅一类的辅助器具的发展，也是那个时间常见的残疾人辅助器具。改革开放之后，残疾人事业发展的大环境发生了变化，为残疾人辅助器具的发展提供了基础。一方面，社会思想发生转变，从过去的单一救济、收养走向全面参与社会生活；另一方面，市场逐步开放，国外的技术和资金逐步进入中国残疾人辅助器具市场，社会理念的变革和市场的需求刺激了辅助器具的发展。几十年来这一行业发展迅速，产品的质量和功能也都有着飞速的变化。但无论是残疾人辅助器具的品种还是数量，我国与国外的发展还是有一定差距的。我国目前残疾人辅助器具分类共有三种方式，第一种是按《残疾人辅助器具——分类和术语》所列出的辅助器具共有 11 个主要类、135 个次类，一共 743 个品种。二是按使用人群分类，分为肢体残疾人辅助器具、听力残疾人辅助器具、语言残疾人辅助器具、精神残疾人辅助器具、视力残疾人辅助器具和智力残疾人辅助器具。三是按使用用途分类，分为移动类辅助器具、生活类辅助器具、训练类辅助器具、信息类辅助器具、教育类辅助器具、就业类辅助器具和娱乐类辅助器具。

国内市场生产的辅助器具品质与国外的产品相比还是有差距的，具有科技含量的辅助器具很少，同时厂商也缺少升级和发展科技的意愿。目前，我国政府已经开始重视相关问题，一方面通过政策刺激，引领市场和科技有效结合，促进残疾人辅助器具的合理发展，让残疾人辅助器具提速发展，尽快达到与国外技术和类别持平的状态，覆盖更多的区域。另一方面，需要加强与国际残联和其他组织的深度交流，学习先进技术和理念，打造更大的辅助器具发展平台。

国务院《关于加快推进残疾人小康进程的意见》的颁布，具有加快推进残疾人辅助器具的跨时代意义。辅助器具可以有效地改善残疾人的发展和生存状况，残疾人的小康生活进程与辅助器具科技化的发展是不可分开的。从1998年成立残联以来，国家已经经历了5个五年规划，辅助器具的科技发展和适配服务都得到了国家层面的支持。

二、残疾人辅助器具的政策影响

随着辅助器具事业的发展，我国辅助器具产业已经具备一定的规模，辅助器具的科研人才和企业在科研方面的投入已经初步有了体系。1988—1992年的《中国残疾人事业五年工作纲要》提出要"研制和生产先进适用、优质价廉、利于普及的残疾人专用生活物品、用具、康复器械、生产设备和交通工具，建立残疾人专用物品质量标准和检测系统，完善残疾人用品的销售、维修和服务网点"。

1991年《中华人民共和国残疾人保障法》明确规定："各级人民政府对贫困残疾人的基本医疗、康复服务、必要的辅助设备配置和更换，按规定给予救助。"这是国家首次在法律中明确政府对残疾人配置辅助器具的义务，从此我国残疾人辅助器具的配置进入发展时期。2008年该法案得到修订，促使残疾人辅助器具服务有了良好的法律环境。我国自始至终重视辅助器具事业产业发展以及残疾人可以充分享有辅助器具的权利，在政策方面给予刺激，加速辅助器具行业和市场的发展。残疾人辅助器具不仅纳入了残疾人事业五年规划，2008年《中共中央、国务院关于促进残疾人事业发展的意见》《中华人民共和国国民经济和社会发展第十二个五年规划纲要》及《国家基本公共服务体系"十二五"规划》也同样给辅助器具带来了很大的支持。这一系列政策的出台为辅助器具的加快发展提供了充足的动力和保障支持，直接体现了政府部门对于辅助器具战略意义的理解。

中国由于改革开放时间不久，所以政策对于辅助器具的发展事业的意义是巨大的。只有这样，辅助器具才有足够时间和机会让更多的残疾人受益。《中华人民共和国残疾人保障法》规定，各级人民政府对贫困残疾人的基本医疗、康复服务、必要的辅助配置和更换，应按规定给予救助。《中国残疾人事业"八五"计划纲要（1991—1995年）》以残疾人用品用具的称谓第一次对残疾人辅助器具服务和保障工作制定了具体的目标和任务。针对历史问题，供需信息不对称，产品开发技术含量低，产品的开发、销售、服务、维护、售后维修等不通顺的情况给出了方向，提出了要在全国建设残疾人用品用具服务总站及 60 个供应服务站和一批供应服务点。

1992 年，我国成立了残疾人辅助器具中心，主要负责残疾人辅助器具的研发、生产、供应和推广，同时协助制定残疾人辅助器具相关政策和规划。从《中国残疾人事业"九五"计划纲要》开始，对残疾人辅助器具的供应服务提出了明确的要求，"九五"计划提出要提供 100 种、240 万件残疾人急需的、使用的辅助用品；2001 年"十五"计划的目标是为残疾人提供 250 万件辅助器具，指出加强残疾人用具用品的供应，搞好服务，抓好市场调查需求、产品介绍、配置咨询等服务环节；2006 年"十一五"规划的目标则是组织各类应急类辅助器具 300 万件，提出组织研发、生产、供应各类残疾人急需的质优价廉的实用型辅助器具。推广使用康复服务的新技术、新产品，对贫困残疾人配备普及型假肢、矫形器等辅助设备。还特意颁布了《残疾人辅助器具供应服务"十一五"实施方案》，在此基础上，各省市也相继出台了相应的实施办法。到 2007 年，我国已建立起省、市、县三级辅助器具供应服务机构 1969 个，形成了研发、生产、服务系统。

三、残疾人辅助器具的科技人才发展

近些年我国科技部组织实施的科技支撑计划、863 计划以及中国残联联合中国科学院共同开展的科技助残计划，提升了整体残疾人辅助器具的科技含量。这些项目的开展直接弥补了我国在该领域技术的空白和落后情况，拉近了和发达国家的技术距离。在多个领域有自主知识产权的产品不断增多，例如义眼、人工耳蜗和电动轮椅等设备，标志着我国在这些产品领域的技术提升很快，并且有一定自主研发和科研能力。

近十年来，党和政府一直关注民生问题，致力于改善民生、构建和谐社会，对无障碍科技更加关心和关注，持续推动辅助器具科技的发展。科技部为残疾人辅助科技配备了科研经费，让创新人才可以有机会立项，让一些新的技术可以落地变为实际的辅助器具。在技术领域建立了国家级辅助器具队伍，中国科学院和部分重点大学都积极响应。科技部将康复辅助器具研发纳入经费支持范围，科技部制定的《社会发展科技领域国家科技计划项目需求征集指南》将残疾人生活健康和康复器具研发列入其中，把辅助器具的科研发展列为重中之重。2011 年科技部组织科研项目入库评审，有两项通过专家评审，预计在 2012 年完成立项工作。很多高校和研究机构也参与到科研课题入库申请中来，这说明我国残疾人辅助器具领域的立项机制和发展机制已经初步形成了良好体系。

随着国家政策的支持，残疾人辅助器具的科研队伍不断壮大，培养了一大批优秀的科研人员，让更多人参与到残疾人辅助器具的研究中来。国家康复辅助器具中心和中国残疾人辅助器具中心事业加快发展，更多人才的加入让队伍水平不断提高，加快了行业人才结构的发展，并且让残疾人辅助器具行业更有吸引力。中国科学院的多个研究所和一些国家重点大学都设有残疾人辅助器具课题，主动引导更多的研究人员参与到这个领域中来，主动让更多的人为这个领域贡献更多。一些学校已经设置了康复与辅具专业课程，通过学校教育已经培养了多批次的优秀学生到这个行业中的科研或企业中去工作。并且随着行业内部的竞争加剧，许多企业和研究机构把人才的培养和引进作为头等大事。因为人才的可持续培养是企业的核心竞争力，科技的进步取决于人才梯队的逐步优化，这样企业逐渐向知识型企业转型，让企业本身的可持续竞争力逐步加强。

辅助器具科研领域的参与者已经了解中国科研水平和世界上发达国家的差距，以及国内市场需求所带来的行业急速发展中的部分问题。现在的科技研究人员要把社会需求放在首位，不能盲目地追赶发达国家的技术。同时也要研究实用性产品的落地能力，技术的精益求精固然无错，但要是技术无法落地变成产品，对于社会的贡献还是有限的。

四、残疾人辅助器具的战略价值

残疾人的价值就是自我价值和对社会意义上的价值，残疾人自我价值的体现是个人生存、自强、自爱对自己产生的生命本身的意义。残疾人对社会的意义就是残疾人作为社会的一分子，是社会众多投影的一个映射。辅助器具对于残疾人价值补偿，就是完成由于残疾带来的生理缺失所不能够做到的行为举动，让残疾人更好、更容易参与到正常的社会生活中来。由于有缺陷，残疾人对自己进入社会缺少信心或者存在自我歧视，降低了他们本身的驱动力、自主性、能动力和创造性。但是，辅助器具的出现就是要帮助残疾人恢复自己作为人类应有的一切，促进残疾人更好地为社会做贡献，完成个人和社会的价值、意义。

随着残疾人辅助器具的科技变化和普及度的加深，以及无障碍战略的实施，让更多残疾人可以充分加入到社会生活中来。社会的其他人群对于残疾人也抛弃了旧时鄙视的思想，充分接受残疾人所做出的贡献和努力。辅助器具对残疾人进行充分的改造和帮助之后，让残疾人可以重新激发自己的意志力，让残疾人的满足感得以实现。在这个过程中，残疾人不断完善自己所缺失的功能，逐步适应与辅助器具的结合，让残疾人的心理健康、精神饱满，最后达到通过辅助器具可以生活和生存的目的。另外，辅助器具的确在提高残疾人的运动能力和运动功能，让残疾人的能动性和主观动力越来越强，让他们真正融入社会，他们对社会贡献越多，辅助器具对于社会的意义也就越大。

第二节　我国无障碍科技存在的问题及原因

我国由于无障碍科技开展的时间比较晚，与其他健康康复领域比起来基础比较薄弱，另外我国人口数量多并且国土面积较大，导致各地发展不均衡。从 2006 年第二次抽样统计的结果来看，残疾人提出需求辅助器具的占比为 38.56%，实际得到辅助器具的比例为 7.31%。2009 年的数据显示，我国城镇残疾人辅助器具配置率为 11.5%，农村为 6%。现状与需求的差距还体现在服务的质量上，辅助器具的适用性是保证残疾人是否能得到妥当服务的一个标准，若是辅助器具不适用，辅助器具会降低功能输出并且可能会造成二次伤害。中国辅助器具服务人员在为残疾人配备合适的辅助器具时存在着服务质量上的问题，无法准确地为残疾人提供恰当的辅助器具是一个无法忽视的现实问题。

一、保障政策和法律不完善

目前除个别地区以外，还没有国家统一层面上的辅助器具的医疗保险和报销或者其他种类的专项福利补贴。对于中国很多贫穷人口来说，辅助器具是奢侈的，能负担得起非电子的辅助器具已经是很大的负担，高科技或者可以恢复功能的康复器具是不敢奢望的。所以比起世界发达国家，我国在这一部分是不完善的，是需要调研解决的重要问题，因为贫困残疾人比功能健全的健全人更需要国家政策的帮助，贫困残疾人因为身体功能缺失会造成劳动力减弱，对于脆弱的家庭是致命的打击和摧毁，补贴或可能让他们获得更多的恢复机会或者获得更好的辅助器具的机会。康复资金的筹集有很多渠道，例如政府的投入、福利彩票、福利基金、社会捐赠都是资金的来源，但是有限的资金使用量和等待使用康复的残疾人相比是远远不够的。这需要医疗保险、工伤保险和其他内容对残疾人进行补贴帮助。

目前服务残疾人的组织缺少制度保证。社区是残疾人恢复和治疗的重要部分，社区最贴近残疾人的生活，也最了解残疾人的现状，社区在残疾人辅助器具使用和康复上有着很大的作用。我国现状也实行以社区服务为主、结合家庭康复的方式，社区目前应该有制度上的严格审批，能够优化服务人员的基本素养和服务质量。社区的服务方式应该不仅仅局限于残疾人辅助器具的指导和身体康复的目前状况，应该做到多元化服务。

基本医疗保险缺乏制度保证，我国的基本国情决定了基本医疗保险是"广覆盖、低水平"的特点。经过多年的执行，我国医疗保险制度在稳步推进，覆盖的群体越来越多，制度运行平稳，但是还存在着一些问题。首先城镇居民基本医疗保险和新农合是由不一样的文件解释，这两项制度缺乏强制性。而且在不同险种之间进行整合、转换衔接具体办法，则缺乏全国性的法律规范。其次，部门间对城乡医疗保险管理权归属存在着争论。目前城镇医疗保险和新农合分别由人力资源和社会保障部门、卫生部门管理经办，要建立统一的城乡医疗保障管理体系，由哪个部门主导成为一个重要问题。因为缺少全国统一性规定，地方统筹城乡医保也摸索出了很多方式方法，绝大部分地区将统一后的城乡居民医疗保险交由人力资源和社会保障部门统一组织实施，极个别地方归属卫生部门管理。

民事法律制度与社会保障法缺少必要的切合，残疾人辅助器具赔偿标准立法不统一这个问题尤其突出和严重，标准不一致给残疾人带来的是不公平的感受和无法理解的伤害，然而生活中这一现象很普遍。目前关于残疾人辅助器具的赔偿金是否应该赔还在讨论当中，有的学者认为赔偿金和辅助器具赔偿二者是包含关系，如果把辅助器具赔偿金单列，对于侵害人略微不公，而且加大了侵权人的赔偿金额和压力，造成双重赔偿。若是侵害人有比较好的经济支付能力，会出于人道主义关怀进行多一些的赔偿，这其中就包括了辅助器具的赔偿诉求，但是这部分的性质仍是补偿并不是赔偿，这种错误至今还在发生。这个赔偿在一开始的时候就应该了解残疾人的生活，丧失劳动力不能带来收入和生活不便需要辅助器具继续完成社会活动的意义是两个完全不同的概念。所以赔偿金应该不涉及残疾人以后所需要恢复或是必要生活需要的残疾人辅助器具的金钱，辅助器具的赔偿金应该单独赔偿。此外，我国最早通用的是以国产普通型的器具价格来定位侵害人的赔偿标准，但实际操作过程中残疾人辅助器具的种类很抽象，很难把握尺度。最高人民法院在解释中确实认真考虑很多意见，给出了所谓国产普通辅助器具是指普通适用的辅助器具，虽然看起来更加明确，但是实际操作中仍然存在着诸多问题，并且《民法通则》是对人身损害赔偿进行了规定。虽然给法官判案提供了依据，但是法条过于单一，而且还存在着很多问题，其中造成伤残的赔偿金额远远大于死亡的赔偿数额，导致人命的权益越来越低，还对社会造成了"撞残不如撞死"的不良影响。

二、服务需求和供给之间存在较大差距

残疾人辅助器具涉及多个专业，例如医学、教育学、工程学、社会学和心理学等，具有较强的专业性。但是目前除了助听器验配师、假肢技师和矫正师国家设定了专业证书，大部分的辅助器具专业从业人员都是没有标准来规定的。服务残疾人是需要专业教育的，但是在人才供给这个层面上目前差距和问题还是很明显的。我国目前还是缺少成熟的理论与知识体系，缺少国家持续的人才培养和相关行业的认证。一方面我国残疾人辅助器具发展起步相对较晚，国外一般从 20 世纪 60 年代开始发展辅助器具事业，而我国从改革开放后才开始发展残疾人辅助器具事业。除了经济和社会发展因素外，我

国法律法规、运行体制等还不完善，例如尚未建立健全辅助器具配置的保障体系，也没有形成高新技术产业，这都导致辅助器具技术行业发展缓慢，供给和需求存在差距。另一方面，目前从事辅助器具事业的大多是上世纪七八十年代以后的从业人员，并且在我国大专院校并没有广泛建立辅助技术专业，目前现有的服务人员大多以师傅带徒弟的形式发展起来的，知识面相对较窄，基础较差，在实际工作中很难满足社会进步的发展对高层次人才的需要，具有专业素质的人才较为缺乏。

我国残疾人的需求和服务之间的差距也存在着很多问题。残疾人的需求首先有量的要求同时还有质的要求。例如，深圳市抽样调查专业人员通过评估深圳市六个区 928 名新持证残疾人进行康复需求评估和数据分析，推算出不同残疾人对辅助器具的需求可能有所不同，从高到低依次为视力残疾 78%、听力残疾 76%、肢体残疾 74%，言语、智力和精神残疾的需求较低，平均需求率约为 44.5%。总之我国残疾人对辅助器具的需求巨大。残疾人需求和服务之间存在差距，一部分原因是生产企业缺乏创新意识，随着社会的进步科技的发展，人们对辅助器具的功能需求日益提高，希望从各方面尽可能地恢复或达到健全状态，例如植入神经康复装置、与生物材料相结合的植入式骨整合假肢等及仿生制造等。但是我国现有的制造企业和研究中心为了维持企业的生存和良好经营效果，都把精力集中在基础建设上，对于科技的研发和产品的创新则关注度较低，技术上还主要依靠模仿学习国外的先进经验，缺乏创造力。一方面，科技创新需要投入较高的科研经费，这对于企业和研究中心来说存在着经营和生产风险，不利于短期利润的实现；另一方面，高校以论文为核心的评价制度，很难推动科研人员研发出具有科技竞争力的实用产品。

三、服务资源缺少，标准和规范需要完善

虽然残联已经初步建立了覆盖全国的辅助器具服务网络，但由于中国残疾人人口众多和分布较为广泛等原因，机构数量和辐射面积明显不足。并且机构人员的服务能力偏弱，服务内容比较狭窄。因为服务站的人员目前缺少行业经验，许多机构的服务人员需要通过培训来提高自己的服务能力，政府缺少适当的引导以及设立更多的行业资质标准来提高服务质量。

虽然我国已经初步建立了省、市、县三级的服务网络，但地级市和县级机构还是有相当大的缺口，基层服务机构尤其是社区辅助和偏远农村的服务，是服务环节中最弱的一部分。在专业服务层面上，专业素质好的服务人员一般工作在大中城市，很少有人到偏远地区或者是县级机构服务，这就导致了偏远地区的服务质量难以提高。

生产企业方面，目前我国辅助器具有生产企业约 800 家，其中具有良好规模的生产企业约有 400 余家，这些企业主要分布在人口多和经济发达的地区，例如珠三角地区和京津冀地区。目前国内市场中国企业生产的多为低层次和科技含量较少的辅助器具，中高端产品主要是国外的进口辅助器具。我国自主研发的产品缺少对于个性化的产品研发，产品种类、生产工艺、科技水平与世界上发达国家还有比较大的差距。我国企业在科技研发上普遍缺少人才，研发力量明显不足，全国具有科研能力的研究机构不超过 30 家，具有研发能力的辅助器具生产厂家很少，很多企业还是主要以模仿国外同类产品作为开发的主要手段。所以，研发体系和行业内的良性竞争一直没有形成，这就制约了我国残疾人辅助器具的发展。

我国残疾人辅助器具产业的规范化、标准化程度比较低，缺少行业上岗证件，只有更多的认证标准才可以提高服务质量和服务内容。这样产品的质量、价格指导和服务评估才能得到更好的监管。目前服务不规范、产品标准没有统一判定、缺少指导价格等因素，给残疾人带来了诸多不便，不但影响了辅助器具的健康发展，更影响了残疾人使用辅助器具的适合程度和舒适度。

四、传统观念束缚和宣传力度不大

按照传统的残疾观念，个人及家庭需要对残疾障碍负责。长期以来我国的残疾人的日常生活主要是由家庭负责帮助，照顾其正常起居和过正常生活，增添辅助器具理所当然成了家庭的合理支出，然而部分残疾人生活贫穷，温饱难以解决，更无法奢求辅助器具。实际上，社会因素是致残的众多因素之一或者是主要因素之一。政府应该承担部分责任，与社会个人共同承担这个不幸。如果只通过残疾人家庭单方承担这个义务和责任，会增加家庭整体负担，也减少其他家庭人员的消费能力，或使整个家庭陷入收入减少和负担增重的双重打击之中，这不利于社会和家庭的发展。

残疾人是数量众多、特性突出且特别需要帮助的社会群体，关心残疾人是社会文明进步的重要标志，健全和完善残疾人公共服务是构建社会主义和谐社会的有机组成部分。残疾人的公共服务需要全社会的广泛关注，不能仅仅停留在口号和文件上。当前对残疾人的公共服务并没有得到足够的重视，首先政府职能没有转变到位，大多数地方政府仍将残疾人服务看作社会救助的一部分，而不是将其纳入政府刚性责任范围，发展水平依赖于地方财政收入的高低，导致残疾人公共服务发展不稳定；其次，社会关注公众度不够，按照计划经济思维，认为残疾人服务是政府的工作，社会力量无须介入，导致慈善事业发展滞后。

政府应该宣传让社会减少和降低对残疾人的歧视，让他们过正常的生活，并且正确宣传和谐价值观和足够多的专业知识。由于社会宣传和知识普及的力度不足，医生往往是残疾人员最早接触的专业人员，随后的生活很少有专业人士给其专业的指导。康复和重新进入社会的过程是复杂的，需要正确的引导和正确的专业知识培训，让残疾人士了解辅助器具的功能和价格，让他们的家庭对辅助器具正确理解，让他们对康复有信息，对重新进入社会有信心。

五、工作机制不完善

目前我国残疾人辅助器具服务管理主要由人力资源和社会保障部、残疾人联合会和民政部三个部门负责，其中因工伤而致残的残疾人由人力资源和社会保障部负责其辅助器具保障工作，退伍军人的辅助器具保障工作由民政部负责，残联主要负责协助制定残疾人辅助器具的相关政策、规划和开展残疾人辅助器具服务。我国残疾人口众多，其中城镇 747 万残疾人中，在业的仅有 297 万人，而只有因公致残的残疾人才可以享受工伤保险的制度性保障，由工伤保险基金支付其相关的康复和辅助器具配置费用。目前新疆、安徽等地将普及型假肢、聋儿助听器等纳入了新农合政策，北京、上海也出台了相应的福利性辅助器具服务政策，但是综合全国情况来看，我国除了工伤保险覆盖的因公致残群体受到固定的制度支持外，其他残疾人群体只能接受临时性的救助性政策，缺乏稳定性和长期性，也没有统一的制度安排，根据各地区经济发展差异带来的不同福利或救助措施又会造成新的不平等，地区间政策的不公平。因此，缺乏稳定的资金来源及明确的补助范围是残疾人辅助器具需求难以满足的原因。

第三节　无障碍与残疾人科技的国际经验

由于残疾人存在肢体上的残疾，导致其出行和生活、学习的不便，因此，辅助器具对于残疾人回归正常生活融入社会有着重要作用，涉及残疾人康复、生活学习的各个方面。随着电子耳蜗、电子助视器、导盲系统和适应残疾人生活的电子软件的开发，残疾人的生活变得更方便，更加去障碍化，与健全人的生活差距在逐步缩小。为残疾人提供辅助器具已经成为各国政府提供社会福利的主要组成部分，为残疾人创造无障碍的生活、学习、工作环境体现了社会层面对于残疾人群体人权的关怀。

一、完善的法律法规

为了确保残疾人能够得到必要的辅助器具，各国政府制定了完善的社会保障政策，并随着经济发展和社会认识的提高不断修改和完善。美国已经形成较完备的辅助技术法律体系，在辅助技术整体层面从技术研究、信息、人员培训等诸多方面做出规定，推动辅助技术的发展。《残疾人辅助技术法》作为第一部专门以帮助残疾人获得辅助技术的法律，以法律的形式对各州辅助技术计划的资助、设备再利用、设备租借、信息服务和对辅助设备生产商、辅助器具服务有关机关技能培训等方面，从一定程度上满足了残疾人对于辅助器具的需求。

美国的《残疾人法》和《残疾人辅助计数法》通过全面的法律强制性保障残疾人使用辅助技术的权益，残疾人获得辅助器具的补贴金被纳入各级政府的财政预算，并提供就业的辅助技术；特殊教育需要的辅助技术设备的预算纳入教育部的预算中。日本在1993年的《福祉用户法》中对辅助器械的定义做出了清晰的界定："为了给在日常生活中身心功能低下、无法进行正常生活的老人和残疾人带来方便而制作的用具，或为了训练上述人群的身心功能而制作的用具。"日本目前关于辅助器具的两大主要法律分别是：2000 年开始实行的《护理保险法》，其中表明辅助器具除了在居家护理服务费中设立辅助器具租用服务外，还设立了购买居家护理服务器具的款项；2005 年制定的《残疾人自立支援法》，规定残疾人福祉一元化，向残疾人提供共同的福祉服务，向残疾人提供辅助器具和日常生活用具。德国于 1881 年开始实施与残疾人相关的规定，2001 年颁布了《残疾人保障法》，该法案康复部分明确规定了残疾人的康复待遇，包括了向残疾人提供辅助器械和身体配件，测试承受力和工作疗法等医疗康复方面的所有帮助。

二、稳定的资金来源

辅助器具资金筹集不足是残疾人配置和使用辅助器具的主要障碍，资金来源的稳定性对残疾人辅助器具的发展有重要作用。发达国家大多以法律的形式对政府相关部门在辅助器具上的责任进行明确，建立有效的跨部门合作机制，确保辅助器具筹资的有效性和稳定性。我国《残疾人保障法》虽然有涉及残疾人辅助器具的内容，但并没有明确筹资主体和相关部门的责任。总结发达国家的经验来看，主要筹资方式有两种，分别是以保险基金为主和以社会福利方式提供。

（一）以德国和日本为代表的保险模式

德国于 1883 年颁布了世界上首部《疾病保险法》，标志着社会保障制度的诞生，这其中就包括了对残疾人保障的规定。很大部分人残疾都是在工作或生活中发生意外，因此，在《意外伤害保险法》和《伤残老年保险法》中分别对因职业伤害致残和疾病、意外事故导致的残疾人保障做出了规定，对残疾人社会保障政策起到了完善促进作用，并一直沿用至今。根据残疾人不同的年龄和身份确定了不同的资金来源渠道，3—21 岁的残疾人辅助器具的配置由政府完全承担；21 岁以上因病或其他原因致残的残疾人由养老保险基金负担，对于非劳动者的残疾人，其辅助器具的配置由长期护理保险基金和医疗保险负责。德国残疾人辅助器具的费用主要来自社会保险，而社会保险基金又来自雇主和员工缴费。在德国，不同的社会保险基金对不同的残疾康复类型负责，如医疗保险基金为残疾人提供医疗支持，还有地方健康保险基金、海员保险基金、行业健康保险基金等都对各自被保障的对象康复负责。日本的残疾人辅助器具资金来源也是来自保险基金，根据法律规定，护理保险向全国超过 40 岁以上的公民征收保险费，与税收1∶1的比例纳入保险体系，根据躯体残疾人福利法，残疾人辅助器具的供给被定义为社会保障制度上的社会福祉制度，其资金来源是公共财政，但是伴随着残疾人自立支援法的实行，更多获得辅助器具的用户愿意承担 10% 的费用，这也反映出法律观念的变化更加尊重用户的自主性，给予其选择使用权。

（二） 以美国和澳大利亚为代表的福利模式

根据《残疾人法》和《残疾人辅助技术法》，各级政府将残疾人获得辅助器具的补贴金纳入各级政府的财政预算，残疾人可从七个不同的渠道获得国家的资金支持，分别是公共项目（医疗保险、母婴健康、教育、社会保障福利、职业康复、发展性残疾项目、退伍军人事务部项目和老年人法案项目）、税法、其他筹资、私人医疗保险、公民权利、普及高等教育和电信。澳大利亚也是以福利模式为代表的国家，澳大利亚各州通过一系列项目向残疾人提供必要的辅助器具。其中，家庭和社区护理项目是联邦和州的联合行动，目的是向体弱老年人和残疾人及其照料人提供一系列全面、综合的基本维持和支援服务，以提高其生活质量。2002—2003 财年，联邦向该项目提供了6.741 亿澳元，占总资金量的 61.3%。失禁援助计划向永久性残疾并伴有永久性失禁症状的残疾人提供辅助器具的费用，其针对 16—65 岁的劳动者，和 65 岁及以上每周工作 8 小时符合补偿条件者。联邦听力服务项目则是政府通过发放服务券的方式向领取养老金者和符合条件的退伍军人及其家属提供高质量的助听服务。以高福利著称的北欧国家也是政府将残疾人辅助器具及其服务纳入政府预算，包括免费的技术服务和辅助器具改造，例如挪威、丹麦和瑞典。残疾人辅助器具的筹资模式并没有统一固定的形式，而是受到各国不同的社会文化的影响，根据各国的福利制度和经济状况决定。

三、丰富的产品讯息

为了方便残疾人及时了解辅助器具的种类，丰富辅助器具产品市场，各国也通过不同的方式对产品进行展示，方便残疾人及时了解最新的适合其生活、工作需要的辅助器具。瑞典国家残疾人辅助器具中心建立的网站可以全方位收集世界各国辅助器具的产品信息，并且该中心每年出版 50—70 种包括手册、音像、书籍在内的出版物。信息中心通过举办讲座、组织研讨会和网站发布信息等多种形式，将辅助器械产品和相关信息传递给残疾人。在北欧及英国、德国等国家为残疾人提供辅助器具包括生活的各个方面，包括居家环境、工作环境的改造和生活设施、生活起居、出行等。为残疾人提供辅助器具伴随其一生的发育、学习和工作，这就要求辅助器械的不断更新。在美国，残疾人通过高科技的辅助器具的帮助，就业状况发生了根本的改变，例如视力残疾人通过助视器可以完成教育、服务等和健全人一样可以从事的职业。美国已有 2 万种以上的辅助器具可以在辅助技术用品数据库 ABLEDATA 中查询到。日本每年都举办"国际福祉博览会"吸引世界各地的商品生产商来展示商品，残疾人及其家属和各国相关机构通过参加博览会的方式了解最新的技术和产品，2006 年日本的"国际福祉博览会"已经展示近 2.5 万种产品。采用博览会展示的国家还有澳大利亚，位于新南威尔士州的独立生活中心陈列着各种有助于残疾人和老年人独立生活的用具和辅助器械。独立生活中心的宗旨是为残疾人服务，提供各种用具、设备和辅助器械的信息和资料，并指导残疾人挑选适合自己的辅助器具。中心产品丰富，每个月定期更新大约 200 件展品，其中一半是澳大利亚国内自产，其余一半是来自国外进口，产品种类覆盖残疾人生活、工作各个方面，从适合瘫痪病人洗澡用的浴盆、用拉链替代扣子的衣裤，到适合残疾人使用的钢笔、帮助语言障碍者顺利表达思想的电脑系统等。系列化的展览产品不仅给残疾人的衣食住行带来方便，还丰富了残疾人的文娱生活，例如扑克牌洗牌机和适合一只手的残疾人的打毛衣架子。为了节约成本，中心的所有产品都是从厂家租借而来，中心的工作人员则是政府雇员，职责是根据残疾人的需要提供咨询服务，指导残疾人正确使用器械，中心不提供任何形式的销售，如果来访者表示满意并想要购买，工作人员会提供厂家的联系方式和地址，中心的工作人员不接受任何厂商的佣金，也不负担任何的销售义务，其主要的工作职责就是帮助残疾人和来访者找到适合的辅助器械。

四、完备的服务系统

在发达国家和地区，为残疾人提供辅助器具的流程都是相似的，先由残疾人提供申请，然后由专业人员到户考察评估，再到各类相关技术中心进行评估，最后提供产品和相关技术支持，在器械发放后跟踪调查和调整，这一过程有康复医师、辅助器具工程师、生产厂家和服务人员参与。例如日本横滨市综合康复中心的辅助器具服务体系，中心下设 3 个福祉设备援助中心（泥龟、中山、反町），在市内按片区划分，提供多样化的康复服务。中心的服务工作人员由医生、社会福祉士、物理治疗士、保健师、看护师、作业治疗士、假肢矫形器士和工程师（建筑学、机械工程学和电子工程学背景的康复工程师）组成。横滨市综合康复中心在内部建立了更生咨询所，与康复中心共同努力通过假肢矫形器临床讲授、轮椅坐姿临床讲授帮助残疾人适应辅助器具，并给出处方。同时，完善残疾人、老年人的住宅环境，通过提供护理保险制度、残疾人辅助器具、日常生活用具辅助器具的咨询服务，对残疾人和老年人的住宅进行访问，并提供必要的辅助器具和装修建议。由于辅助器具对残疾人来说具有补偿功能，且这些器具有可能会伴随残疾人终身，所以这些辅助器具必须符合残疾人的使用需要，并且要随着残疾人的身体变化及时调整。中心会定期开设不同的临床讲授课，为残疾人提供适合的辅助器具，例如轮椅姿势保持装置的临床讲授，为用户提供合适的轮椅、电动轮椅、座位保持装置等，该临床讲授获得日本最高的评价。此外，横滨市综合康复中心与泥龟福祉设备支援中心每周进行一次临床讲座，中山福祉设备志愿中心与反町福祉设备支援中心隔周进行一次临床讲座，并且为了每个中心的残障儿，在附属横滨市综合康复的三个地区医疗保育中心每月做一次临床讲授。因为每次都有康复工程师参加讲座，他们会将工程学技术融入相应的技术中。医生、物理治疗士等医疗人员在讲授过程中对用户进行医学、身体机能等方面的检查，并开出处方。康复工程师则根据处方为用户设计必要的姿势保持方法及电动轮椅的操作方法，并根据每个人的实际需要为用户制造出合适的轮椅或电动轮椅、座位保持装置。对于那些很难适应座位保持装置的用户，除了日常听讲座外，其他时间可以去中心由专家进行装配操作以适应并掌握装置的操作方式。即便客户的轮椅是量身定做的，也可以去中心由物理治疗士和作业治疗士亲自训练用户进行电动轮椅的操作，再重复进行控制器的试操作。此外，康复工程研发室还提供辅助器具工程服务，除了满足思想传达的交流装置外，还制作满足个人需求的特殊服务辅助器具，如汽车驾驶装置和电动上肢等设备。

丹麦没有专门的残疾人组织，残疾人事务由社会事务部管理，在残疾人辅助器具的服务上制定了相应的政策。首先，对残疾人所造成的功能缺失坚持代偿的原则，残疾人只支付常规费用，因为残疾而额外支付的费用由政府负责；其次，社会上的每个人都有责任为残疾人服务，服务费用从税收中支付；再次，每个用人单位都有义务为残疾人负责，为其提供无障碍设施，营造无障碍工作环境；最后，要对残疾人一视同仁，不能有任何歧视，这也是丹麦残疾人政策的核心部分。法律对残疾人政策的原则进行了明确规定，首先保证残疾人拥有平等的权利和地位，如教育、旅游、就业等，不能因为残疾而受到歧视；其次，任何部门在制定政策时要考虑残疾人的切身利益和需求，要站在残疾人的视角上考虑问题。最后关于残疾人补助方面，规定免费为残疾人提供和改装辅助器具，如家居改造、电脑改装和出行工具的改造等，并为残疾人提供生活补贴，确保其像健全人一样独立生活。为了方便残疾人挑选合适的辅助器具，丹麦每个城市都有辅助器具中心，中心辅助器具数量大，品牌众多，并且由政府每年拨付专项经费保持中心的正常运营，向残疾人免费提供辅助器具。在县一级设有专门的辅助器具服务机构，每个机构配备2—3人，有独立场所和残疾人的档案，为了离残疾人更近，更好地为残疾人服务，服务机构的工作人员还上门为残疾人提供免费改装和配置服务。

第四节　无障碍与残疾人科技发展路径展望

辅助器具可以帮助残疾人实现残疾补偿功能，改善障碍状况，减轻家庭负担，帮助残疾人正常地参与社会生活。在发达国家，残疾人使用辅助器具已经是普遍现象，辅助器具已经成为残疾人康复、就业、生活和娱乐的重要手段。随着我国经济的发展，残疾人和老年人也需要提高生活质量，更好地参与社会生活，共享经济发展的成果，对辅助器具的需求也在不断增长。

一、建立完善的服务体系

辅助器具配置应与残疾人状况相一致，每一种辅助器具都是针对特定类型的功能障碍者设计的，因此要依据残疾人功能受损的个体差别、年龄、体重、身高、居住环境、受教育程度和未来发展的愿望等选择适合个人的辅助器具。例如对于大腿截肢者，年轻人的首选是安装大腿假肢，但对于老年人来说，安装假肢可能不适合其身体状况和承受能力，可根据不同需要选择假肢、轮椅或拐杖，以方便出行。而对于单侧上肢截肢者，最合适的选择是安装假手和工具手，而不是机械手和肌电手。不同的居住环境对残疾人选择辅助器具的要求不同，并不是越昂贵越有科技含量的辅助器具就是好的，适合残疾人生活需要的才是最好的。例如手摇三轮车对下肢功能障碍者是经济实惠的代步工具，但对生活在山区或坡道较多的残疾人来说就不适用。例如盒式助听器价格低，电池使用时间长，体积大，容易识别和操作，适合老年人使用，而手动轮椅和移动乘板比电动轮椅和移乘装置更适合居住环境狭小的残疾人。

目前我国辅助器具服务主要依靠残联系统的辅助器具服务中心，难以满足残疾人日益增长的生活和发展需求，只有积极引导民间机构参与辅助器具的服务工作，才能扩大残疾人服务的覆盖面，提升服务效率。此外，各级政府还应加大对辅助器具民间机构的扶持力度，通过减免税收、机构运营补贴和购买服务降低行业准入门槛，简化登记手续等方法，鼓励兴办辅助器具服务机构，吸引更多的社会组织参与到残疾人辅助器具服务中心，政府应改变原来"裁判员"和"运动员"合并的角色，将具体的服务工作交给社会组织来做，政府承担经费的分配和服务技术的监督，实施严格的绩效监督和服务管理工作，从宏观层面指挥安排，构建辅助器具专业化的服务团队，提高为残疾人提供辅助器具的服务水平。拓展辅助器具服务中心的日常工作主要以日常生活辅助器具配送为主，缺乏相关的衍生服务，应逐步拓展服务中心的工作范围，逐步将适配评估、辅助器具训练、辅助器具的个性化改制、辅助器具维修、捐赠等服务纳入进来，建立一站式服务窗口。此外，为了节约成本，帮助更多有需要的人，可以拓展辅助器具的租借、回收等业务，将不需要的辅助器具进行回收再出售或出租，既能降低残疾人的购买成本，又能绿色环保。

我国为残疾人提供服务的主要部门是残联的康复机构、残疾人用品用具供应服务站和医院的康复医学科室等。随着无障碍概念的深入，应培养专业化的复合型人才，坚持跨学科、多领域合作。例如深圳市残疾人用品用具供应服务站已经建立了由康复医师、制作师、工程技术人员和康复工作者组成的协作组，建立了残疾人用具资源中心，共同制定辅助技术的工作流程。

二、提高辅助器具质量

我国目前还没有国家批准的残疾人辅助器具认证机构，已批准成立的23个认证机构中适合残疾人辅助器具质量认证工作的认证只有医疗器械产品认证和方圆标志认证。为了大范围推动残疾人辅助器具的质量认证工作，应加大宣传力度，宣传产品质量认证的重要意义和作用，不仅让生产者了解质量认证的重要性，还要为消费者普及质量认证的标识和相关质量知识，并设立监督机构，接受消费者的质量检验和投诉建议，发挥市场的监督作用和选择作用，倒逼企业提高产品质量，主动进行质量认证。同时，加快统一的辅助器具国家标准和行业标准的制定和采标工作，强化对产品质量认证的信赖。

辅助技术事业不仅是指辅助器具的生产和供应，还应注重产品的科研、技术的提高。事实上结合国外经验，尤其是美国的经验表明，要推动辅助技术事业的全面发展，切实保障残疾人平等地获得和使用辅助技术的权利。目前我国辅助技术的科学研究力量较为薄弱，且科研成果很难转化成商品成果，生产企业缺乏辅助技术生产的积极性，在辅助技术的供应和相关服务领域，在信息服务环节，我国缺乏相关的技术人员，由于信息的匮乏，尤其是生活在边缘地区的贫困残疾人，很难充分、及时地了解到辅助技术服务的相关信息，包括获得和使用辅助技术设备和服务的相关法律、程序和政策维护自身的合法权益。因此，在制定相关法律法规时，应充分考虑信息传递环节和产品科研方面的重要性，确保从整体上、根本上促进辅助技术事业的发展，同时要兼顾各部门之间的协调工作，保证各项政策法规的顺利实施。

首先，在产品投入生产之前处于研发概念时就应通过安全性评估、有效性评价，总结过去的经验和识别潜在问题，避免由于新设计而导致出现风险。在产品设计之初要注重质量风险分析，既要鼓励创造性的思维，又要对风险进行全面评估，包括外界的环境因素、运输过程、操作人员的专业程度等，确保对整个生产流程的风险评估没有遗漏。其次，产品标准的制定要充分考虑安全需要，对于结构复杂、含有运动条件的、受力大的产品则需要考虑的风险因素更多，制定的条款要涵盖生产过程的各个环节，包括检验方法、手段、产品标志、规则、包装、运输和贮存条件等。对于影响产品质量的主要参数应分析其严重性和发生概率，并选择合适的要求范围。随着科学技术的不断进步和产品的更新换代，产品标准也要呈循环上升的趋势不断地扩展和深化，对以前的标准进行总结、修订、再实施，产品的质量标准随着这种周期性的循环呈周期性提高，以维持产品的先进性和实用性，为残疾人提供更高质量、更符合实际需要的辅助器具。

此外，因为残疾人个体能力和需求存在差异，为了提高产品的适配性，产品仅完成生产上市销售是不够的，与个人条件不适宜的辅助器具不仅会给残疾人带来不便甚至还可能带来伤害。辅助器具的评估适配应因人而异。首先，组织专业服务团队对残疾人的身体状况进行评估，了解其障碍与需求，为其挑选适合的辅助器具，必要时为其进行产品设计改造。值得注意的是，产品的功能性、安全性不容忽略，并且要耐心教会使用者熟练地操作，并对使用效果进行评估，总结经验和不足，以提高产品质量。

辅助器具适配评估是残疾人享有辅助器具服务的前提与基础，也是政府社会福利资源配置的重要依据。为了不给残疾人造成二次伤害，应通过开展专业知识分享、外出培训、案例讨论等方法提高适配人员的能力，准确把握残疾人辅助器具评估的专业度，有助于提升残疾人辅助器具服务的质量和效率。加快推进辅助器具适配评估人员的认证制度，确保适配评估服务人员的专业化，强化辅助器具适配评估在辅助器具服务中的作用。

三、健全残疾人辅助技术法律体系

目前我国还没有一部专门为残疾人制定的辅助技术法，现有的有关特殊教育的法律有《残疾人教育条例》《特殊教育学校暂行规程》等。而从发达国家经验来看，完善的法律体系是改革的基础和保证，例如美国的《残疾人辅助技术法》制定了行业必须遵守的规范和准则。制定残疾人辅助技术法及其他法律有其重大意义，可以先在发达地区试点先行，按照政策文件的指示为残疾人提供最佳的辅助技术，确保残疾人使用辅助器具提高生活品质、融入社会的权利。总结试点的经验教训，为立法提供借鉴作用。目前我国还没有明确的法律条文对生产辅助器具的整个程序进行规范，尤其在鉴别、评估和审核方面的立法十分薄弱，而标准、统一、科学的鉴别评估工作是每个残疾人享有高质量的辅助器具的前提，因此，要加强相关方面的立法工作。同时，培养数量合适、质量良好的鉴别、评估工作人员也有重要意义，只有这样才能保证其工作的准确性和专业性。

此外，要切实加强残疾人相关技术立法的可操作性。目前我国现有的与残疾辅助技术相关的法律、法规、条例对相关部门和相关人员的权利和责任的规定并不明确，一些法规的执行力度还有待提高。比如残疾人基本法《中华人民共和国残疾人保障法》中对辅助技术的相关条款词汇为"应当""鼓励"等含糊不清的词语，例如第五十二条指出："国家和社会应当采取措施，逐步完善无障碍设施，推进信息交流无障碍，为残疾人平等参与社会生活创造无障碍环境。"这样的用词表达方式并没有强调国家和社会的义务强制性，"应当"表示一种可能性，具有可选择性，并没有对残疾人的权利进行切实的保障。在今后的法律条款中应明确相关部门的责任，建立各级各层的行政执法、行政监督责任制，尤其对于经费的投入、使用、辅助技术服务等重点问题明确具体的措施，切实保障残疾人的权利。同时，健全救济渠道，对于没有经济能力购买辅助技术的残疾人也能获得辅助器具，实现生活、交流、出行、学习、工作的无障碍，满足其基本需求，使残疾人辅助技术真正为服务残疾人的各种活动而存在。

法律法规的制定应与时俱进、及时修订。法律的作用是解决现实生活出现的问题，但是现实是不断发生变化的，问题会随着社会的发展、经济的发展、人口结构的发展不断更新、变化。因此，及时修订法律是保证法律有效性的方法之一。我国已进入人口老龄化社会，老年人口的数量在逐年增加，随着经济与社会的发展，老年人和残疾人对辅助器具的需求也在不断变化，因此辅助技术法律法规也应当根据老年人和残疾人的需求做出相应的改变。例如美国《残疾人辅助技术法案》自1988年颁布以来内容经历了多次修订。而我国1990年颁布的《中华人民共和国残疾人保障法》直到2008年才得到修订，相对于数量不断增长和需求不断变化的残疾人来说，该法案具有滞后性。因此，在制定法案时要考虑到法律法规执行的有效性，通过法律执行效果的调研，对残疾人的现实需求做出相应地、及时地修订。

四、完善残疾人社会保障制度，强化特殊部分，特别是与科技设备设施的关系

残疾人社会保障建设应遵循全面保障和满足特殊需求相结合原则。因为残疾人的多样性决定了他们所需要的服务和保障方式、内容的多样性，又因为残疾人属于社会中的弱势群体，并且残疾人因为残疾而产生的生活中的障碍并不是残疾人的问题，很大程度上是因为社会制度和社会环境的不完善，因此要为他们提供全面的保障，甚至包括衣食住行等个人生活的方方面面，为残疾人创造无障碍的生活环境和制度环境。从德国的残疾人社会保障制度看，其形式多样，内容丰富，覆盖残疾人群从蹒跚学步的幼儿到老年人都可以得到保险制度的保障。对于年老的残疾人，不仅有医疗、康复服务，而且还有长期护理保险保障其长期生活照料问题；残疾儿童所需要的特殊教育的费用则由政府买单，需要配备辅助器具或生活环境需要无障碍改造的残疾人，应有相应的社会保障基金或政府出资为其提供器械和居住场所的无障碍改造。德国全面性的残疾人社会保障制度满足了不同残疾人的需要，将不同的保障内容综合起来，形成了完整而全面的保障网。我国现有的《中华人民共和国残疾人保障法》第六章对残疾人的社会保障进行了规定，指出对生活有困难的残疾人，按照国家有关规定给予社会保险补贴，明确了对生活有困难、不能自理的残疾人的补贴范围。但是残疾人社会保障究竟包括哪些内容，为需求各异的残疾人提供哪些福利和服务，在社会保障制度建设中应进行细致而周详的考虑，保障内容应包括生活保障、康复服务、医疗保健、护理照料和生活环境改造等多项内容。

我国目前已基本形成残疾人社会救助、社会福利和社会保险构成的基本的保障体系，以残疾人最低生活保障为主的残疾人社会救助实现"应保尽保"，很多地区对贫困的残疾人给予更多的低保补助。此外，以"生活补贴"和"护理补贴"为主的社会福利政策范围也在逐渐扩大，就社会保险制度而言，政府为提高残疾人参保比例，推出免缴、代缴等优惠措施。但是从长远看，并没有解决残疾人的实际问题，我国社会保险制度强调权利

义务的对应性，目的在于激发社会劳动的积极性，促进公平和效率的实现。发展残疾人社会保险首先要从解决残疾人就业着手，发掘残疾人的人力资源，既能帮助残疾人更好地融入社会，又能提高其自身的社会价值，满足其个人尊严和个人发展的需要。结合我国社会保障体系的整体发展方案，根据不同时期的经济发展水平制定阶段性的发展目标，现阶段要实现保障残疾人基本权益的需求和残疾人家庭的燃眉之急，进一步完善社会福利和社会救济政策，从各级财政中提取固定资金，专门用于保障残疾人基本需求。

小结

邓小平说过："科学技术是第一生产力。"科学技术的发展可以为提高残疾人的生活质量提供决定性的突破。新中国成立以来，我国残疾人科技取得了显著的进步，但是与发达国家仍存在差距，我国残疾人科技发展存在着以下问题。第一，关于科技保障的政策和法律不完善，服务残疾人的组织缺少制度保障，关于辅助器具的纠纷赔偿等问题也没有明确规定。第二，辅助器具的供给和需求存在差距，一方面残疾人辅助器具起步较晚，另一方面缺乏专业技术人才，造成我国残疾人辅助器具的发展水平与发达国家存在差距。第三，残疾人服务站人员数量少且技术水平较弱，虽然已经建立省、市、县三级服务网站，但由于缺少行业经验，服务内容比较狭窄，偏远农村地区的服务水平更加薄弱。而生产企业也大多集中于低端产业，缺乏高科技产品的研发，在行业内没有形成良性竞争。第四，残疾人科技的发展仍存在着传统观念的束缚，导致人们对残疾人事业的关注度较低，影响残疾人科技的发展。最后，保障机制的不完善也影响残疾人科技的发展，残疾人本身属于社会弱势群体，购买和使用辅助器具的成本较高，如果没有资金支持，很难让残疾人享受到科技的发展成果，购买力减弱自然也会影响市场高新技术产品的研发和推广。

综合发达国家经验来看，发展残疾人科技事业，完善的法律保障是前提，通过法律对残疾人辅助器具的行业标准、科技的研发、辅助器具的使用和服务进行明确规定，建立良好的市场竞争环境，吸引更多的企业和科研人员投入到残疾人科技事业中去。稳定的资金、完善的服务网络和提供丰富的产品信息都是值得我们学习和借鉴的地方。由于我国仍处于社会主义初级阶段，是世界上最大的发展中国家，因此，要结合自身情况发展我国残疾人科技。首先要建立完善的服务体系，做到针对不同类型的残疾人提供个性化的服务，培养复合型人才，提供跨专业、多领域的合作。其次，制定统一行业标准，提高产品质量，严把产品的研发、生产和使用环节，注重产品的功能性和安全性，并对使用效果进行评估。再次，健全残疾人辅助技术法律体系，加快制定专门的关于残疾人辅助技术的法律，同时注重法律的可操作性，在法律中明确残疾人的权利和义务，在此基础上提高法律的时效性，及时更新法律法规以满足新形势的需求。最后，残疾人辅助技术的发展离不开社会保障制度的支持，社会保障制度应遵循全面保障和满足特殊需求相结合原则，强化特殊部分，特别是明确与科技设备设施的关系。残疾人科技的发展是残疾人融入社会、共享经济发展成果必不可少的一部分，残疾人科学技术的发展也为无障碍环境的营造提供了重要的技术支持。

参考文献

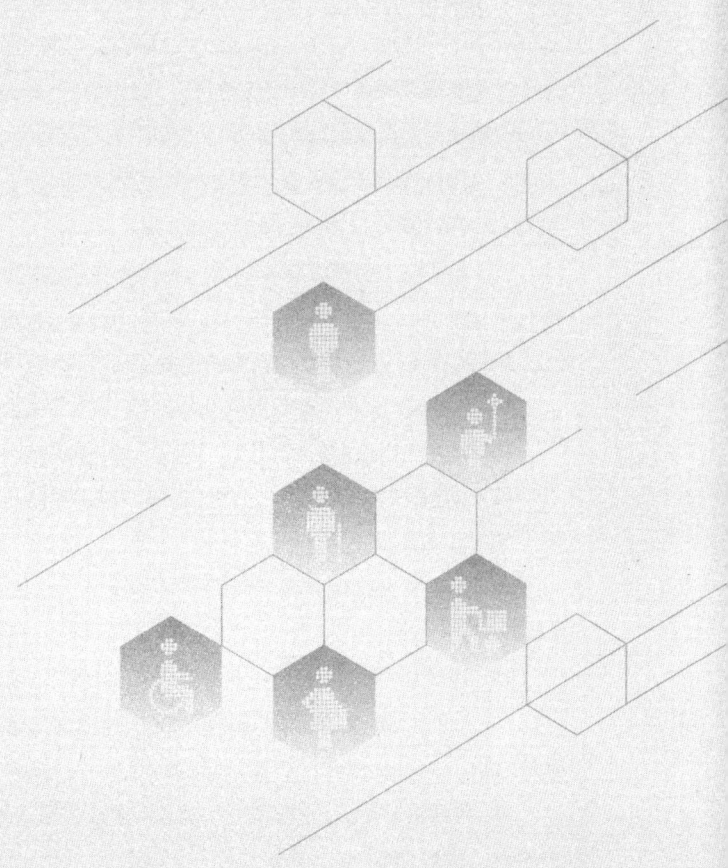

1. Bengt Nirje. Classic article from 1969：The Normalization Principle and its Human Management Implication. The International Social Role Valorization Journal 1994；Vol. 1（2）：19-23.

2. 《联合国残疾人权利公约》. http：//www. china. com. cn/aboutchina/zhuanti/cjr/2008-09/05/content_ 16391729. htm.

3. 世界银行、世界卫生组织：《世界残疾报告概要》. 2011 年版权所有，世界卫生组织出版物.

4.《中华人民共和国残疾人保障法》（已由中华人民共和国第十一届全国人民代表大会常务委员会第二次会议于 2008 年 4 月 24 日修订通过），http：//www. gov. cn/banshi/2005-08/04/content_ 20235. htm.

5.《中华人民共和国老年人权益保障法》（现行版本是 2015 年 4 月 24 日第十二届全国人民代表大会常务委员会第十四次会议修正），http：//www. cncaprc. gov. cn/contents/12/174717. html.

6. 国务院印发《 "十三五" 推进基本公共服务均等化规划》，http：//www. gov. cn/xinwen/2017-03/01/content_ 5172248. htm? gs_ ws=tsina_ 636243042732456966.

7.《中华人民共和国社会保险法》（2010 年 10 月 28 日第十一届全国人民代表大会常务委员会第十七次会议通过），http：//www. gov. cn/flfg/2010-10/28/content_ 1732964. htm.

8.《国家教育事业发展 "十三五" 规划》，http：//www. ndrc. gov. cn/fzgggz/fzgh/ghwb/gjjgh/201705/t20170511_ 847116. html.

9.《国务院关于整合城乡居民基本医疗保险制度的意见》（国发［2016］3 号），http：//www. gov. cn/zhengce/content/2016-01/12/content_ 10582. html.

10. 郑杭生. 社会学概论新修精编版［M］. 北京：中国人民大学出版社，2009.

11. 陈华文. 文化学概论新编［M］. 北京：首都经济贸易大学出版社，2009.

12. 黄美好. 体育学概论［M］. 北京：人民体育出版社，2007.

13. 袁志刚，解栋栋. 统筹城乡发展：人力资本与土地资本的协调再配置［J］. 经济学家，2010（08）.

14. 王红伟. 论产业转移背景下产业集聚区对就业的带动效应［J］. 商业时代，2011（19）.

15. 杨宜勇. 就业理论与失业治理［M］. 北京：中国经济出版社，2000.

16.《残疾人就业条例》（2007 年 2 月 14 日国务院第 169 次常务会议通过），http：//www. gov. cn/zwgk/2007-03/05/content_ 542647. htm.

17. 张迎生，孙平，张朝雄. 中国残疾人社会保障制度现状及完善策略［J］. 中国社会科学网，2008（05）.

18. 贾玉娇，李洪永. 我国残疾人社会保障制度发展困境与解决思路［J］. 吉林师范大学学报，2015（06）.

19. 谢琼. 国际视角下的残疾人事业［M］. 北京：人民出版社，2013.

20. 李迎生，厉才茂. 残疾人社会保障理论与实践研究［M］. 北京：华夏出版社，2008. 01.

21. 曾艳. 我国城市残疾人社会医疗保险制度构建研究［D］. 吉林大学，2008.

22. 中华人民共和国国家统计局. 2006年第二次全国残疾人抽样调查主要数据公报. 中国残疾人联合会. 2007（02）.

23. 国务院. 中华人民共和国社会保险法. 2010（35）.

24. 中国残疾人联合会. 中国残疾人事业"十一五"发展纲要，2006.

25. 国务院."十三五"加快残疾人小康进程规划纲要. 国发［2016］47号.

26. 杨立雄，兰花. 中国残疾人社会保障制度［M］. 北京：人民出版社，2011. 1.

27. 赵海林. 浅析残疾人养老保险的制度设计［J］. 中国残疾人网，2016. 01.

28. 国务院. 2015年中国残疾人事业发展统计公报，2016（14）.

29. 黄高伟. 残疾人社会保险制度——以江苏省部分地区资料为基础的分析［J］. 南京工程学院学报（社会科学版），2009（04）.

30. 杨洪斌. 农村残疾人社会资本的缺失与重建［J］. 北京科技大学学报（社会科学版），2006（4）：13-18.

31. 林雪. 残疾人"无障碍"公众意识提升的迫切性和对策［J］. 河南科技学院学报，2011（11）：48-53.

32. 贾玉娇. 走向全纳：残疾人无障碍理念的新发展［J］. 吉林大学社会科学学报，2012（5）：151-156.

33. 杨宜勇，吴香雪. 中国扶贫问题的过去、现在和未来［J］. 中国人口科学，2016（5）：2-12.

34. 吴敏. 中国残疾人扶贫的发展历程与政策变迁［J］. 西部论坛，2016（6）：74-82.

35. 郭钰霞. 当代中国农村残疾人扶贫开发问题研究［D］. 吉林大学，2015.

36. 杨立雄，吴伟. 中国残疾人扶贫政策的演变与评价［J］. 湖南师范大学社会科学学报，2009（1）：12-17.

37. 程凯. 精准扶贫战略为贫困残疾人带来机遇［J］. 行政管理改革，2016（5）：13-17.

38. 翟进. 城市残疾人福利状况及其影响因素研究——以南京市白下区为例［D］. 南京大学，2000.

39. 周林刚. 社会排斥理论与残疾人问题研究［J］. 青年研究，2003（5）：32-38.

40. 张一. 文化适应视角下的农村残疾人扶贫政策体系创新研究［J］. 残疾人研究，

2012（1）：20-24.

41. 万海远，李超，倪鹏飞. 贫困残疾人的识别及扶贫政策评价［J］. 中国人口科学，2011（4）：61-71.

42. 赖显明. 构建残疾人无障碍网络教育环境的探索［J］. 内蒙古电大学刊，2013（3）：57-60.

43. 杨立雄. 从"居养"到"参与"：中国残疾人社会保护政策的演变［J］. 社会保障研究，2009（4）：67-77.

44. 杨立雄. 残者有助：农村贫困残疾人群帮扶政策评估及建议［M］. 北京：社会科学文献出版社，2015.

45. 谢琼. 国际视角下的残疾人事业［M］. 北京：人民出版社，2013.

46. 杨宜勇，吕学静等.《当代中国的社会保障制度》［M］. 北京：中国劳动社会保障出版社，2005.

47. 彭宅文：残疾、社会排斥与社会保障政策的干预［J］. 中国人民大学学报，2008（1）.

48. 阿玛蒂亚·森著；于真等译：以自由看发展［J］. 北京：中国人民大学出版社，2002.

49. 戴安娜·M. 迪尼托著；何敬，葛其伟译. 社会福利：政治与公共政策［M］. 北京：中国人民大学出版社，2007.

50. 发展残疾人事业 保障残疾人权利［J］. 人权，2008（1）.

51. http://www.cdpf.org.cn/sjzx/cjrgk/201206/t20120626_387581.shtml.

52. 2006年第二次全国残疾人抽样调查主要数据公报（第二号）.

53. 赵璐璐. 论我国特殊教育的立法进程及其展望［J］. 考试周刊，2017（08）.

54. 陈云英. 中国特殊教育学基础［M］. 北京：教育科学出版社，2004.

55. 国家统计局. 第一次全国残疾人抽样调查领导小组第一次全国残疾人抽样调查主要数据公报.

56. 国家教委初等教育司编，特殊教育文件、经验选编［M］. 北京：人民教育出版社，1989.

57. 王培峰. 特殊教育政策：正义及其局限［M］. 南京：南京大学出版社，2015（09）.

58. 2016年中国残疾人事业发展统计公报［残联发2017］15号 http://www.cdpf.org.cn/zcwj/zxwj/201703/t20170331_587445.shtml.

59. 邓朴方. 振奋精神，扎实工作，努力实现我国特殊教育事业的新发展——在第三次全国特殊教育工作会议上的讲话［J］. 南京师范学报，2001（02）.

60. 谌启标. 美国特殊教育教师的入门指导计划［J］. 中国特殊教育，2005（10）.

61. 郭启华，刘文雅. 特殊教育本科应用型人才培养的探索与实践［J］. 绥化学院学报，2009（03）.

62. 刘丽，张琳. 特殊教育学校发展的点滴思考［J］. 黑龙江教育学院学报，2017（01）.

63. 赖德胜，赵筱媛等. 中国残疾人就业与教育现状及发展研究［M］. 北京：华夏出版社，2008.

64. 苏秀英. 残疾人教育的有效途径浅见［J］. 吉林教育，2011（07）.

65. World Health Organization. Disability and health. http：//www. who. int/mediacentre/factsheets/fs352/en/.

66. James J. Gallagher，Pascal L. Trohanis，Richard M. Clifford. Policy Implementation and PL 99-457：Planning for Young Children with Special Needs［M］. Baltimore：Brookes Publishing Co. Inc. 1989：3.

67. William L. Heward 著，肖非等译. 特殊需要儿童教育导论［M］. 中国轻工业出版社，2004.

68. 杨柳. 美国残疾人教育法探析［J］. 比较教育研究，2008（06）.

69. 朴永馨. 世界教育大系——特殊教育［M］. 长春：吉林教育出版社，2003.

70. 方俊明. 特殊教育学［M］. 北京：人民教育出版社，2005.

71. 谢敬仁. 国外特殊教育经费投入和使用及其对我国特殊教育发展的启示［J］. 中国特殊教育，2009（06）.

72. 联合国教科文组织教育丛书·教育——财富蕴藏其中［M］. 北京：教育科学出版社，1996.

73. 丁勇，陈岳. 特殊教育教师培养目标：课程与培养模式的比较研究［J.］中国特殊教育，2005（01）.

74. 山口薰. 日本的统合教育（二）：最新国际发展动向和特别支援教育［J］. 现代特殊教育，2006（05）.

75. 周林刚. 社会排斥理论与残疾人问题研究［J］. 青年研究，2003（05）.

76. 陈久奎，阮李全. 特殊教育立法问题研究［J］. 中国特殊教育，2006（06）.

77. 傅志军. 我国特殊教育立法回顾与发展建议［J］. 残疾人研究，2014（09）.

78. 庞文. 我国特殊教育法律研究综述及立法建议［J］. 宁波大学学报，2011（07）.

79. 郑功成. 残疾人社会保障：现状及发展思路［J］. 中国人民大学学报，2008（01）.

80. 梅运彬，王国英. 残疾观的演变：欧洲的例证与启示［J］. 兰州学刊，2008（04）.

81. 齐心，厉才茂，陈晓芬，郭勇. 北京市残疾人社会保障研究报告［J］. 人口与发展，2008（03）.

82. 周庆行，张新瑾. "以人为本"视角下我国残疾人社会保障事业发展的思路与对策

[J]. 福建论坛（人文社会科学版），2008（10）.

83. 徐卫平，陶太珍，金海华，王萍，韦利君."送康复服务上门"服务模式对社区残疾人群康复效果的评价研究［J］.中国全科医学，2012，15（10）.

84. 杨志金，舒彬等.2006 年重庆市残疾人抽样调查流行病学特征及康复需求分析［J］.第三军医大学学报，2010，32（05）.

85. 徐聪兵.2482 名残疾人健康体检结果分析［J］.现代预防医学，2014，41（23）.

86. 张金声，李和兴等.北京德胜社区残疾人现状与康复需求调查分析［J］.中国全科医学，2009，12（17）.

87. 尹银.残疾对家庭的影响与对策研究——基于"北京市残疾人服务需求"调查［J］.兰州学刊，2013（09）.

88. 王磊.残疾模式与福利模式的匹配性研究［J］.云南行政学院学报，2017，19（01）.

89. 张奇林，张东旺.残疾人权益保障：现状、问题与对策［J］.社会保障研究，2014，（02）.

90. 卢江勇，陈功.残疾人的社会保障对消费需求的影响探析［J］.人口与发展，2014，20（03）.

91. 葛忠明.残疾人公共服务的发展趋势和潜在问题［J］.山东社会科学，2015，（05）.

92. 郭悠悠，刘林.残疾人社区康复的历史与现状［J］.中国农业大学学报（社会科学版），2011，28（01）.

93. 周林刚.残疾人社会保障体系与公共服务体系建设研究［J］.中国人口科学，2011（02）.

94. 周培.从《德国残疾人康复与参与法》看残疾人平等权的实现［J］.湖北社会科学，2011（04）.

95. 周沛，曲绍旭.残疾人两个体系建设创新研究［J］.西北大学学报（哲学社会科学版），2011，41（06）.

96. 周沛.残疾人社会福利体系研究［J］.江苏社会科学，2010（05）.

97. 乔庆梅.德国残疾人社会保障：内容、经验与启示［J］.人文杂志，2008（06）.

98. 宋宝安，姜丽.东北农村残疾人医疗保障情况研究［J］.兰州学刊，2013（02）.

99. 杨健.供给侧改革视角下优化残疾人社会保障体系研究［J］.天津行政学院学报，2017，19（04）.

100. 何小英.广州市 3030 名残疾人体检结果分析［J］.中国临床康复，2004（09）.

101. 金炳彻，张金峰.韩国残疾人福利的历史、现状与未来展望［J］.人口与发展，2013，19（02）.

102. 罗遐，卜普. 农村残疾人接受康复治疗行为的影响因素研究［J］. 安徽大学学报（哲学社会科学版），2013，37（04）.

103. 王军永，刘霞等. 江西省残疾人康复医疗服务和救助需求调查［J］. 中国康复医学杂志，2011，26（01）.

104. 李艳，史玪莉，张长杰，陈娆. 社区康复在残疾人康复体系中的意义及发展现状［J］. 中国康复理论与实践，2012，18（02）.

105. 万国威. 解析残疾人康复服务的区域差异——基于 31 个省区市的定量分析［J］. 青海社会科学，2012（01）.

106. 田宝，张扬，邱卓英. 两次全国残疾人抽样调查主要数据的比较与分析［J］. 中国特殊教育，2007（08）.

107. 王孝刚，温晋锋. 论我国残疾人社区康复社会化发展的路径与策略［J］. 学海，2016（06）.

108. 康琦，张悠然等. 上海市残疾人健康状况研究［J］. 中国全科医学，2016，19（34）.

109. 王倩，宗莲等. 上海市残疾人眼科检查结果分析［J］. 中国全科医学，2016，19（34）.

110. 郑飞雪. 社区康复项目实施对推进残疾人小康进程的借鉴和思考［J］. 中国康复理论与实践，2017，23（08）.

111. 毛小平. 内地与香港：残疾人社会支持比较［J］. 中南大学学报（社会科学版），2010，16（02）.

112. 杨静芳. 宁夏吴忠市 25546 例残疾人健康体检结果分析［J］. 中国卫生统计，2014，31（01）.

113. 黄波. 社会公平视角下我国残疾人医疗保障制度的发展研究［J］. 青海社会科学，2015，（05）.

114. 贾书磊，方小群，冯琼，刘萌. 社区残疾康复服务 O2O 平台的设计及应用效果研究［J］. 中国全科医学，2016，19（31）.

115. 孙树菡，毛艾琳. 我国残疾人康复需求与供给研究［J］. 湖南师范大学社会科学学报，2009，38（01）.

116. 李娟. 完善中国残疾人服务业立法的路径选择——以国际社会立法实践为视角［J］. 华南师范大学学报（社会科学版），2015（04）.

117. 袁兆春，潘培伟. 我国残疾人法律体系的现状、问题和完善——以域外法律体系为借鉴［J］. 齐鲁学刊，2013（02）.

118. 王姣艳，何侃. 国内外残疾人康复人才培养模式比较研究［J］. 残疾人研究，2012

（01）.

119 刘婧娇. 残疾人社会保障国际比较及启示［J］. 劳动保障世界（理论版），2012（10）.

120. 肖月，赵琨. 关于建立三级康复医疗体系的思考——基于北京、云南、黑龙江的试点实践［J］. 卫生经济研究，2012（11）.

121. 张爱宁. 国际法对残疾人的保护——兼评联合国《残疾人权利公约》［J］. 政法论坛，2010，28（04）.

122. 马跃，袁雁，许苹，丁永超，龚旭. 浅谈我国康复医疗服务体系发展现状［J］. 解放军医院管理杂志，2013，20（11）.

123. 潘宇，梁超等. 我院康复医疗服务体系建设的做法与体会［J］. 中国医院管理，2015，35（12）.

124. 周南，龚凌云，吴仕斌. 区域三级康复医疗服务体系的构建与实践［J/OL］. 中国康复理论与实践，2017，（03）：370-372（2017-04-27）. http：//kns. cnki. net/kcms/detail/11. 3759. R. 20170427. 0951. 052. html.

125. 龚永骏. 日韩康复医疗机构考察及启示［J］. 中国医院建筑与装备，2017，18（04）.

126. 李欣，邱卓英等. 康复2030：扩大康复规模以满足日益增长的康复需求［J］. 中国康复理论与实践，2017，23（04）.

127. 王黔艳，李曼琪，闵锐. 发达国家康复医学发展现状及对我国的启示［J］. 医学与社会，2017（10）.

128. 曹雪梅，卫孺勤. 公共图书馆无障碍环境建设初探［J］. 图书与情报，2010（05）.

129. 陈锦波，陈洁薇. 图书馆残疾人无障碍阅读环境建设探讨［J］. 图书馆研究，2015（03）.

130. 陈枝清，胡文华. 日本大学图书馆为残障读者服务的发展历程与现状［J］. 图书馆建设，2011（5）.

131. 崔健. 日本公共图书馆的残障读者服务及启示［J］. 国家图书馆学刊，2014（4）.

132. 杜英歌. 我国残疾人社区公共服务供给机制研究［J］. 浙江万里学院学报，2010（3）.

133. 韩君玲. 日本残疾人福利法制的特征及启示［J］. 学术交流，2010（11）.

134. 何辉国. 日本公共图书馆身心障碍者服务之现状［J］. 台湾图书馆管理季刊，1999（04）.

135. 侯丙孬. 公共文化服务体系建设的路径探析［J］. 洛阳理工学院学报（社会科学

版），2016（3）.

136. 胡税根，李倩. 我国公共文化服务政策发展研究［J］. 华中师范大学学报（人文社会科学版），2015（2）.

137. 胡杨玲，周林刚. 弱势群体公共文化服务体系建设研究——基于残疾人公共文化消费状况的调查［J］. 经济社会体制比较，2012（1）.

138. 金鑫. 我国图书馆残疾人公共文化服务均等化研究［D］. 辽宁师范大学，2014.

139. 孔进. 公共文化服务供给：政府的作用［D］. 山东大学，2010.

140. 李申. 当前我国残疾人文化生活的制约因素分析［J］. 宜春学院学报，2015（7）.

141. 李长春. 发展繁荣残疾人文化事业［J］. 中国残疾人，2012（1）.

142. 刘广. 公共文化服务创新发展研究·文化艺术研究［J］. 2014（2）.

143. 刘丽英，陈庆艳. 论社区残疾人文化服务的构建［J］. 社科纵横，2015（05）.

144. 刘丽英，郭鲁川. 我国残疾人社区文化服务理念创新与对策研究［J］. 社会学研究，2015（5）.

145. 刘丽英，国丽芸. 残疾人文化事业发展路径评析［J］. 中国残疾人，2013（8）.

146. 刘玮. 美国国会图书馆 NLS 为残疾人服务新进展研究［J］. 图书馆工作与研究，2015（3）.

147. 唐亚林，朱春. 当代中国公共文化服务均等化的发展之道［J］. 学术界，2012（5）.

148. 王鹤云. 我国公共文化服务政策研究，［D］. 中国艺术研究院，2010.

149. 伍琳. 美国残疾人社会保障财政支持：启示与借鉴［J］. 福建农林大学学报（哲学社会科学版），2016（1）.

150. 夏凡. 美国图书馆界为残疾人服务的基本现状［J］. 图书馆杂志，2006（7）.

151. 杨立雄. 美国、英国和日本残疾人福利制度比较研究［J］. 黑龙江社会科学，2014（3）.

152. 杨秀云等. 我国公共文化服务水平及其影响因素［J］. 西安交通大学学报（社会科学版），2016（05）.

153. 张慧. 改进我国公共文化服务的对策研究［D］. 中国海洋大学，2008.

154. 张建富. 公共图书馆提升残障人士服务水平的对策研究［J］. 贵图学苑，2015（4）.

155. 张哲. 论我国公共文化服务体系的完善［D］. 吉林大学，2008.

156. 赵鹏. 我国公共文化服务体系建设的制约因素和应对措施［J］. 中国成人教育，2015（2）.

157. 周晓丽，毛寿龙. 论我国公共文化服务及其模式选择［J］. 江苏社会科学，2008

（10）.

158. 彭宅文. 残疾、社会排斥与社会保障政策的干预 [J]. 中国人民大学学报, 2008
（1）.

159. 贾玉娇. 走向全纳：残疾人无障碍理念的新发展 [J]. 吉林大学社会科学学报,
2012（5）.

160. 林雪. 残疾人"无障碍"公众意识提升的迫切性和对策 [J]. 河南科技学院学报,
2011（11）.

161. 李天珍, 丁敬龙等. 残疾人参与全民健身的影响因素及价值 [J]. 体育学刊,
2005（3）.

162. 翟进. 城市残疾人福利状况及其影响因素研究——以南京市白下区为例 [D]. 南
京大学, 2000.

163. 周林刚. 社会排斥理论与残疾人问题研究 [J]. 青年研究, 2003（5）.

164. 黄晓晓, 黄卓. 残疾人参与健身运动的社会排斥问题研究 [J]. 体育文化导刊,
2011（8）.

165. 郝晓岑. 改革开放 30 年中国残疾人体育法制建设回顾与对策研究 [J]. 中国特殊
教育, 2008（10）.

166. 雷先良. 我国残疾人全民健身由弱到强的策略构想 [J]. 武汉体育学院学报,
2011（12）.

167. 戴昕, 王蒲等. 发展残疾人体育：全民健身中不容忽视的社会问题 [J]. 安徽体
育科技, 2010（4）.

168. 郎海波, 马恒祥等. 治理理论视域下残疾人体育公共治理 [J]. 西安体育学院学
报, 2013（6）.

169. 吴燕丹, 黄汉升. 融合与共享：论和谐视域中残疾人体育的可持续发展 [J]. 体
育科学, 2008, 28（10）.

170. 周林刚. 残疾人社会保障体系与公共服务体系建设研究 [J]. 中国人口科学,
2011（2）.

171. 赖显明. 构建残疾人无障碍网络教育环境的探索 [J]. 内蒙古电大学刊, 2013
（3）.

172. 刘洋. 基于社会融合精神下的欧美残疾人体育立法特征研究 [J]. 武汉体育学院
学报, 2014（6）.

173. 别鹏. 2011—2015 年英国全民健身计划构建路径及启示 [J]. 体育文化导刊,
2017（3）.

174. 杨慧婷, 张效江. 英国残疾人体育发展的成功要素与借鉴 [J]. 体育文化导刊,

2015（7）.

175. 高晶，胡静萍. 日本残疾人体育政策、法律的发展研究［J］. 学理论，2014（31）.

176. 吴卅，常娟. 美国残疾人体育发展研究［J］. 体育文化导刊，2014（8）.

177. 吴卅，黄亚玲. 美国残疾人体育自组织发展研究及启示［J］. 北京体育大学学报，2015（6）.

178. 朱亚男，葛超. 美国残疾人体育组织发展对我国的启示研究［J］. 南京体育学院学报，2016（5）.

179. 吴燕丹，王秀丽. 融合视野下残疾人体育公共服务体系的构建与完善［J］. 首都体育学院学报，2013（3）.

180. 刘洋，陶玉流. 业态自治与自制：美国残疾人体育服务人才培养与启示［J］. 武汉体育学院学报，2015（11）.

181. 李波，岩岗研典，朱琳琳，冯军政. 中日残疾人体育指导者培养体制及资格认定比较分析［J］. 体育与科学，2014（3）.

182. 于明. 全民健身视域下残疾人体育健身保障机制的构建途径［J］. 长春教育学院学报，2016（5）.

183. 谢铮，朱晓东. 谈无障碍建筑的设计和建设［J］. 山西建筑，2009.

184. 第二次全国抽样调查办权绍琦，王保华. 残疾人辅助器具的质量认证［J］. 中国康复理论与实践，2002.

185. 陈新民，陈功，吕季良. 2009 年中国残疾人状况及小康进程检测报告，2010 年中国社会形势与预测［M］. 社会科学文献出版社，2009.

186. 李唏，吴小高. 我国残疾人辅助器具服务工作的现状及展望［J］. 残疾人研究，2016（03）.

187. 肖源. 我国残疾人辅助器具发展现状及其原因的剖析［J］. 科技创新导报，2011（28）.

188. 杨宜勇. 残疾人公共服务，从生存型向发展型转变［J］. 中国物价，2009（04）.

189. 刘丹，郑俭. 美国残疾人辅助技术法及其对我国的启示［J］. 中国康复理论与实践，2007（13）.

190. 田中理. 日本与辅助器具相关的法律制度及供给系统［J］. 中国康复理论与实践，2007（13）.

191. 刘翠宵. 各国残疾人权益保障比较研究［M］. 北京：中国社会科学出版社，1994.

192. 乔庆梅. 德国残疾人社会保障：内容、经验与启示［J］人文杂志，2008（06）.

193. 田中理. 日本与辅助器具相关的法律制度及供给系统［J］. 中国康复理论与实践，

2007（13）.

194. National Council on Disability . Study on the Financing of Assistive Technology Devices and Services for Individuals with disabilities［EB/OL］. 1993，03，03.

195. 朱坤，栗成强. 残疾人辅助器具筹资的国际经验与启示［J］. 中国康复理论与实践，2011（17）.

196. 王宏，徐晓鸣. 残疾人辅助器具及其服务［J］. 中国康复理论与实践，2007（04）.

197. 韩伟成. 澳大利亚的独立生活中心［J］. 中国康复，1987（04）.

198. 阮剑华，郭瑾，陶健婷. 国内外残疾人辅助器具服务模式的对比与启示［J］. 第七届北京国际康复论坛，2012.

199. 许晓鸣. 辅助器具与残疾人的关系［J］. 中国残疾人，2007（12）.

200. 权绍琦，王保华. 残疾人辅助器具的质量认证［J］. 中国康复理论与实践，2002（08）.

201. 何川. 美国辅助技术法律研究及对我国立法的启示［D］. 重庆师范大学硕士学位论文，2009.

202. 于娟娟. 规避残疾人辅助器具质量风险浅析［J］. 第七届全国康复医学工程和康复工程学术研讨会，2010（05）.

203. 乔庆梅. 德国残疾人社会保障内容经验与启示［J］. 人文杂志，2008（06）.